9 MENTIRAS QUE DESTRUIRÁN SU MATRIMONIO

ROBERT PAUL Y GREG SMALLEY

9 MENTIRAS

QUE DESTRUIRÁN SU MATRIMONIO

Y las verdades que lo salvarán y liberarán

ENFOQUE A LA FAMILIA.

Un recurso de Enfoque a la Familia
Publicado por Tyndale House Publishers

CONTENIDO

INTRODUCCIÓN

TU VIAJE A UN MATRIMONIO MEJOR

Jim y Mary han estado casados por dieciocho años, pero dicen que ahora se sienten más como amigos que como amantes.

—Es como ser socios o compañeros de habitación —dice Jim—. No como esposo y esposa.

Quieren tener más intimidad y calar más hondo, pero no saben cómo hacerlo.

Según sus muchos amigos, Marissa y Todd son cálidos, extrovertidos y conversadores. Pero cuando intentan hablar entre ellos, todo explota. Incluso las discusiones simples acerca de sus agendas diarias con facilidad pueden salirse del carril cuando algún conflicto no resuelto de un mes o un año antes reflota y enciende pasiones poderosas.

Roger y Brittany pensaron que el segundo matrimonio sería más tranquilo. Ambos habían dejado sus primeros matrimonios porque sus parejas los sometían a ataques y abusos verbales. Pero ahora, a pocos años del nuevo matrimonio, se sienten tan a la defensiva en lo emocional que no logran arriesgarse a compartir de manera abierta y honesta entre ellos.

Beverly y Andrew llevan trece años de casados. Todo parecía perfecto durante mucho tiempo. Ahora las cosas están tensas desde que Andrew descubrió que Beverly, quince años menor que él, lo engañó con un compañero de trabajo. Ella se ha disculpado varias veces, pero ha quedado una nube de distancia y desconfianza entre ellos.

Estas cuatro parejas están batallando. Sus matrimonios comenzaron con amor y esperanza, pero desde entonces han ido cayendo en picada.

Hoy es un lunes por la mañana y todos están sentados en grandes divanes cómodos en una sala de encuentros en el Programa Intensivo para Matrimonios de *Hope Restored* (Esperanza restaurada) en Enfoque a la Familia en Branson, Misuri. Esperan un milagro, y como líderes del programa intensivo de esta semana, oramos que lo experimenten. Nosotros no hacemos milagros, pero Dios sí los hace.

Hemos trabajado como líderes de retiros y terapeutas capacitados con más de siete mil parejas en los últimos veinte años. Incluso hemos llegado a más personas por medio de nuestras charlas y libros. Todos esos hombres y mujeres han significado algo parecido a un «laboratorio matrimonial» para nosotros. Y lo que seguimos aprendiendo es asombroso.

Los resultados en verdad han sido milagrosos. La mayoría de las parejas que vienen a nosotros en busca de terapia están en una crisis real, muchos al borde del divorcio. Aun así, parte de nuestra investigación indica que más del 80% permanecen casados dos años después de permitirnos ayudarlos.

Hemos reunido algunos de nuestros principales conocimientos y herramientas matrimoniales en las páginas que siguen. Esto no es teoría. Es sabiduría práctica que proviene de poder acompañar a personas que luchan por afirmar sus matrimonios. De hecho, estas son las mismas herramientas y estrategias que usa todo nuestro equipo en sus propias vidas. Si has estado luchando en tu matrimonio, oramos que tú también encuentres uno o dos milagros. Si no es así, también sabemos que estos conocimientos y herramientas pueden hacer que un buen matrimonio sea aún mejor.

Por qué amamos las mentiras acerca del amor

Cada pareja es única y enfrenta desafíos únicos en su matrimonio. Pero durante las décadas que trabajamos con parejas —tanto de matrimonios saludables como de aquellos que batallan— hemos encontrado que los mismos grandes problemas se repiten una y otra vez.

Sí, las circunstancias individuales de cada matrimonio pueden ser únicas, pero los problemas que debilitan y destruyen los matrimonios suelen ser los mismos, y son predecibles. Esto se debe a que uno de los mayores problemas es que los hombres y las mujeres crecieron aprendiendo mentiras acerca del amor, mentiras que por lo general les dijeron personas bien intencionadas. Entonces ponen en práctica esas mentiras en sus matrimonios, lo que les impide experimentar la maravilla y la belleza del verdadero amor.

¿Qué hace que las personas construyan su matrimonio sobre un fundamento de mentiras atractivas pero destructivas, en lugar de construirlo sobre el sólido fundamento de la amorosa verdad de Dios? Esas mentiras se enseñan como verdades y pueden ser muy sutiles; y a veces hasta son verdaderas en parte. El problema es que generan estrategias de relación que en realidad no pueden funcionar, pero no nos damos cuenta. Y si estamos usando estrategias torcidas que nos han dicho que eran rectas y que funcionaban, cuando esas estrategias inevitablemente fallan, solo nos queda suponer que el problema ¡son las personas mismas!

Muchos de esos mitos sobre el matrimonio han permeado nuestra cultura, filtrándose en nuestras iglesias y en nuestras costumbres matrimoniales y de citas. Lamentablemente, permitimos que esas ideas engañosas se arraiguen profundamente en los cimientos de nuestro matrimonio y debiliten fatalmente toda su estructura.

En este libro analizaremos las mentiras más grandes que hemos visto obrar en las relaciones entre las personas. Pensamos en ellas como termitas grandes, feas y hambrientas diseñadas para devorar y destruir los fundamentos del amor y el matrimonio.

Por ejemplo, el capítulo 2 arrojará luz sobre la mentira del «1+1=1». Este mito particular puede parecer atractivo cuando se escucha en las circunstancias adecuadas; por ejemplo, cuando Tom Cruise mira con pasión a Reneé Zellweger en la película *Jerry Maguire* y le declara: «Tú me completas». O cuando Elvis Presley canta a voz en cuello el coro de su éxito de 1956 «I Want You, I Need You, I Love You» (Te deseo, te necesito, te quiero).

La mentira del «1+1=1» suena romántica, como algo que veríamos en una tarjeta o en una nota de amor. Pero hemos hablado con demasiadas parejas que comenzaron queriendo proveer con generosidad los ingredientes claves para satisfacer y completar a su pareja incompleta. Después de años de sincero esfuerzo, no saben por qué parecen estar fallando, y sus parejas siguen sintiéndose insatisfechas.

Hemos visto el triste legado de esta atractiva pero destructiva mentira en cientos de parejas atrapadas en las redes de la codependencia sin saberlo: la creencia sostenida por muchos cónyuges de que deben encontrar en sus parejas la verdadera felicidad, el sentido de autoestima e identidad.

En el capítulo 9, exploraremos la mentira popular que supone que las peleas en el matrimonio son naturales e inevitables pero que todo saldrá bien si cada uno sencillamente recuerda pelear limpio y hacer las paces después. Hemos visto personalmente el impacto destructivo de esa mentira en cientos de parejas que no pueden resolver conflictos sin ponerse furiosos, atacarse o derribarse el uno al otro, dejando a ambas partes emocionalmente (y a veces físicamente) heridas y marcadas.

A la vez que mostramos el poder destructivo de estas grandes mentiras sobre el matrimonio en la vida de las personas, señalaremos un fundamento más firme sobre el cual construir: un fundamento basado en la voluntad y el diseño de nuestro Creador para el matrimonio.

Debido a que las mentiras con las que hemos vivido y amado toda nuestra vida no desaparecen de repente de la noche a la mañana una vez que vemos la luz, los guiaremos también a algunas técnicas y herramientas que hemos utilizado nosotros mismos y con las muchas parejas que hemos aconsejado. Si quieres un matrimonio más fuerte, más amoroso y más resiliente, estas herramientas de eficacia comprobada te ayudarán a hacer avances sostenidos.

Considerar la fuente

Hemos trabajado con gente de todas las religiones y credos, pero la mayor parte de nuestro trabajo es con parejas cristianas. Cuando trabajamos con creyentes, hablamos sobre las fuerzas y el poder espiritual que están en juego en nuestra vida. Esa misma visión cristiana también será nuestra perspectiva en este libro.

Como podrás ver, nuestra fe es más que un conjunto de versículos y normas bíblicas. Creemos en una relación viva con Cristo, el único que se levantó de la muerte y está activo de manera real en nuestra vida.

Pero Dios no es la única fuerza espiritual en nuestro cosmos. Su enemigo, el diablo, también está activo. Vemos su impronta negativa en todas las mentiras que exploraremos aquí. Después de todo, él es el autor de las mentiras.

¿Por qué el diablo perdería su tiempo intentando destruir matrimonios? Porque el matrimonio es uno de los regalos más grandes y gloriosos de Dios. Como veremos, el matrimonio es mucho más que dos personas y su felicidad personal. Hay un legado más grande en juego, y el diablo quiere destruir el mayor número posible de matrimonios.

Vemos su impacto cuando los hombres y las mujeres creen sus mentiras e intentan hacerlas funcionar en sus matrimonios. También vemos su poder cuando tiene éxito en poner a los hombres y las mujeres unos en contra de otros.

Sabemos que algunas personas piensan que es tonto, medieval o anticuado hablar del efecto negativo del diablo en el matrimonio. Pero así es precisamente como el diablo quiere que permanezcamos: ciegos a todas sus diversas estrategias.

Hemos visto al diablo con sus mentiras crear odio donde debería haber amor, distancia y división donde debería haber compañerismo y unidad, y separación de familias y sufrimiento generacional donde debería haber fuertes legados familiares de generación en generación.

Hombres y mujeres necesitan comprender que hay fuerzas sobrenaturales en acción, en nuestra vida y en nuestro matrimonio. No debería sorprendernos que la fuerza del mal intente producir caos y desconfianza en nuestras relaciones. Las advertencias de Pedro se aplican a las parejas: «¡Estén alerta! Cuídense de su gran enemigo, el diablo, porque anda al acecho como un león rugiente, buscando a quién devorar» (1 Pedro 5:8).

Pablo también advirtió contra las estrategias del diablo:

Una palabra final: sean fuertes en el Señor y en su gran poder. Pónganse toda la armadura de Dios para poder mantenerse firmes contra todas las estrategias del diablo. Pues no luchamos contra enemigos de carne y hueso, sino contra gobernadores malignos y autoridades del mundo invisible, contra fuerzas poderosas de este mundo tenebroso y contra espíritus malignos de los lugares celestiales.

Por lo tanto, pónganse todas las piezas de la armadura de Dios para poder resistir al enemigo en el tiempo del mal. Así, después de la batalla, todavía seguirán de pie, firmes.

EFESIOS 6:10-13

El diablo es real, y está decidido a destruirte a ti y arruinar tu matrimonio. No decimos esto para que puedas maltratar y abusar de tu pareja y luego darte la vuelta y culpar de todo al diablo. Sencillamente, estamos advirtiéndote que al explorar las mentiras que destruyen los matrimonios, no olvides protegerte y proteger a tu matrimonio del autor de estas mentiras.

Recuerda: *Mi pareja no es mi enemigo, pero el diablo sí lo es.*

¿Hermanos mellizos de madres diferentes?

No importa qué tipo de matrimonio tienes, queremos invitarte a que te unas a nosotros en un viaje hacia un matrimonio mejor basado en el diseño de Dios.

Si tu matrimonio es bueno, pero podría ser mejor, queremos ayudarte a lograrlo.

Si tu matrimonio está en crisis, y sientes que todo se vendrá abajo a menos que recibas cuidados intensivos, queremos sostener tu mano y ayudarte a entender con más claridad tu situación y lo que puedes hacer.

Pero antes de iniciar nuestro viaje a un matrimonio mejor, por favor permítenos presentarnos.

Cada uno de nosotros conoce el trabajo del otro desde hace décadas, y ambos hemos trabajado juntos por años, siendo fundadores del Programa Intensivo para Matrimonios de *Hope Restored*, en Enfoque a la Familia. Ahora tenemos de nuevo la oportunidad de trabajar más cerca y estamos muy entusiasmados.

Estamos 100% comprometidos en ayudar a las parejas a mejorar su matrimonio. Hemos visto matrimonios rotos ser sanados y restaurados. Hemos visto buenos matrimonios llegar a ser grandes matrimonios. Hemos visto matrimonios ser transformados de uno donde ninguno de los integrantes se apreciaba a uno donde ambos se aman por completo.

Ambos crecimos en familias conocidas por sus enfoques innovadores para ayudar a la gente a disfrutar de matrimonios más profundos y felices. Hoy los dos elegimos continuar en el «negocio familiar». Para nosotros no se trata de algo heredado o simplemente la elección de una carrera. Es la obra de nuestra vida, nuestro llamado sagrado, nuestra misión, nuestro ministerio, nuestra pasión.

La historia de Greg

Es probable que mi padre, Gary Smalley, haya sido el consejero matrimonial cristiano más famoso del mundo. En la actualidad, los tres hijos de Gary y Norma seguimos implicados en esa obra vital. Por mi parte, sirvo como vicepresidente de Marriage at Focus (El matrimonio en foco).

A lo mejor has visto a Gary en alguna de sus apariciones televisivas en programas populares incluyendo *The Oprah Winfrey Show* y *Fox & Friends*. A lo mejor lo oíste hablar a millones de hombres en las manifestaciones de *Promise Keepers* o asististe a una de sus conferencias sobre el matrimonio, escuchaste alguna de sus cincuenta emisiones de Enfoque a la Familia, leíste alguno de sus sesenta libros (se han vendido más de cinco millones de copias), o miraste alguno de sus videos sobre el matrimonio (más de nueve millones vendidos).

Era divertido tener un padre famoso que aconsejaba y entrenaba a tanta gente, incluyendo a John Tesh y Connie Sellecca, y a Frank y Kathie Lee Gifford. Mejor aún, era el mismo hombre con nosotros en casa que cuando estaba en el escenario. Era un hombre de oración y estudio bíblico que pasó su vida honrando a su esposa y a su familia.

Cuando hacía alguna tontería —todos las hacemos— era tan humilde como para admitir que había cometido un error. Buscaba constantemente aprender y crecer, tanto como padre como seguidor de Cristo. Era un experto que jamás fue orgulloso como para no decirle a la gente que estaba en falta como esposo y como padre.

—Todavía no he llegado —decía con frecuencia—. Llegaré cuando vaya al cielo.

Papá era transparente y auténtico, y eso ayudó a que sus tres hijos aceptáramos su profunda fe en Cristo y la hiciéramos propia. Vio la importancia de una buena relación con sus hijos, al punto de decirme en una ocasión que tener un hijo era como hacer un buen amigo. Puedo decir con honestidad que él fue uno de mis mejores amigos.

También tenía un gran sentido del humor, el cual me vino muy bien a mí la vez que se despertó de una siesta para descubrir que mi hermano Michael y yo habíamos abrochado el collar eléctrico antiladrido del perro en su cuello. No se enojó cuando imitamos fuertes ladridos de perro y el collar le dio una descarga.

Papá se fue al cielo en el 2016. Yo estaba a su lado cuando falleció. Fue justo cuando yo acababa de hablar en una gran conferencia para matrimonios. Hay momentos en que estoy aconsejando parejas, o hablando sobre el matrimonio en alguna conferencia, o escribiendo un libro como este, y siento que estoy siguiendo los pasos de mi padre. Eso me hace feliz.

La historia de Bob

Como Greg, crecí en una familia de mentores del matrimonio, populares y exitosos. Yo heredé su amor por la consejería, y con el tiempo decidí seguir sus pasos trabajando como consejero matrimonial, autor, conferencista y profesor universitario.

Pero a diferencia de Greg, crecí en un hogar roto. Mis padres se divorciaron cuando yo tenía apenas un año. Mi madre se volvió a casar cuando yo tenía tres, y mi padre hizo lo mismo cuando yo tenía cinco. Pero yo siempre me sentí querido por los cuatro adultos de mi vida.

Otra diferencia importante es que no crecí en un hogar cristiano. La filosofía de vida de mi padre y mi madrastra era más bien «nueva era» que cristiana. No llegué a ser un seguidor de Jesús hasta el día antes de mi boda, a los veintitrés (¡y esa es otra historia por sí misma!). Venir a la fe en Cristo cambió todo mi paradigma, no solo para la vida, sino también para ayudar a las parejas que luchan en su matrimonio.

Llegué a idolatrar a mi padre, Jordan, y también me sentí inspirado por mi madrastra, Margie. Los vi desarrollar ideas y técnicas en consejería matrimonial y relacional. Compartieron la autoría del éxito de *Do I Have to Give Up Me to Be Loved by You?* (¿Debo renunciar a mí para ser amada/amado por ti?) que ha vendido más de un millón de ejemplares y ha sido traducido a diez idiomas. Promocionaban sus libros en programas televisivos como *The Oprah Winfrey Show* y *The Phil Donahue Show*.

Con la fama y la práctica privada en el oeste de Los Ángeles llegaron oportunidades para trabajar con celebridades. Mi madrastra llegó a entrenar a una actriz famosa para que pudiera representar a una terapeuta convincente en una famosa película premiada.

Otro recuerdo de mi juventud: el día después de que la actriz y modelo de *Playboy* Pamela Anderson apareció en el programa de TV *The Tonight Show with Jay Leno* y relató a Jay cómo Margie la había ayudado, el equipo técnico del programa apareció en nuestra casa pidiendo entrevistar a mi madrastra en su siguiente programa de noticias.

Para mí, la oportunidad más emocionante fueron los cinco años que tuve el privilegio de trabajar con mi madrastra en su compañía con sede en Los Ángeles, *Inner Bonding Educational Technologies,* ayudándola a organizar decenas de talleres intensivos de terapia grupal de cinco días a lo largo del país. En realidad tuve la oportunidad de aprender de una de las mejores.

Mientras otros terapeutas trataban de desarrollar su práctica, solos, yo estaba a la par de una autoridad, haciendo terapia con ella y aprendiendo todo lo que podía sobre cómo dirigir talleres de terapia grupal. Ver a mi madrastra ayudar a las personas a descubrir y encarar sus problemas me hizo enamorarme de ese tipo de trabajo intensivo y valioso de consejería. Estoy agradecido de haber pasado mi vida haciéndolo.

Confesiones de consejeros

Nuestras familias de origen no podían ser más diferentes, pero a ambos nos introdujeron al llamado que seguiríamos toda nuestra vida: ayudar a hombres y mujeres a construir su matrimonio.

De manera que nuestra camaradería profesional se basa en las mismas cosas que proveen un fundamento sólido para los buenos matrimonios: el amor mutuo, el respeto mutuo, el deseo de aprender el uno del otro y servirse el uno al otro, y un compromiso con la verdad y la honestidad. Ese compromiso con la verdad y la honestidad significa que debemos confesarte algo, querido lector o lectora: si has comprado este libro creyendo que nuestros antecedentes como terapeutas deberían permitirnos tener matrimonios y familias perfectas, probablemente deberías dejar de leer ahora mismo.

Cada uno de nosotros es un hombre roto y egoísta que ha luchado con los mismos asuntos que tú enfrentas. ¿Recuerdas las mentiras sobre el amor? Las hemos creído todas, al menos en parte, y las hemos probado antes de descubrir sus fallas. Como cualquier otro hombre y mujer casados en el mundo, seguimos trabajando constantemente en esta importante relación.

Damos gracias a Dios porque cada uno de nosotros ha estado casado mucho tiempo: Greg por más de veintiocho años y Bob, por más de treinta y nueve. Ambos confesamos que hubo momentos en que pareció que nuestro matrimonio no sobreviviría. Pero hemos trabajado día tras día, año tras año, década tras década para mejorar nuestro matrimonio. Esperamos lo mismo para ti.

Comencemos el viaje

Dios diseñó el matrimonio como un maravilloso regalo para hombres y mujeres, sus familias y nuestro mundo. Quiere que experimentemos su regalo en toda su riqueza.

Las parejas que conocieron al comienzo de este capítulo no están experimentando este regalo en su plenitud. A lo mejor tú sientes lo mismo.

Aun así, tú puedes mejorar tu matrimonio, si lo deseas. Si tu matrimonio está en crisis, puedes ayudarlo no solo a sobrevivir, sino también a florecer. Hemos visto muchos matrimonios rotos e imperfectos ser transformados. Si tu matrimonio es grandioso y quieres que crezca para ser más grandioso, puedes llevarlo a un nuevo nivel. Hemos visto a hombres y mujeres tejer relaciones fuertes y duraderas, rebosantes de amor, belleza y gracia.

Nuestra meta en este libro es cumplir la de las Escrituras: «Tengan todos en alta estima el matrimonio» (Hebreos 13:4, NVI).

Tenemos una visión para ti: queremos que disfrutes de un matrimonio cada vez más saludable y feliz, el cual tú y tu pareja puedan atesorar. Pero ese no es el final. Es apenas el comienzo de esta visión, la visión de que tu gran matrimonio sea contagioso. ¿Acaso no sería emocionante que más parejas tuvieran matrimonios tan atractivos y satisfactorios que todo el mundo a su alrededor quisiera tener lo mismo? ¿Y qué pasaría si algunas de esas parejas no solo cuidaran su propio matrimonio, sino también dedicaran tiempo y energía a ayudar a otras personas que quieran tener un matrimonio saludable? Qué forma poderosa de administrar este asombroso regalo que Dios nos ha dado, un regalo que muchos de nosotros hemos arruinado. Pero tenemos la visión de que miles de hombres y mujeres que disfrutan relaciones saludables y contagiosas se conviertan en un movimiento de matrimonios que ayuden a otros a descubrir por sí mismos esta belleza.

Que Dios te bendiga en tu viaje a un matrimonio mejor. Comencemos nuestro viaje con una mirada sobre algo que mucha gente en realidad no entiende: el diseño de Dios de un matrimonio saludable.

PRIMERA MENTIRA

Y VIVIERON FELICES PARA SIEMPRE

El matrimonio debe ser «feliz para siempre». Por lo tanto, si no somos felices, tiene que haber un problema importante.

Katie y Zach eran el tipo de pareja adorable y satisfecho que todo el mundo quiere tener cerca. «Se ven muy felices juntos», decían los amigos, los familiares y los miembros de la iglesia que los conocían. Cada uno era considerado atractivo y un buen partido como posible pareja. Ambos eran alegres y tenían actitudes positivas. Hasta cuando descansaban, sus labios parecían estar sonriendo. Algunos de sus amigos se referían en broma a ellos como Ken y Barbie porque eran tan rubios y bien parecidos como los muñecos populares.

Su romance parecía ser el de un cuento de hadas. Unos amigos los habían presentado con la promesa de que eran «perfectos el uno para el otro»; y, en efecto, lo eran, porque pronto se enamoraron e hicieron planes para una gran boda. Y en los meses previos a la boda, dedicaron muchas veladas a cenar afuera y mirar películas. Cuando vieron *El Rey León* de Disney, ambos lloraron de emoción por el triunfo de Simba sobre su archirrival, Scar.

Su gusto por el cine, en especial por las películas de Disney y las comedias románticas con final feliz, los impulsaron a agregar esta frase en su ceremonia de bodas: «¡Y vivieron felices para siempre!».

¡Es complicado!

Durante años, Katie y Zach fueron felices. Se amaban el uno al otro, disfrutaban de las mismas cosas, y juntos construyeron un hogar y una familia feliz. El jardín del frente de su casa en las afueras de la ciudad ¡hasta tenía una cerca de madera! (Aunque la pintura no era blanca, sino parda).

—Nos casamos pensando que seríamos felices —dijo Zach la primera vez que él y Katie vinieron a nosotros—. ¿Por qué casarnos si no pensáramos que seríamos felices?

Pero con el tiempo, elementos foráneos de infelicidad invadieron su nido de amor. Los problemas comenzaron poco después del nacimiento de su primer hijo, un niño hiperactivo.

—Todos nos advirtieron que nos cansaríamos —dijo Katie—, pero no teníamos ni idea de *cuán* cansados estaríamos.

Sentimientos extraños comenzaron a nublar su relación. No se ponían de acuerdo respecto a quién debía cubrir el turno del biberón de las cuatro de la mañana, y se sentían desilusionados de experimentar esas discusiones superficiales.

—En serio amamos a nuestro precioso bebé, pero nos sentimos culpables por no ser padres "lo suficientemente buenos" —confesó Zach—. ¡Y hasta nos sentimos culpables de sentirnos culpables!

Ya no había tiempo para cenar afuera, ir al cine y ni siquiera para conversar.

Después de dos semanas de licencia paga por paternidad, Zach no veía las horas de volver a la gente y a la predictibilidad de su lugar de trabajo. Durante las semanas siguientes, Katie comenzó a sentir resentimiento porque Zach ahora la ayudaba menos, y Zach se sintió frustrado.

—No lo entiendo —dijo Zach—. Ahora más que nunca necesitamos mi salario.

Buscando infelizmente la felicidad

Con el tiempo desarrollaron un patrón. Después de que los problemas pasaban, volvía la calma y la vida seguía con normalidad. Pero cada período normal parecía estar algunos escalones más abajo que la idea original. Entre ellos comenzó a gestarse lentamente un descontento.

—Éramos muy jóvenes e inocentes cuando dijimos que seríamos felices para siempre —dijo Katie—. Pero en este momento ¡nadie está feliz!

Este escenario no es nada raro. Los finales felices se dan con frecuencia en los cuentos de hadas y en las películas románticas, pero la vida real resulta un poco más complicada y problemática.

Zach y Katie aceptaron una versión popular de la mentira «felices para siempre». Habían llegado a creer que:

- Un buen matrimonio es como un invernadero que produce felicidad.
- Si la felicidad se está apagando, también el matrimonio lo está.
- Si la felicidad se termina, también se termina el matrimonio.

Es lamentable que han entrado en un camino que lleva a un espiral en bajada. Cuando se ve la felicidad como un propósito fundamental para el matrimonio, la falta de felicidad puede llevar a la desilusión, a la frustración e incluso a la comparación con otros matrimonios que se perciben como más felices que el propio.

Ahora, a medida que la distancia entre Zach y Katie se ha incrementado, el sentimiento de felicidad es cada vez más raro, y ha sido reemplazado por sentimientos de desaliento y de sentirse engañado. Quieren trabajar para mejorar las cosas, pero ambos se preguntan si requerirá demasiada inversión y si valdrá la pena.

Hemos visto esta historia antes. Las personas y los detalles cambian, pero el efecto de la mentira «felices para siempre» es el mismo. Las expectativas incumplidas de una felicidad continua en el matrimonio son en realidad una de las principales causas de la desilusión marital.

Una búsqueda razonable, una meta problemática

Katie y Zach enfrentan un problema, y en algunos sentidos, es un problema común en los estadounidenses. Es comprensible que nosotros los estadounidenses creamos en la felicidad y la busquemos frenéticamente. Muchos de nosotros incluso la consideramos «un derecho» porque reconocemos su mención en la Declaración de nuestra Independencia: «Sostenemos como evidentes estas verdades: que los hombres son creados iguales; que son dotados por su Creador de ciertos derechos inalienables; que entre estos están la vida, la libertad y la búsqueda de la felicidad».

Pero miremos con claridad. Esta declaración defiende nuestro derecho a *buscar* la felicidad, pero esta afirmación ¿sugiere que nada es más importante que eso?

Para mucha gente, la búsqueda de la felicidad se convierte en el propósito principal tanto de la vida como del matrimonio. Como piensan que serán más felices con alguien, quieren estar en pareja para que se hagan *absolutamente* felices el uno al otro. Pero lamentablemente, una vez que la felicidad se convierte en la meta principal de un matrimonio, todas las subidas y bajadas, y los desafíos normales de la vida pueden presentar un serio peligro para la relación. Y en algunos casos, la infelicidad marital llega a ser un potencial justificativo para la distancia emocional, las aventuras o el divorcio.

Cuando las cosas se van a pique en nuestro matrimonio, cuando no están a la altura de nuestras esperanzas y expectativas, o cuando hay períodos de insatisfacción, el compromiso de permanecer juntos se diluye y la gente dice cosas como:

«Esto no es lo que me esperaba».

«Ya no estoy enamorada/enamorado de mi pareja».

«Yo no me apunté para esto».

«Hay algo que no funciona en mi pareja».

«Nos hemos distanciado».

«Esto es demasiado duro y doloroso».

«No quiero volver a esto».

O, como decía Katie: «A veces, ni siquiera recuerdo por qué nos casamos».

Los propósitos más elevados de Dios para tu matrimonio

Hagamos un alto para respirar hondo, y mirar el escenario particular de Katie y Zach. ¿Es posible que se hayan creído ese cuadro falso sobre lo que hace a la felicidad? ¿Van camino a un destino ilusorio de cuento de hadas, en lugar de intentar identificar y alinearse con la verdad del diseño de Dios?

Dios quiere que el hombre y la mujer en realidad sean felices en el matrimonio. Eso es parte de por qué lo creó. Como declara el Señor a lo largo de las Escrituras, él nos ama y quiere que vivamos llenos de alegría. Pero esa no es toda la historia. La felicidad marital es solo un aspecto del gran cuadro de Dios para esa relación importante.

Jesús dijo: «Yo he venido para que tengan vida y la tengan en abundancia» (Juan 10:10, NVI). La expresión *en abundancia* aquí significa por encima, repleta, más que suficiente. Dios quiere que experimentemos no solo la plenitud del gozo en él, sino también la plenitud *de la vida* a través de sus regalos, como es el matrimonio.

En algún punto del camino nos hemos confundido acerca de

cómo experimentar la vida plenamente. Katie y Zach creían que la felicidad era su principal propósito en la vida. Pero ¿es acaso la felicidad el único aspecto significativo de la vida? ¿Qué hay de cosas como las relaciones, la familia, la empatía, la compasión, la creatividad, el aprendizaje, el crecimiento, la libertad, el compromiso, el esfuerzo, la devoción, la esperanza, la visión, el sacrificio, hacer una diferencia, el trabajo en equipo y demás? Por más importante que sea la felicidad, nos cuesta imaginar que sea mayor que todo eso.

De hecho, confiamos en que Dios quiere que todos seamos bendecidos en lo personal. Sus propósitos para nosotros tanto de manera individual como en el mundo, sin embargo, son mucho mayores que nuestras simples bendiciones personales.

Tenemos buenas noticias para Katie y Zach y para todas las personas que tienen problemas para experimentar la felicidad matrimonial con la que han soñado. Cuando Dios creó el matrimonio, pretendía que las bendiciones se extendieran más allá de Zach y Katie, más allá de ti y de nosotros. Dios tiene un plan más grande, y está claro que quiere que seamos parte de él: Dios ve el matrimonio como una relación poderosa que puede ayudar a redimir el mundo y construir su reino.

No nos malinterpretes. Estamos de acuerdo con la felicidad. No somos aguafiestas fundamentalistas que promovemos los beneficios del dolor y del sufrimiento. Más bien, somos creyentes entusiastas de la idea con la que comienza el Catecismo Menor de Westminster:

P. ¿Cuál es el fin principal del hombre?

R. El fin principal del hombre es el de glorificar a Dios, y gozar de él para siempre.

Estamos completamente a favor de la felicidad. La felicidad es algo bueno, y el matrimonio suele hacer a las personas más felices. Pero hay mucho más en el matrimonio que simplemente los sentimientos de dos personas. Dios lo ha creado para tu bien, pero también tiene propósitos mucho más significativos y de largo alcance.

Echemos una mirada a algunos de los propósitos elevados de Dios para tu matrimonio.

Tu compañera o compañero en el viaje de la vida

Quizás muchos de ustedes recuerdan haber estudiado la famosa expedición de Lewis y Clark, comisionados por el presidente Thomas Jefferson, organizado para mapear el territorio inexplorado desde el oeste del río Misisipi hasta el océano Pacífico. ¿Qué hubiera hecho Meriwether Lewis sin su compañero de exploración, William Clark? Es muy probable que si cualquiera de estos hombres hubiera intentado cruzar el continente solo, ninguno hubiera sobrevivido o logrado sus asombrosas proezas.

El viaje implicó circunstancias que por momentos fueron alucinantes, milagrosas, difíciles y hasta potencialmente fatales. En el camino descubrieron cosas que no se conocían ni se habían registrado. Debido a que trabajaron juntos y se ayudaron mutuamente, tuvieron éxito en un viaje que abarcó más de doce mil kilómetros en dos años y medio.

Queremos que pienses en Lewis y Clark cuando consideres el propósito de tu matrimonio. Tú y tu pareja pueden no estar mapeando el territorio estadounidense, pero están creando sus propios mapas juntos al recorrer el viaje de su vida. Como matrimonio ahora están comisionados por Dios para un viaje sagrado con él *y* con su cónyuge. La expedición marital tiene propósitos personales, comunitarios y del reino de Dios. Queremos ayudarte a aceptar la visión de algunas de las maneras en que tu matrimonio puede ser de beneficio para ti y para el mundo, para que no te pierdas todo lo que Dios quiere mostrarte.

Cuando trabajamos con parejas como Zach y Katie, los animamos a intentar aceptar un cambio de paradigma en la manera de mirarse el uno al otro y al estado de su matrimonio. Ellos comenzaron creyendo que se ayudarían mutuamente a vivir felices para siempre. Ahora están en problemas con ese modelo, pero eso no significa que su matrimonio esté en peligro fatal. Solo significa que estaban intentando llegar al destino equivocado.

En lugar de ver a tu pareja como la principal fuente de tu felicidad en el matrimonio, queremos que tengas una nueva mirada y que la veas como algo mejor, ¡como algo más! En cierto nivel, tu pareja está diseñada para ser tu compañero o compañera de viaje, para marchar a tu lado y apoyarte mientras enfrentas los asuntos y desafíos que encontrarás en la vida.

¿Alguna vez has experimentado un éxito o una victoria, pero carecías de alguien con quien compartir tu alegría? ¿O has experimentado una derrota humillante, pero carecías de alguien que te ayudara a sobrellevar la carga emocional? Estos son los *roles de apoyo* que tú y tu pareja pueden ofrecerse mutuamente. Por grandioso que sea eso, sin embargo, todavía hay más en tu viaje personal. Junto con tu compañero de viaje puedes experimentar un sentido todavía más profundo de propósito que es posible cuando se unen juntos a Dios, enfocados en su plan.

¿Alguna vez has trabajado como parte de un equipo que logró algo especial? El trabajo duro que se requiere suele acrecentar el valor de lo que se ha logrado. ¿O te ha tocado luchar junto a otros en un esfuerzo valiente y no alcanzar el objetivo? A lo mejor, en lugar de ver esa experiencia como un fracaso, todos aprendieron importantes lecciones juntos. Como resultado, todos los implicados crecieron, aumentado la probabilidad de un éxito futuro.

Como dos hijos de Dios diseñados intencionadamente, sus vidas fueron creadas a propósito, con un propósito. Una vez casados, tu cónyuge también debe ser tu compañero de vida, trabajando juntos para crear y construir cosas significativas y hermosas. Estas actividades relacionales reflejan algunos de los *roles creativos* que ambos pueden tener en el matrimonio.

Yo (Greg) tengo unos buenos amigos, Brian y Kari, quienes ganaron mucho dinero invirtiendo en propiedades comerciales en la ciudad de Nueva York. Vivían con mucha comodidad y disfrutaban todo lo que la ciudad podía ofrecerles. Pero un día comenzaron a preguntarse si esa sería toda su vida: cenas todas las noches en los mejores restaurantes, asientos en la platea de Broadway, compras en la Quinta Avenida, fiestas exclusivas y demás.

Pero Dios comenzó a tocar su corazón. Un día, mientras paseaban por Central Park, hablaron sobre cómo podrían usar su matrimonio para servir a otros. No tenían una visión clara, pero sentían que debían hacer algo más con las bendiciones financieras que habían recibido. Como su corazón estaba unido en torno a un llamado compartido, se sintieron acompañados y apoyados.

Un domingo, mientras escuchaban un sermón acerca de servir a Dios, el predicador visitante proyectó en la pantalla un pasaje que les llenó de lágrimas los ojos. «Los indefensos depositan su confianza en ti [Dios]; tú defiendes a los huérfanos» (Salmo 10:14). En ese instante, supieron que estaban siendo llamados a cuidar de los huérfanos. Pero ¿dónde? ¿Cómo?

Algunas semanas más tarde, Brian tuvo una junta con un caballero que buscaba un inversor para una idea comercial en Beijing, China. Mientras escuchaba la exposición del hombre, Brian de repente tuvo una visión clara: podía usar las ganancias de ese negocio en China para fundar un orfanato. La idea tocó el corazón de Kari y sintió una total confirmación. De esta manera, Brian y Kari dejaron la comodidad de la ciudad de Nueva York y se dirigieron a China en compañía de sus tres pequeñas hijas.

Poco después de que la fábrica estuvo establecida y funcionando, Kari descubrió la necesidad de contar con familias de acogida para niños con necesidades médicas en los orfanatos de China. Después de meses de trámites burocráticos y duro trabajo, Brian y Kari abrieron su primer hogar de acogida para niños con necesidades médicas a las afueras de Beijing. Con los años, han atendido cientos de huérfanos y han visto más de 360 niños ser adoptados en todo el mundo, muchos de ellos en familias cristianas. Sirviendo al Señor, *crearon* juntos algo asombroso y bello.

Erin y yo estamos muy agradecidos porque Dios le dio a Brian y Kari la visión de cómo usar su matrimonio para invertir en otros. Si no hubiera sido por sus hogares de acogida, una bebé recién nacida, abandonada en el umbral de esa casa, no hubiera sobrevivido esa noche. Annie, como la nombraron, nunca hubiera experimentado el vuelo de diez mil kilómetros hasta los Estados Unidos de América, donde se convirtió en nuestra hija menor. El punto aquí no es que para convertirse en compañeros de viaje ustedes deban abandonar todo y hacerse misioneros. Gracias a que Brian y Kari se unieron en su llamado, como matrimonio, en ayuda de los huérfanos, y viajaron juntos como amigos y seguidores de Cristo, contribuyeron significativamente a nuestro viaje para completar nuestra familia y nos ayudaron a construir nuestro legado familiar de honra a Cristo.

PRIMERA VERDAD SOBRE EL AMOR

Dios creó el matrimonio para que experimentes una profunda amistad con tu compañera o compañero de viaje de toda la vida y descubras algo mejor que la felicidad: un gozo duradero y una relación llena de sentido y de propósito.

Tu amiga o amigo íntimo

Una de las principales razones por las cuales Dios creó el matrimonio fue para que tú experimentaras una profunda amistad con tu principal compañero de viaje. Tu matrimonio es un vehículo para compartir momentos de alegría, pasión y placer, los cuales podrían parecer vacíos si estuvieras solo. También es un vehículo para compartir momentos de tristeza y dolor, los cuales podrían aplastarte si los enfrentaras solo. El matrimonio provee el estímulo ideal para el crecimiento personal a medida que te vas convirtiendo en el hombre o la mujer que Dios quiso que fueras. En palabras sencillas, tú y tu pareja tienen la oportunidad de experimentar la forma más profunda de amistad y amor que existe. Tienes la oportunidad de recorrer la vida con una persona que está unida a ti en amor *y* propósito.

Además, el matrimonio puede ser un agente positivo y creativo de esperanza y cambio para un mundo desesperadamente necesitado. ¿Cuánta gente en tu círculo necesita ver ahora mismo ejemplos de matrimonios que en realidad funcionan en forma personal y relacional? ¿Matrimonios donde las parejas afrontan los desafíos y dificultades normales, pero los enfrentan y superan, como compañeros de equipo y juntos aprenden y crecen?

También estamos hablando de matrimonios que entienden el obrar de Dios en el mundo y se unen intencionadamente para hacer una diferencia en el mundo y entre quienes los rodean. Estos son los matrimonios que demuestran lo que en realidad es posible con Dios, en parte, por estar profundamente satisfechos y llenos de alegría, pero también por estar conectados a un propósito mayor. Vemos esto como *una amistad íntima* en su máxima expresión.

Eso es algo por lo que alegrarse, y los estudios demuestran que trabajar para construir una amistad más profunda con tu pareja puede ser la mayor fuente de felicidad en tu vida. Y esa amistad creciente puede transformar tu matrimonio en uno de profunda satisfacción y propósito significativo, incluso cuando enfrentes los desafíos que preceden a cada realización y a cada victoria. En la vida real, los obstáculos se convierten en elementos importantes en la historia, tal como en todo relato inspiracional que alguna vez escuchaste. Las personas reales que enfrentan y superan problemas reales con paciencia y amor, que se convierten en grandes amigos en el proceso, son los elementos de toda historia de amor.

Cuando cambiamos nuestra meta final de la felicidad a tener una amistad íntima satisfactoria, llena de sentido y propósito, tiene un cambio radical la base de nuestra relación. El resultado se convierte en una relación que inspira a otros a querer lo que tienes.

Cuando las parejas recién inspiradas dan esos mismos pasos para transformar sus matrimonios, también se convierte en una fuente de inspiración para otros. A medida que más y más parejas se unen, todos comenzamos a mostrar al mundo lo que es posible en un matrimonio con Cristo, y con el tiempo restauramos el matrimonio al lugar de honor que le corresponde (ver Hebreos 13:4). Esto puede sonar al principio como un sueño imposible, pero en realidad es lo que venimos haciendo desde hace más de veinte años. No solo con nosotros personalmente, sino también con cientos de otras parejas.

Más que tú y yo

Cuando trabajamos con parejas como Katie y Zach, queremos ayudarlos a experimentar más felicidad en el matrimonio. También queremos desafiarlos a tener una visión mayor para su vida juntos sobre la base del diseño de Dios.

A continuación, hay cuatro maneras en que Dios usa el matrimonio para ayudarnos a ver más allá de nosotros mismos y de nuestra propia felicidad.

1. El matrimonio transforma vidas

Martin Luther llamó al matrimonio una escuela para el carácter. Tu matrimonio tiene el potencial para transformarte continuamente a ti, a tu pareja y a tus hijos, para que cada día, todos se acerquen más a ser las personas para las que Dios los creó.

El énfasis de Zach y Katie en su felicidad personal produjo algo como un cortocircuito en el propósito mayor. Debido a que comprometerse en conversaciones profundas podía generar diferencias o tensiones, se mantuvieron al margen de esas conversaciones, prefiriendo preservar las cosas en un estado ligero y superficial. Lamentablemente, eso significa que a veces perdían su potencial de acompañarse el uno al otro en su redención, sanidad y crecimiento. Si se lo permitimos, sin embargo, el matrimonio puede ayudarnos a ser todo lo que fuimos creados para ser.

2. El matrimonio es una demostración del amor de Dios

Dios es amor, pero no todos lo ven ni lo creen. Algunas personas son escépticas porque con frecuencia ven a los seguidores de Dios actuar sin amor. Otras personas ni siquiera creen que exista el verdadero amor en nuestro mundo porque no lo ven en la práctica.

Tú y tu pareja tienen la oportunidad de dar vuelta el juego de esta desesperanza y mostrar al mundo que en realidad existe el amor verdadero, fiel y comprometido fuera de los cuentos de hadas y las películas de Disney. Sencillamente, amándose el uno al otro y permitiendo que ese amor sea visto por los demás dondequiera que vayan, ambos pueden servir como poderosos embajadores del amor de Dios.

3. El matrimonio es una manera de compartir el amor con tus prójimos

¿Recuerdas cuando el joven rico le preguntó a Jesús cuál era el mandamiento más importante? Jesús le dijo que en realidad había *dos* mandamientos importantes. «"Ama al Señor tu Dios con todo tu corazón, con toda tu alma y con toda tu mente". Este es el primer mandamiento y el más importante. Hay un segundo mandamiento que es igualmente importante: "Ama a tu prójimo como a ti mismo". Toda la ley y las exigencias de los profetas se basan en estos dos mandamientos» (Mateo 22:37-40).

Las familias son unas de las maneras preferidas de Dios para extender su amor y su gracia en un mundo que los necesita. Piensa en esto: tu amor tiene el potencial de revelar el amor de Dios a los demás y al mundo.

La amistad entre Zach y Katie ahora impregna un hogar amoroso. Con corazones y brazos abiertos, su casa se ha convertido en un hogar. Abundan las nuevas oportunidades para practicar la hospitalidad y compartir ese amor con gente de afuera, y la alfombra en el umbral de la puerta dice solo: «Bienvenido». Quizás *todavía* no sean tan felices como quisieran o tan felices como es probable que lleguen a ser. Pero la felicidad a veces nos encuentra en el camino cuando en verdad aceptamos y emprendemos nuestro viaje de amistad íntima a través del matrimonio.

A medida que Zach y Katie continúen desarrollando esa amistad, tendrán continuas oportunidades para servir como modelos y mentores para otras parejas que están en dificultades, ayudándolos a aceptar sus propios viajes.

Ahora su matrimonio revela con más plenitud el amor de Dios a todos los hombres y mujeres que conocen. A medida que se abren, permiten que los demás los conozcan y comparten ese amor, e impactan positivamente en su vecindario, su iglesia y su comunidad. Eso crea un poderoso impacto cultural.

4. *El matrimonio se convierte en un legado vivo*

¿Alguna vez has observado cuántas parejas casadas tienen hijos? Qué privilegio es compartir la creación de una vida nueva y preparar a esa persona para hacer del mundo un lugar mejor. El legado de tus hijos durará más que el de tu propio matrimonio y tu vida, de manera que es una inversión que vale la pena. Aunque ser padres y criar hijos no es el foco de este libro, es una pieza central del diseño de Dios para el matrimonio.

Incluso más allá de nuestros hijos, las parejas que viven como amigos íntimos conectados juntos con Dios y sus propósitos, demuestran lo que Dios puede hacer en y por medio del matrimonio. Vivimos en una cultura que se cuestiona si es posible o siquiera relevante en el mundo de hoy un matrimonio bueno y devoto. Oímos a la gente joven decir: «¿Por qué voy a querer casarme si no conozco nadie que haya estado casado cierto tiempo y que sea feliz?».

Creemos de todo corazón que los grandes matrimonios no solo son posibles, sino que en realidad son la piedra angular del plan de Dios para las familias, las comunidades y el mundo. Juntos podemos mostrar a la sociedad lo que *es* posible con Dios y quienes se someten a sus propósitos. Podemos desarrollar matrimonios profundamente satisfactorios y ricos en significado y propósito.

Entonces, cuando los demás observen nuestros matrimonios exitosos, serán inspirados. A medida que esas parejas desarrollen juntos su propio viaje placentero y significativo, habremos creado un legado poderoso y positivo que puede pasar de generación en generación.

Una meta difícil de alcanzar

Zach y Katie han sido infelices, eso es innegable. Pero, aunque la felicidad es importante, Zach y Katie la sobrevaloraron y exageraron. El principal propósito de Dios en el matrimonio no es simplemente aumentar la felicidad personal.

Piensa en esto: la felicidad puede ser difícil de alcanzar, a veces, y en realidad, parece ser más escurridiza cuanto más desesperadamente la buscamos. En definitiva, nuestra felicidad está sujeta a muchas variables y circunstancias de la vida. Todo, desde el mal tiempo hasta el hambre, puede impactar demasiado en nuestros sentimientos cada momento.

Por eso es peligroso evaluar el éxito y la calidad de un matrimonio a través de un simple coeficiente de felicidad. Las cosas que tú y yo hacemos para estar más felices pueden no estar directamente vinculados con la felicidad que experimentamos en cualquier momento particular.

De manera que, en lugar de poner el foco en la felicidad, queremos ayudarte a aprender cómo experimentar gozo en tu viaje matrimonial, incluso en medio de las dificultades. Veamos cómo esto puede funcionar.

Autoevaluación: ¿Cuál es el propósito del matrimonio?

Todas las parejas casadas buscan ser felices, pero no todos los matrimonios alcanzan esa meta. Contesta las preguntas y responde acerca de las afirmaciones abajo para evaluar tus sentimientos.

1. ¿Por qué te casaste con tu pareja? ¿Qué es lo principal en tu matrimonio?

   Zach y Katie hicieron de la felicidad su prioridad. ¿Es por eso que ustedes se casaron? Reflexiona sobre tu decisión de casarte y las razones por las que elegiste ese modo de vida.

2. Yo no espero que mi cónyuge sea la fuente de mi felicidad, sino más bien mi compañero de viaje con quien puedo contar a mi lado en los buenos tiempos y en los desafíos de la vida.

1	2	3	4	5	6	7
Nunca		Rara vez		A veces		Siempre

3. Mi cónyuge y yo lo tenemos claro y buscamos activamente el cumplimiento del llamado y del gran propósito de nuestro matrimonio, cuyo impacto va más allá de nosotros.

1   2   3   4   5   6   7
Nunca   Rara vez   A veces   Siempre

4. Además de ser amantes, nuestro matrimonio se caracteriza por una relación de amistad profunda y personal.

1   2   3   4   5   6   7
Nunca   Rara vez   A veces   Siempre

Ejercicios para amigos en el viaje del matrimonio

Comunicación horizontal: Cómo reavivar el arte perdido de la conversación

Hubo un tiempo en que Jenni y yo (Bob), al igual que Katie y Zach, no podíamos esperar para vernos y conversar entre nosotros. Al comienzo de nuestra vida juntos estábamos enamorados y fascinados por conocernos más. Salíamos a cenar, íbamos a la playa para ver la puesta del sol, salíamos a caminar juntos, nos hacíamos preguntas y nos relatábamos el uno al otro con entusiasmo las historias de nuestra vida.

Pero con el paso del tiempo, nuestra conversación se volvió cada vez más dominada por las muchas frustraciones y desilusiones que encontrábamos. Nuestras «charlas» pasaron de disfrutar de conocernos el uno al otro a intentar resolver conflictos. Tristemente, alimentar nuestra amistad pasó a ser un recuerdo distante.

Lamentablemente, sabemos que no estamos solos en eso. A

muchas personas les cuesta trabajo encontrar el tiempo o el interés para sentarse y tener una conversación con final abierto con sus cónyuges. Eso es una pena porque la conversación motivada por el deseo de conocerse el uno al otro nutre las relaciones y abona el amor. Es difícil hacer crecer el amor y la amistad si no hay buena conversación.

La conversación que construye amistad ahora está bajo ataque por el ritmo de la vida, los aparatos digitales adictivos, y las opciones de entretenimiento en los medios de comunicación las veinticuatro horas al día, toda la semana. ¿Con qué frecuencia has visto el siguiente cuadro? Dos personas están cenando en la mesa de un restaurante, pero no hablan entre sí, cada una está enfocada en su teléfono móvil.

Estamos en una cruzada por desarrollar matrimonios grandes e inspiradores basados en una amistad íntima y real. Con ese fin, exploraremos toda clase de conversaciones a lo largo de este libro. Pero, comencemos con lo básico.

Cuando encontramos parejas como Zach y Katie, prescribimos un procedimiento preciso para sanar su falta de comunicación; conversaciones regulares, llenas de curiosidad, tal como las conversaciones que construyen toda gran amistad y romance. En un día típico, esposos y esposas tienen todo tipo de conversaciones, desde sencillos controles logísticos (quién comprará un par de botellas de leche camino a casa) hasta las conversaciones más profundas de corazón a corazón (¿te parece que debería analizar la oportunidad de este nuevo desafío laboral que implica más responsabilidad y más ingresos?).

Queremos que inicies conversaciones con una meta diferente: construir amistad a través de la curiosidad. Tu meta aquí no es tratar la logística familiar o resolver problemas relacionales. Piensa en tu meta como la de refamiliarizarte con alguien de quien has perdido contacto con los años y enciende tu curiosidad. La emoción que subyace al enamoramiento y al romance es la fascinación de conocer a alguien interesante. Regálate el placer del enamoramiento y el romance permitiéndote descubrir y cultivar tu fascinación y tu interés por tu pareja.

A continuación, ofrecemos algunos de los disparadores de conversación que recomendamos:

- ¿Cómo te fue hoy? (Advertencia, algunas parejas con frecuencia hacen esa pregunta sin esperar una respuesta. Haz esta y otras preguntas solo si estás interesado en escuchar lo que la otra persona tiene que decir).
- ¿Cuál fue la experiencia más interesante que tuviste en la última semana?
- ¿Qué cosa anhelas hacer?
- ¿Qué cosa tienes miedo de hacer?
- ¿Dónde estabas o qué estabas haciendo en esta fecha hace diez años? ¿Hace veinte años?
- Si tu vida fuera un libro grande, ¿en qué capítulo dirías que estás ahora?
- Si pudieras pedirle a Dios que erradicara por completo un problema de este mundo, ¿cuál sería?
- ¿Con cuáles de tus amigos dirías que disfrutas más compartir y conversar?
- ¿Hay alguien que te ha ofendido o desilusionado últimamente?
- ¿Qué dos cosas todavía no sé de ti?
- ¿Qué cosa aprecias de nuestra relación?
- Si te tocara morir mañana, ¿cuál fue el logro que mejor te hizo sentir en la vida? ¿Qué cosa fue tu peor pérdida de tiempo?
- ¿De qué cosa estás más agradecido hoy?

Afirmación horizontal: aprecio por su pareja

Cuando le hagas una pregunta de curiosidad a tu pareja, queremos que además realices dos cosas:

1. Escuchar y no hablar. (Tienes permiso de hacer preguntas clarificadoras pero no de hablar. ¡No se trata de ti!).
2. Prestar atención, porque puedes usar parte de la información que obtengas en la siguiente herramienta que recomendamos.

Hacía tiempo que Katie y Zach habían dejado de hablar. Por la misma época también dejaron de sentir aprecio uno por el otro al tiempo que crecía la irritación de uno con el otro.

Para revertir este proceso, queremos que hagas una «lista de valoración», enumerando veinte o treinta cosas que aprecias o te gustan de tu pareja. ¿Qué cualidades de carácter o conducta aprecias más? ¿Qué cosas de tu pareja te hacen reír o sonreír?

Ambos practicamos este ejercicio de valoración de la pareja con nuestras esposas a menudo. A continuación, hay una serie de puntos que hemos articulado para permitirles saber, en especial, lo que apreciamos de ellas, y luego algunos de los puntos que ellas aprecian de nosotros.

Lo que más aprecia Bob de Jenni:

- Es artística y creativa. Hace que todo lo que la rodea se vea más bello. También es increíblemente creativa en la resolución de problemas.

- Es leal. (Ella lo llama «lealtad disfuncional»). Su compromiso con Dios, conmigo, con nuestra familia, no tiene excepciones. Si no fuera por eso, entre otras cosas, ¡no estaríamos donde estamos!

- Es una pensadora original. Su perspectiva es tan diferente que a veces parece extraña. Pero como ella ve el mundo de una manera distinta de cualquier otra persona que conozco, he podido ver algunas cosas que de otra manera jamás hubiera visto.

Lo que más aprecia Jenni de Bob:

- Su sentido del humor. Le gusta hacer reír a otros, en especial a mí, ¡aunque las bromas a veces son bastante tontas!

- Su pasión por la vida y su hambre por aprender. Enfoca la vida con verdadera pasión y le gusta ayudar a los demás a encontrar su propia pasión.

- Su compromiso con Dios y con la familia. Nunca ha dejado de confiar en Dios. Incluso en tiempos difíciles e inciertos, se ha apoyado en el Señor.

Lo que más aprecia Greg de Erin:

- Ella es muy sociable. Le encanta estar con gente y relacionarse, en especial con otras mujeres.

- Es diligente: le gusta lograr muchas cosas cada día.

- Es compasiva: le gusta ayudar a los demás cuando están sufriendo física o emocionalmente. Es por eso que se hizo enfermera y ahora trabaja como consejera.

Lo que más aprecia Erin de Greg:

- Tiene mucho sentido del humor y es muy divertido estar cerca de él.

- Es trabajador y un gran proveedor para nuestra familia.

- Tiene un corazón sensible. Es amable y atento conmigo y con los niños.

A continuación, hay algunas palabras y frases que puedes utilizar y te ayudarán a articular con más precisión lo que tu pareja significa para ti:

Humilde	Generoso
Alegre	Creativo
Valiente	Íntegro
Divertido	Inteligente
Seguro de sí mismo	Sensible
Leal	Curioso
Atento	Responsable
Determinado	Entretenido

Cuando elogias a tu cónyuge, sé preciso en lo que aprecias para poder evitar dos grandes problemas:

1. Cuando la expresión es ambigua o muy general («Eres asombroso»), tu pareja no tiene idea qué cosas específicas aprecias de ella.
2. Cuando pones el foco en características externas (¡eres tan atractivo!), tu pareja puede pensar que la atracción es solo física y no tiene nada que ver con otras características. Recuerda poner un enfoque especial en cualidades interiores y rasgos de la personalidad.

Comunicación vertical: Las parejas que oran juntas permanecen juntas
Es importante que Zach y Katie se comuniquen entre sí y se aprecien mutuamente, pero hay una tercera forma de comunicación que

necesitan las parejas para profundizar su amor: la comunicación con Dios.

Orar juntos como pareja es más que un ritual reconfortante. Es una manera de conectar la vida de ambos con el Creador y mostrar que, en definitiva, ambos dependen de él para su sostén, no uno del otro.

La oración puede ayudarlos a ambos de maneras muy profundas. Primero, es una manera de poner sus ansiedades y temas ante Dios, en lugar de estar continuamente cargándolos uno sobre el otro. El consejo de Pablo sobre la oración es particularmente útil para las parejas que enfrentan una dificultad: «No se preocupen por nada; en cambio, oren por todo. Díganle a Dios lo que necesitan y denle gracias por todo lo que él ha hecho. Así experimentarán la paz de Dios, que supera todo lo que podemos entender. La paz de Dios cuidará su corazón y su mente mientras vivan en Cristo Jesús» (Filipenses 4:6-7).

Orar juntos puede ser una experiencia muy íntima, tanto con tu pareja como con Dios. Pero algunas parejas no saben por dónde comenzar. Es por eso que ofrecemos este sencillo proceso de cinco pasos que puedes utilizar para comenzar:

1. *Comienza agradeciendo*
   - Agradécele a Dios que estuvo presente en el pasado, ayudándote a ti y a tu cónyuge.
   - Agradécele por crearlos a ambos y por otorgarles la personalidad y los dones que tienen.
   - Agradécele a Dios su promesa de darte su paz cuando le entregas tus preocupaciones.

2. *Confiesa y sométete*
   - Confiesa tu dependencia de Dios para tu vida y las cosas buenas de ella.

- Expresa tu deseo de someter tu voluntad a su liderazgo y dirección.
- Pídele que utilice tu situación actual para modelarte y convertirte en la persona que él desea de ti.

3. *Busca la dirección de Dios*
   - Pídele a Dios su guía para ti, para tu pareja y para tu familia.
   - Pídele a Dios que les muestre a ambos cómo amarse y servirse el uno al otro.
   - Pídele a Dios su guía y dirección para que prevalezca su voluntad cuando ambos toman decisiones importantes.

4. *Ora para tener una visión más grande para tu matrimonio*
   - Dios desea que tengan felicidad juntos, pero eso es solo parte de su visión para la vida matrimonial. Pídele que les muestre a ambos cómo pueden trabajar juntos para servirle a él.
   - Haz esta oración: «Señor, ayúdame a ver lo que tú ves, y a ver lo que tú quieres que vea».

5. *Termina con agradecimiento*
   - Agradécele a Dios que escucha tu oración y responde según su voluntad.
   - Agradécele a Dios por tu matrimonio y por la oportunidad para estar más cerca el uno del otro y de él.

La oración no es solo algo para hacer en la iglesia o en situaciones de emergencia. La oración es parte de la vida, y las parejas que hacen de la oración parte de su vida juntos pueden experimentar un amor más profundo y un sentido de propósito espiritual compartido.

De la felicidad a la unidad

Los finales felices se esperan en muchos cuentos y películas, pero los matrimonios basados solo en la búsqueda de la felicidad experimentan infelicidad con frecuencia.

Dios los creó a ambos y los reunió para el viaje de la vida en matrimonio. El matrimonio que has experimentado hasta ahora, sea bueno o malo, no es el final de la historia. En realidad, estás escribiendo una historia de amor con tu cónyuge y con Dios, y tú puedes escribir tu parte.

En lugar de culpar a tu pareja por no hacerte feliz, centra la conversación en cómo pueden ayudarse el uno al otro en su viaje personal en la vida, lo cual es el papel de apoyo del matrimonio.

Luego dediquen un tiempo para discutir lo que cada uno piensa que podrían ser algunas de las cosas que Dios ya está haciendo, o espera hacer, por medio de su matrimonio. ¿Cuáles son las oportunidades a través de su vida y matrimonio donde Dios puede revelarse a sí mismo (el papel creativo del matrimonio)?

Recuerda, la buena noticia de Jesucristo (el Evangelio) nunca se trata de lo buenos que somos, sino de lo que Dios quiere hacer en nosotros y a través de nosotros, ¡a pesar de nosotros y de todas nuestras imperfecciones! Asegúrate de dejar suficiente lugar para que cada uno de ustedes, y su matrimonio, sean una obra imperfecta en progreso. Al hacerlo, de seguro te encontrarás experimentando algo que es incluso mejor que la felicidad: un gozo profundo y duradero, y un matrimonio lleno de significado y propósito.

SEGUNDA MENTIRA

1+1=1

Una vez que dos personas se convierten en una en el matrimonio, dejan de ser los dos individuos que eran, y la relación de matrimonio pasa a ser la prioridad.

—Tenemos una hora, gente. ¡Una hora!

Con la ceremonia programada para comenzar pronto, tanto los preparativos de la boda como la propia organizadora de bodas estaban en plena actividad.

—Mueve la mesa que tiene la vela de la unidad un poco hacia atrás y a la derecha—indicó a su asistente.

—Así está bien —dijo—. Muy lindo. Ahora solo necesitamos que la novia y el novio sepan lo que tienen que hacer cuando llegue el momento.

Pronto comenzó la ceremonia. El novio y la novia hicieron sus papeles perfectamente en el momento de la vela de la unidad. Se acercaron a la mesa donde a cada lado de la vela mayor había una vela blanca más delgada. Cada uno tomó una vela pequeña y la encendió. Luego sostuvieron sus velas individuales en forma simultánea para encender la vela de la unidad.

Esta parte de la ceremonia nupcial presenta una imagen hermosa de dos personas que llegan a ser una. Hasta aquí, todo bien.

En este caso en particular, el rito terminó cuando Ryan y Ashley apagaron sus velas individuales. El humo de sus llamas extinguidas se elevó en el aire haciendo un círculo alrededor de la llama de la vela de la unidad. Ahora, esta pareja convertiría sus dos vidas en una sola. Los sueños anhelados se estaban cumpliendo.

¿Lo estaban?

Velas y confusión

Hemos visto parejas realizando el rito de la vela de la unidad en muchas bodas a las que hemos asistido, a lo largo de los años. A veces, el simbolismo del hombre y la mujer que soplan y apagan sus velas individuales se usa en comentarios ilustrativos desde el púlpito como: «Hoy, estas dos personas ya no son dos vidas individuales, sino una sola carne unidas en santo matrimonio ante Dios y los testigos».

Es un ritual bello, ¡pero a nosotros nos saca de quicio! Cuando vemos que se apagan las velas individuales, queremos gritar (pero es probable que eso alterara a la novia, al novio y a los invitados a la boda). Queremos arrancarnos el cabello (pero eso molestaría al portero de la iglesia).

Lo que en realidad queremos hacer es correr hacia el altar y ofrecerle a la novia y al novio descuentos especiales para nuestros Talleres para Matrimonios. Es probable que requieran nuestra ayuda en el camino porque el hermoso ritual de la vela de la unidad oculta un peligroso malentendido teológico que en realidad puede impedir que esos dos amantes consigan la unión y la unidad que desean.

El problema está al final mismo del ritual, cuando el novio y la novia apagan sus velas individuales. Ese simbolismo sugiere fuertemente que una vez que esas dos personas se convierten en una en el matrimonio, de pronto deben dejar de ser los dos individuos que eran antes. Transmite este mensaje: *Ya no existo como individuo, ahora mi individualidad y mi personalidad deben estar sometidas mientras perseguimos el llamado superior de ser «uno».*

Nadie sabe exactamente cuándo comenzó la moda de la vela de la unidad. La mayoría la ubica en la boda de Luke y Laura en 1981, en la serie popular de TV *General Hospital* (Hospital General). Otros dicen que toda la moda se inició gracias a la creatividad de los vendedores de velas.

Estaríamos de acuerdo por completo si las parejas que encienden las velas de la unidad en su boda pudieran hacer una pequeña modificación en el ritual. Por favor, gente: ¡mantengan bien encendidas sus velas individuales! Esto enviaría un mensaje mucho mejor: *Nos unimos en matrimonio para experimentar la unión y la unidad que puede ofrecer el matrimonio, pero ninguno de los dos está anulando su existencia ni su llamado individual dado por Dios.*

Es un hecho glorioso cuando dos personas se convierten en una sola carne, al unirse para crear una nueva realidad mística: una sola carne en el matrimonio. Pero este hecho no es el final de los dos individuos. Cada persona sigue existiendo. Y como veremos a lo largo de este libro, cada uno de ellos tendrá muchas responsabilidades individuales de las que hacerse cargo en los próximos años.

La enseñanza de Jesús sobre el matrimonio describe la unión como unidad: «Por consiguiente, ya no son dos, sino una sola carne. Por tanto, lo que Dios ha unido, ningún hombre lo separe» (Mateo 19:6, lbla; ver también Marcos 10:1-8; 1 Corintios 6:16; Efesios 5:22-33). Este pasaje de Mateo usa la metáfora «una sola carne» para describir la unidad espiritual, emocional y física que podemos experimentar solo en el matrimonio. Pero este lenguaje metafórico no debe ser tomado literalmente. Eso sería ridículo.

Ambos hemos estado casados con nuestras esposas por décadas, pero hasta ahora, ni nosotros ni nuestras esposas nos hemos transformado en siameses. Cada uno de nosotros todavía tiene su carne, su piel, su propio cerebro y su propio corazón. Somos *uno* en matrimonio, pero seguimos siendo *dos* individuos.

Eso puede parecer algo pequeño, o una distinción insignificante. Pero créenos, la forma en que nos describimos e imaginamos el matrimonio es *algo muy grande*.

SEGUNDA VERDAD SOBRE EL AMOR

Hay tres componentes esenciales en todo matrimonio:
el hombre, la mujer y la relación. Cuando los tres están
alimentados y protegidos, tú y tu cónyuge experimentarán el
gozo y la belleza del matrimonio tal como Dios lo diseñó.

La batalla de los modelos de matrimonio

En el popular videojuego *Fortnite*, los jugadores buscan tener una ventaja competitiva encendiendo el globo aerostático sujetado a su autobús de combate. A medida que el autobús de combate se eleva en el cielo, los jugadores pueden ver todo el campo de batalla del juego extendido frente a ellos, lo que les permite planear sus próximas movidas. Esta perspectiva superior les ayuda a armar sus estrategias y su plan. Obviamente, cuanto mejor es el plan, mejores son los resultados.

Es lo mismo en el matrimonio. Muchas parejas con las que hablamos comienzan su matrimonio sin ninguna perspectiva clara de lo que están tratando de lograr juntos, o cómo llegar allí. Sabemos, en cambio, que tener una buena perspectiva del campo de juego relacional y una firme estrategia marital siempre producirá los mejores resultados.

En el juego del matrimonio también tenemos un enemigo que tiene su propia perspectiva y plan de juego. Si Satanás consigue confundir a hombres y mujeres acerca del diseño de Dios sobre el matrimonio, es más probable que construyan su unión sobre fundamentos defectuosos. Eso es exactamente lo que vemos que ocurre en muchas de las parejas a las que asistimos.

En nuestro trabajo con parejas con problemas, con frecuencia encontramos que una visión errada del matrimonio, ejemplificada en la vela de la unidad, subyace a toda la confusión y la división. El ritual de la vela de la unidad dice falsamente que «1+1=1». Pero el hecho es que hay tres componentes esenciales en todo matrimonio:

1. El hombre
2. La mujer
3. La relación

Los matrimonios exitosos son aquellos donde se nutre y se protege cada uno de los tres componentes. En lugar de anular nuestras personalidades individuales, como sugiere la vela de la unidad, un matrimonio devoto florece cuando tanto el hombre como la mujer están saludables, florecientes ¡y luminosamente encendidos!

Lejos de anular al hombre y la mujer individuales, Jesús enseñó sobre el significado eterno del hombre y de la mujer. Son eternos. La relación, en cambio, no lo es porque el hombre y la mujer no estarán casados en el cielo (ver Mateo 22:33 y Marcos 12:25).

El modelo de Dios para un buen matrimonio se construye sobre estos fundamentos: el hombre, la mujer y la relación misma. Los tres deben ser alimentados y protegidos.

Necesitamos cambiar nuestra ecuación.

No es 1+1=1.

No es 1+1=2.

Es 1+1=3. Estás tú y yo, y eso que llamamos nosotros.

Este modelo de tres partes es una de las ideas más impactantes que analizamos en nuestros Talleres Matrimoniales. Creemos que esa es la matemática de Dios para el matrimonio. Al trabajar con ese modelo, la gente en realidad se desconcierta.

—¿Por qué no habíamos visto esto antes?

—Si hubiéramos entendido esto antes de casarnos, toda nuestra relación hubiera sido mucho más fácil y saludable.

En realidad, la mayoría de la gente no dibuja diagramas de cómo se estructura su matrimonio, así que permítenos guiarte a través de algunas ilustraciones que te ayudarán a ganar perspectiva. Enciende el globo aerostático. Vamos a volar alto en el cielo por un momento para visualizar mejor el plan de Dios para el matrimonio.

La figura de dos convirtiéndose en uno requiere ser cambiada por un modelo con tres partes. Ese es nuestro plan aquí. Pero para construir ese fin, primero debemos contrastar nuestro cuadro futuro de un matrimonio saludable con las dos distorsiones más comunes. Despleguemos gráficamente esos modelos usando una pareja teórica que llamaremos Ryan y Ashley.

Primer modelo de matrimonio: Los dos se convierten en uno

Primero echémosle una mirada al modelo popular de dos-se-convierten-en-uno.

SE CONOCEN

Ashley   Ryan

Aquí tenemos a Ryan conociéndose con Ashley.

Ryan y Ashley parecen gustarse mucho. Se enamoran y deciden casarse. Apagan sus velas individuales durante el ritual de la vela de unidad, e imaginan su matrimonio de la siguiente manera:

LOS DOS SE CONVIERTEN EN UNO

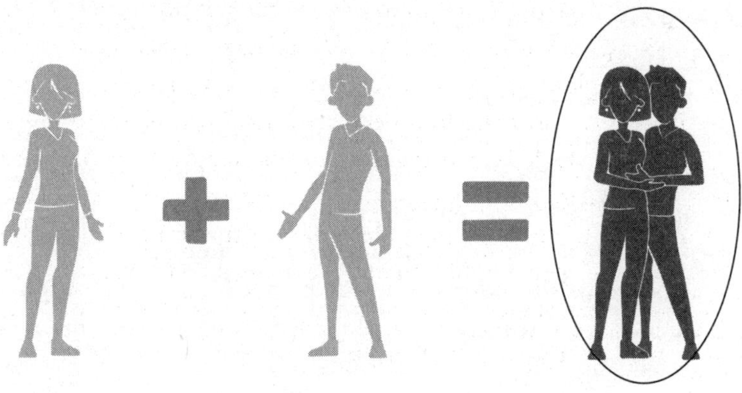

Primero teníamos figuras individuales para Ryan y Ashley, pero ahora parece haber una sola figura en el interior del círculo de relación. Esta es la forma en que Ashley y Ryan se imaginan convirtiéndose en uno.

Este modelo de dos-se-convierten-en-uno puede parecer lindo en teoría, pero apesta en un matrimonio real. 1+1=1 no solo es mala matemática. ¡También es imposible! El problema es que cuando Ryan y Ashley miran este modelo, cada uno se pregunta: «¡Eh! ¿Dónde he quedado yo?». O bien: «¿Dónde te has ido tú?». Alguno queda eliminado.

Lamentablemente, yo (Bob) ¡me tragué el anzuelo, la línea y hasta el plomo de esa idea! En mi caso tomó forma la sutil creencia de que los matrimonios eran mucho mejores cuando la pareja tenía más en común que cuando tenía menos. Por lo tanto, las diferencias solían considerarse una fuente significativa de problemas que había que resolver y superar. Suena razonable ¿verdad?

Esta creencia se hizo muy evidente un día, a nuestros nueve años de matrimonio. En ese tiempo, las diferencias entre mi esposa Jenni y yo chocaban con frecuencia y ¡peleábamos mucho! Cuando yo me molestaba por algo, solía intentar ayudar a Jenni a ver por qué sus sentimientos y su postura estaban equivocados, y cómo necesitaba cambiar.

Hacía poco habíamos acogido a una familia vecina en nuestra casa por un par de meses porque habían caído de manera inesperada en una situación muy difícil. Eso nos obligaba a tratar de mantener el mejor comportamiento y no demostrar a todo color las partes feas de nosotros y de nuestro matrimonio.

Nuestro patrón normal era muy predecible. Cuando surgían diferencias, yo intentaba persuadir a Jenni que aceptara mi idea de resolución. (En ese punto de nuestro matrimonio, yo era relativamente inconsciente de mi objetivo de fondo, el cual era lograr que ella pensara y sintiera más como yo). Entonces Jenni, por lo general, terminaba enojada e intentando que dejara de molestarla. Pero ahora, con motivo de las visitas, no estaba dispuesta a usar ese método.

Por un tiempo, ella solo intentaba evitarme para impedir que peleáramos. Lamentablemente, eso parece que no funcionó lo suficiente, de modo que tuvo que ser creativa. Con la esperanza de que una nueva perspectiva me tocara, compró tarjetas de saludos que expresaban las emociones que estaba sintiendo. Pensó que esas tarjetas podrían ayudar a mi cabeza, emocionalmente embotada, a entender lo que ocurría en su corazón.

Un día, mientras miraba sus tarjetas, ella comprendió que veíamos las cosas de manera diferente. Ese día en cuestión, tuvimos un desacuerdo acerca de algo, y ella me preguntó si estaba dispuesto a acompañarla hasta el parque para que pudiera contarme su descubrimiento.

Estuve de acuerdo. Cuando llegamos al parque, Jenni extrajo una hoja de papel y trazó una línea por el medio. Escribió en un lado: «Bob» y al otro: «Jenni». Del lado de «Bob», anotó la forma en que yo veía el asunto por el que estábamos discutiendo. Del lado de «Jenni», anotó la forma en que ella lo veía.

Luego, me preguntó si yo estaba de acuerdo con la forma que había descrito la situación. Yo reconocí que lo que ella había anotado era acertado. Entonces Jenni dijo:

—Desde mi perspectiva tú simplemente ves esto de manera diferente a como yo lo veo. Yo acepto la forma en que tú lo ves. ¿Puedes aceptar la forma como yo lo veo?

Mi respuesta fue un contundente «¡No!».

Jenni quedó totalmente desconcertada con mi respuesta. En su mente, las diferencias eran una parte aceptable y natural de toda relación humana. En cambio, en ese momento yo estaba absolutamente encerrado en la creencia de que ¡eran un problema que había que superar! Yo estaba operando inconscientemente bajo la ecuación matemática relacional de 1+1=1, ¡que hace de las *diferencias* el enemigo!

Hemos trabajado con muchas parejas que aceptan la mentira del 1+1=1. Nuestra experiencia muestra que este modelo no funciona. No provee a los hombres y las mujeres un modelo significativo que los ayude a cuidarse el uno al otro y a su relación matrimonial. Además, cuando Dios reúne y combina las cosas, la suma suele ser mayor que las partes, no menor.

Comparemos esto con un modelo ligeramente mejorado que mucha gente adopta.

Segundo modelo de matrimonio:
Los dos se casan y siguen siendo dos

Una alternativa a la mentira del 1+1=1 es el modelo «dos siguen siendo dos». Este modelo reconoce que todavía hay dos personas en el matrimonio después de que la pareja dice «sí» en el altar. Ese modelo se ve así:

SE CONOCEN

Son uno en el matrimonio, pero siguen siendo dos individuos.

A primera vista, Kelly y Dave parecen un matrimonio normal. Se conocen, se enamoran, se casan y ahora están criando tres adolescentes y un caniche dorado que se llama Sammy. Hacen gimnasia a la mañana, mandan a sus hijos a la escuela, van a trabajar, cenan, miran sus programas preferidos de TV, asisten a la iglesia, disfrutan salidas al campo, tienen algunas aficiones y socializan con amigos.

Pero hay un problema: hacen cada una de esas cosas por separado.

Casados desde hace diecisiete años, Dave y Kelly se han vuelto independientes uno del otro y llevan vidas separadas hace años. Dave está inmerso en su carrera como piloto comercial, lleva los hijos a las prácticas y juega golf; Kelly está absorbida por su trabajo como maestra, criando a sus tres hijos, manejando las responsabilidades de la casa y socializando con amigas.

Su matrimonio se ve frío y distante, como si estuvieran recorriendo dos senderos paralelos en lugar de vivir la vida juntos. Ambos son férreamente independientes, y su prioridad no es la relación matrimonial. Después de un breve romance y un rápido matrimonio, tuvieron en seguida su primer hijo. Nunca tuvieron una verdadera oportunidad de aprender a ser una pareja conectada. Ahora, la mayor parte de su tiempo y su energía se va en sus trabajos y en sus hijos. Su principal misión juntos es criar niños felices y bien adaptados que sigan al Señor. Son muy buenos como padres pero muy malos como pareja, se conforman con compartir la casa y las cuentas, pero carecen de una relación interconectada entre ellos. El único momento en que están juntos es en algún evento deportivo de los hijos, en la iglesia o cuando necesitan discutir sobre finanzas, logística, agendas o listas de cosas pendientes.

Dave y Kelly, de vez en cuando, fantasean con conocer a otra persona, pero se mantienen casados porque la soledad no es un fundamento bíblico para el divorcio (ver Mateo 19:9) y no quieren lastimar a sus hijos. Ambos provienen de hogares rotos y no soportan la idea de que sus hijos experimenten sufrimiento por su divorcio.

LOS DOS SE CASAN Y SIGUEN SIENDO DOS

Este modelo es apenas mejor que el 1+1=1. Por lo menos, ninguno de los participantes ha sido eliminado. Pero esta visión está plagada de dificultades. Sin que lo perciban prepara a la gente para una vida de frustración, soledad y dolor. Aunque nos gusta el hecho de que hay dos personas dentro del círculo de relación del matrimonio, este modelo tristemente se establece sobre muchas de las mentiras que compartiremos pronto.

Tercer modelo de matrimonio:
Los dos se casan ¡y pasan muchas más cosas!

Cuando trabajamos con parejas casadas, intentamos ayudarlas a entender y aceptar un modelo diferente de matrimonio. Nuestro Modelo de Matrimonio Saludable tiene pocos componentes más, pero provee un cuadro más claro del diseño eterno de Dios para el matrimonio. En realidad, encontramos que se ajusta más a la vida matrimonial real y es mucho más fácil de hacerlo funcionar.

Si Ryan y Ashley hubieran comenzado su vida de casados con nuestro modelo mejorado en mente, tendrían una visión más completa de lo que es el matrimonio y tendrían mejores estrategias para enfrentar los desafíos que de seguro tendrán. Creemos que les provee un plan de juego ganador.

Para que tengas una comprensión más clara de este modelo, lo construiremos pieza por pieza. Comenzaremos con lo más básico y luego lo aplicaremos a Ryan y Ashley.

El adulto saludable

Primero, necesitas conocer acerca de la piedra fundamental de un matrimonio saludable: el adulto saludable.

Hablaremos más sobre diversos aspectos del adulto saludable a lo largo del libro, pero por ahora lo haremos simple. Si cualquiera de nosotros anhela tener un matrimonio saludable, el mejor punto de partida es desde dos individuos saludables. Somos los primeros en confesar que este modelo es un ideal, de manera que no te desalientes si estás en un punto de partida diferente. Eso es cierto para la mayoría de nosotros, pero continúa leyendo.

¿Qué queremos decir con saludable? La respuesta corta es que son dos adultos en pleno funcionamiento. La clave es plena responsabilidad. Parece muy simple ¿verdad? Pero, aunque no lo creas, la mayor parte de la gente con la que hablamos nunca se ha puesto a pensar en realidad en lo que significa ser adulto, mucho menos podrían articular una definición con claridad.

Nos parece oportuno dedicarle un momento a ofrecer primero nuestra definición de este componente adulto porque es tan central a nuestra comprensión del diseño de Dios para el matrimonio. Luego le dedicaremos un minuto a mostrar cómo llegamos a ella.

Definimos un adulto como una persona *capaz* de ocuparse plenamente de su ser (físico, mental, emocional y espiritual) y que también ha aceptado plena *responsabilidad* por la tarea que eso implica. De manera que una persona adulta es *capaz* y *responsable* de sí misma primero, como podemos ver en la ilustración que sigue.

¿Cómo llegamos a esta definición? Esto es lo que pensamos. Todos llegamos al mundo como niños indefensos, dependientes por completo de otros (en lo posible, padres amorosos) que proveen todo lo que necesitamos para sobrevivir y crecer. En un mundo perfecto, al comienzo nuestros padres se ocupan de todas nuestras necesidades físicas, mentales, emocionales y espirituales para que podamos crecer saludables y cuidados.

A medida que crecemos, nos volvemos cada vez más capaces de hacer cosas por nuestra cuenta. Los padres buenos y eficaces apoyan nuestro crecimiento y desarrollo haciendo cada vez menos por nosotros a medida que nos capacitamos, y nos estimulan a aprender más por nuestra cuenta. Esta es la principal responsabilidad como padres.

Además de ayudarnos a aprender y crecer, hay un segundo componente clave de la paternidad de calidad. Los padres muy buenos también proveen un modelo continuo de cómo es en realidad el cuidado responsable de uno mismo en las cuatro áreas de la vida. Para todos los seres humanos, es mucho más fácil aprender a hacer algo bien cuando vemos cómo se hace. Nada ayuda más a un niño a aprender a ser un adulto responsable que observar a sus padres hacerlo bien.

Por lo tanto, la gente se prepara de manera más eficiente para ser un adulto a través de una sólida combinación de observar y hacer. Con modelos excelentes, mucha prueba y error y una buena dosis de práctica, aprendemos a ser adultos en pleno funcionamiento. Entonces, el día de la graduación como adultos ocurre cuando somos plenamente capaces de cuidar de nosotros mismos y al fin declaramos: «De ahora en adelante, toda la tarea de cuidar de mí es mía: física, mental, emocional y espiritualmente, ¡y en eso estoy!». Y así como nada ayuda más a un niño a llegar a ser un adulto que un buen modelo, decimos que nada ayuda más a un matrimonio a llegar a ser grande que la unión entre dos adultos saludables.

Parece simple ¿verdad? Quisiéramos que así fuera, pero lamentablemente, no lo es. La mayoría de nosotros hemos sido engañados. Cuando miramos a nuestro alrededor y trabajamos con parejas que están en dificultades, observamos que tanto esta comprensión de la verdadera madurez como de su modelo está mayormente ausente.

Ambos solemos hablar a grupos grandes de personas. En general, hacemos esta pregunta: «Si hay alguien entre ustedes que tuvo por lo menos un padre que demostrara en forma consistente lo que es cuidar con pericia y responsabilidad de sí mismo en las cuatro áreas de la vida, por favor, levante la mano». Curiosamente, nadie levanta la mano. Solo, de tanto en tanto, una o dos personas levantan la mano, entre cientos que no lo hacen. ¡Es para pensarlo!

De modo que, si nunca hemos visto ese modelo, ¿cómo se supone que sepamos siquiera que es tarea nuestra, mucho menos hacernos una idea de en qué consiste? Nuestra comprensión de la madurez, como resultado, está distorsionada o ausente del todo.

Sumemos a eso el hecho de que vivimos en una sociedad que no solo enseña, sino que idealiza una visión de cuentos de hada del matrimonio. Esos cuentos sugieren que basta con encontrar la persona adecuada que satisfaga todas nuestras necesidades, y podremos vivir felices para siempre. Como no se nos suele enseñar primero lo que significa ser un adulto responsable, y con los cuentos de hadas a la vista, tiene sentido que miremos —tanto a nuestro cónyuge como al matrimonio— como la fuente clave de toda nuestra felicidad y realización. Como veremos pronto, ¡eso es una gran trampa!

¿Qué esperanza hay entonces? Bueno, la buena noticia acerca de la adultez es que consiste fundamentalmente en solo dos cosas:

capacidad y *responsabilidad*. Si eres *capaz* de cuidar de ti mismo, y si te abocas a la tarea, estás calificado. Quienes tuvimos modelos lejos de ser ideales a lo mejor tendremos que trabajar un poco más para descubrirlo, pero es muy factible. Por lo tanto, en esencia, para ser un adulto saludable no hace falta que lo seas ya por completo; solo tienes que estar dispuesto y ser capaz.

Y podemos hacerlo más fácil todavía. Hay un elemento importante más para ser un adulto saludable en pleno funcionamiento: reconocer que, por nuestro diseño, dependemos de Dios. De hecho, nuestra vida y nuestro aliento solo se mantienen porque la mano de gracia sustentadora de Dios está sobre nosotros. Estas son muy buenas noticias porque Dios puede proveer mucho de lo que necesitamos, incluso lo que no obtuvimos al crecer (hablaremos de esto más adelante). Entonces, la tarea de un adulto efectivo es equilibrar el cuidado responsable de sí mismo con la dependencia en el Señor, quien en definitiva es nuestra fuente de vida, fuerza, sabiduría y conocimiento.

En el diagrama de un adulto saludable, el círculo que rodea la figura del adulto representa una responsabilidad personal de salud y bienestar las veinticuatro horas al día, toda la semana. Dentro de su círculo, la persona cuida siempre de sí misma en todas las áreas. La flecha indica que mantiene y utiliza de continuo la relación esencial y vivificante con Dios.

Volvamos a Ryan y Ashley. No necesitan ser atletas olímpicos, eruditos de Oxford, personas absolutamente actualizadas o santos para calificar como adultos. De hecho, todos somos personas imperfectas con muchas cosas que superar. Si cualquiera de ellos está con sobrepeso, tiene ataques de ira, o está convencido de que no hay tal cosa como un Dios, esas cosas con seguridad los afectarán como individuos en una o más de las cuatro áreas. Naturalmente, también pondría a prueba la salud de cualquier relación en la que estuvieran.

Como hemos visto, para que cualquiera de ellos tenga una esperanza real de tener un matrimonio saludable, Ryan y Ashley, por lo menos, deberían estar en camino a convertirse en personas más saludables. Eso es lo que hace un adulto. Como nosotros, no necesitan ser perfectos y sin mancha para entrar en el matrimonio. Son personas normales imperfectas, provenientes de familias normales imperfectas, con padres normales imperfectos.

Como mucha de la gente con la que trabajamos, algo se despertó en cada uno de ellos y se abocaron a la tarea de convertirse independientemente en adultos funcionales. Al comprometerse con la responsabilidad personal y el cuidado de sí mismos, ahora se convierten en personas capaces de formar un matrimonio sólido.

Cuando dos adultos saludables se conocen

Si Ryan y Ashley hubieran comenzado con un modelo sólido de matrimonio, en lugar del falso modelo de 1+1=1 que adoptaron en el ritual de la vela de la unidad en su boda, verían su relación como de la siguiente manera:

DOS ADULTOS SALUDABLE SE CONOCEN

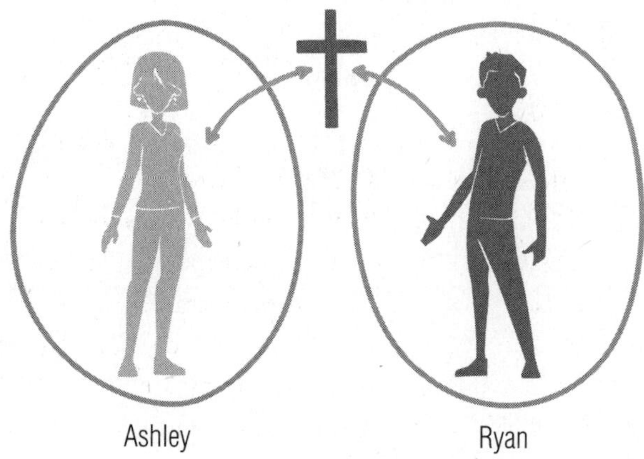

Hay una gran diferencia entre este modelo de matrimonio y los modelos uno y dos. Aquí, cada individuo está dentro de su círculo de relación. Esto sucede porque Ryan tiene una relación saludable consigo mismo, y Ashley tiene una relación saludable consigo misma. En lugar de desaparecer uno en el otro, cada uno sigue siendo un individuo responsable: un adulto saludable.

Comprendemos que, para algunos lectores, la idea de tener una relación consigo mismo puede ser nueva; por lo tanto, hagamos una pausa para compartir nuestras perspectivas básicas sobre este importante concepto. En general, una buena relación entre dos personas tiene que ver con cómo interactúan entre sí y lo que resulta a partir de eso. Por ejemplo, la forma en que interactúan ¿estimula y apoya la salud y el bienestar?, ¿lleva a una conexión más profunda, útil y más satisfactoria?, ¿contribuye a la salud, el crecimiento y propósito? Los elementos anteriores y otros más son componentes de una relación de calidad, la cual puede ayudarnos a evaluar dónde estamos y a considerar lo que podemos hacer para mejorarlo. Obviamente, esto solo ocurre cuando la pareja hace una valoración realista de lo bueno, lo malo y lo feo, y luego hace más de lo bueno y se protege de lo malo y lo feo. De la misma manera, cuando crecemos y nos hacemos adultos, cada uno de nosotros tiene una relación consigo mismo. Puede ser una relación saludable o una relación poco saludable.

Por ejemplo, si Ryan escucha todos los días su corazón y su mente, procurando entender lo que está ocurriendo en su interior, está camino a desarrollar una relación saludable consigo mismo. Por el contrario, si Ryan es dudoso y autocrítico, y pasa todos los días diciéndose cosas negativas, su relación consigo mismo será menos saludable.

Lo mismo sucede con la salud espiritual de Ryan. Si se trata muy bien, vivirá con una consciencia continua de que él es más que su cuerpo físico, es un ser espiritual implicado en una relación esencial, dadora de vida, con Dios. Sabemos, como cristianos, que debemos incluir nuestro reconocimiento de las muchas formas en que todavía somos imperfectos y tenemos defectos. Por lo tanto, necesitamos la gracia de Dios mientras esperamos con confianza que nos ayude a parecernos un poco más a él cada día. Si Ryan ignora su salud espiritual, es como si quisiera manejar su vida con su propio poder, en lugar de permanecer conectado a la fuente de poder inagotable.

Lo mismo vale para Ashley, en su propio círculo de relación. Si cada día escucha su mente y su corazón, procurando entender mejor lo que ocurre en su interior, se mantendrá íntegra, saludable y cuidada, rebosando con abundancia de un compromiso bueno y amoroso con cada uno de los que se encuentre a diario. Sabe que tratarse a sí misma con cuidado y respeto significa estar conectada con su verdadera fuente. Esto es lo que intenta transmitir el cuadro de dos adultos saludables.

Dos adultos saludables construyen una relación saludable

Repasemos lo que ocurrió con Ryan y Ashley hasta aquí. Ahora cada uno tiene relaciones saludables consigo mismo. Ambos tienen relaciones saludables con Cristo. Y quieren crear una relación saludable entre ellos.

Cuando Ashley y Ryan deciden desarrollar una amistad, se agrega otra capa de detalles a nuestro modelo de matrimonio. Además de sus círculos personales, ahora hay un nuevo círculo de relaciones: el Espacio Interactivo. Es aquí donde crecerá su amistad. Entran en una relación uno con el otro y se embarcan en el comienzo de un viaje íntimo.

DOS ADULTOS SALUDABLES ESTABLECEN UNA RELACIÓN SALUDABLE

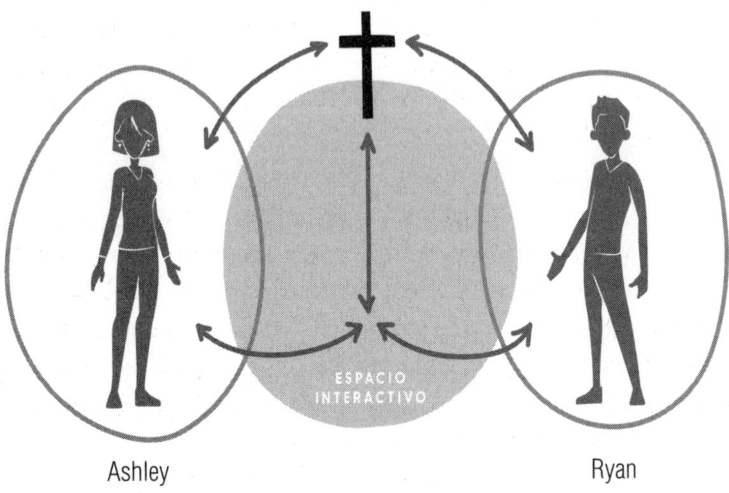

Ya que la intimidad es un concepto que suele malentenderse, vamos a definir lo que significa para evitar confusión. Hoy en día, se usa a menudo en referencia al sexo, pero nosotros nos referimos a un sentido mucho más rico y profundo. Nuestra definición también es mucho más amplia. Incluso a algunos lectores puede llevarles unos momentos acostumbrarse a ella. Usamos la palabra *intimidad* en relación con el concepto bíblico de *conocer*, como en la idea de conocer y ser conocido. Esta definición más sutil tiene profunda implicancia cuando las parejas luchan por construir una amistad sólida. Y estamos convencidos de que los matrimonios que en verdad son grandes tienen una buena amistad de base.

Cuando Ryan y Ashley se encontraron por primera vez, comenzaron a conocerse el uno al otro. Entraron al Espacio Interactivo y su encuentro «íntimo» inicial y poco profundo, no pasaba de un intercambio de nombres. Pero observemos, se dio un compromiso entre dos desconocidos antes. Este es el comienzo de su relación.

Dentro de este Espacio Interactivo, la relación se desarrolla a medida que Ashley y Ryan aprenden más uno del otro compartiendo quiénes son, lo que les gusta, lo que quieren hacer en la vida. Si las cosas van bien y quieren profundizar aún más, conversarán sobre sus sueños y aspiraciones, sus pasiones y su sentido de vocación en la vida.

Así, la intimidad se convierte en el viaje que, con el tiempo, los lleva conocerse de manera cada vez más profunda. La intimidad ciertamente puede incorporar la sexualidad en algún punto del viaje, pero ya es mucho más que una relación física. Es una relación entre corazones, mentes, cuerpos, y espíritus de dos personas. Como resultado, veremos en un momento por qué Dios diseñó el sexo y algunos otros elementos profundos de la intimidad para garantizar un nivel relacional adicional de protección y compromiso.

Ryan y Ashley están en un viaje de compromiso. Están conociéndose el uno al otro y permitiendo que el otro los conozca de manera cada vez más profunda. A medida que crece su amistad, experimentan una conexión y un lazo más profundo junto con un sentimiento creciente de cercanía y seguridad.

Cada vez que están separados, dejan provisoriamente ese Espacio Interactivo. De hecho, tanto Ryan como Ashley entran y salen de este espacio a lo largo de todo el día. Si Ryan llama a Ashley desde su trabajo y tienen un intercambio, están entrando en ese espacio aunque no estén cara a cara.

Toda relación normal y saludable incluye un continuo entrar y salir de ese espacio. Como ese es el espacio que ocupan juntos, donde en realidad se comprometen para que la relación siga creciendo, este espacio requiere una atención constante para que ambos disfruten estar en él.

Si el Espacio Interactivo se siente tenso, o lleno de ira, o anticipan interacciones críticas e hirientes, u otra experiencia desagradable, seguro sentirán cierta reticencia a entrar. En cambio, si el espacio es cálido, acogedor, excitante, amoroso y placentero, estarán mucho más dispuestos a entrar. Ambos hacen su parte para crear un ambiente interactivo donde se sientan cómodos y anhelen pasar tiempo allí.

Con el tiempo, allí es donde muchas parejas se encuentran en dificultades. Habiendo creado al inicio un Espacio Interactivo cálido y activo, lo descuidan, suponiendo que continuará creciendo por sí solo. Pero su relación no puede crecer por su cuenta más de lo que puede hacerlo un jardín. Para que la relación siga creciendo, deben entrar a menudo al Espacio Interactivo juntos e invertir tiempo y energía para mantener la relación viva. Es allí donde pueden cultivar la amistad que atesoran. De lo contrario, la relación puede marchitarse y morir por falta de atención. Así suelen separarse las parejas.

Pero supongamos que Ryan y Ashley continúan acercándose en las cuatro áreas principales: mental, emocional, física y espiritual. Disfrutan con regularidad de una comunicación que vitaliza, afecto, momentos de entretenimiento, risa, amistad con otros, decisiones en conjunto, y resuelven con éxito los conflictos y las inevitables crisis.

Cuando dos adultos saludables construyen una relación entre sí y con Dios, también pueden compartir una experiencia espiritual dinámica. Las parejas pueden invertir en su intimidad espiritual convirtiendo sus momentos privados con Dios en oportunidades para interactuar *juntos* con Dios. Esto puede incluir oración, devocionales, estudios bíblicos, asistencia a la iglesia y la escuela dominical, debates acerca de Dios y sus caminos de fe, y muchas otras ricas oportunidades que pueden profundizar su relación íntima con Dios.

Cuando dos personas experimentan intimidad al conocerse y ser conocidas mutuamente, también tienen la oportunidad de conocer y experimentar a Dios *juntos*, y crecer espiritualmente *juntos*.

Dos adultos saludables crean un matrimonio saludable

La ceremonia de bodas de Ryan y Ashley fue tan hermosa que nadie notó la ausencia del ritual de la vela de la unidad. Casarse no ha hecho desaparecer sus personalidades individuales. Ya no creen esa mentira. Todavía existen ambos.

Mientas felicitamos a la feliz pareja, echemos un vistazo a nuestra última incorporación al modelo de matrimonio. ¿Ves el nuevo círculo sólido alrededor de la relación entre Ryan y Ashley? A eso lo llamamos Límite del Pacto Matrimonial.

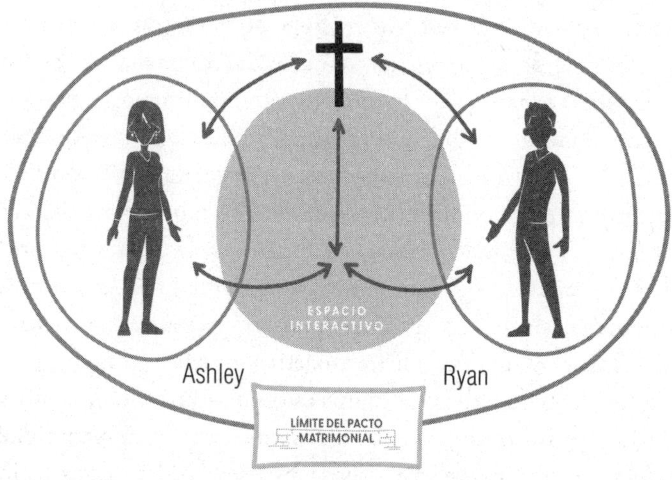

En la actualidad, muchas mujeres y hombres en edad viven juntos sin casarse. Muchos se preguntan: «¿Por qué casarnos?».

El hombre y la mujer pueden experimentar niveles de intimidad sin matrimonio, pero cuando Ryan y Ashley se miraron el uno al otro y dieron el «sí» en su boda, afirmaron un compromiso completo. Quedaron «dentro». Estaban entregándose el uno al otro hasta que la muerte los separe.

Este nivel de compromiso requiere su propio círculo en nuestro modelo de matrimonio. La gente tiene muchas relaciones en la vida. Algunas son profundas mientras que otras son más superficiales. Con su matrimonio, Ryan y Ashley se comprometen a profundizar, a permitir que su pareja entre en lo más profundo de su corazón, a conocer y ser conocidos plenamente.

Esas partes nuestras que son tan valiosas también son vulnerables. Al abrir nuestro corazón a otra persona, revelamos nuestros temores y debilidades, nuestras dudas y deficiencias, y nuestros dones espirituales y rasgos de carácter. Pero también revelamos que nuestro corazón fue hecho como el de Dios: un corazón que puede ser quebrantado. Somos vulnerables cuando compartimos esos aspectos valiosos de nosotros mismos con nuestra pareja porque las cosas de gran valor pueden dañarse o devaluarse con facilidad. Cada persona arriesga ser menospreciada, maltratada y herida.

Con tanto en juego, nuestro modelo de matrimonio requería otro círculo, otro nivel de protección y seguridad. Dios diseñó el matrimonio entre un hombre y una mujer como reflejo del matrimonio entre Cristo (el novio) y su pueblo, la iglesia (su novia). Dios nos llama a sellar esta unión matrimonial con una promesa, un voto, un pacto. La promesa está representada por el círculo externo en el diagrama, el Límite del Pacto Matrimonial.

Este círculo se puso de manifiesto en la boda cuando Ryan y Ashley se miraron el uno al otro y se dijeron: «Nunca te dejaré ni te abandonaré». Este círculo es una promesa y un compromiso. «Siempre te cuidaré. Nunca te dejaré. Nuestro Espacio Interactivo es un espacio sagrado que cuidaré y protegeré contra todos los enemigos». Esta es la verdadera seguridad.

La promesa del matrimonio puede crear un nivel de seguridad y protección que nos permite ser tan abiertos y vulnerables como para conocer y ser conocidos en profundidad por el otro, tal como lo experimentó la primera pareja en el jardín del Edén. Adán y Eva «estaban desnudos, pero no sentían vergüenza» (Génesis 2:25). Ashley y Ryan se han comprometido a hacer de su Espacio Interactivo ¡uno de los espacios más seguros del mundo!

Este lugar seguro y protegido es el lugar que Dios diseñó para la intimidad sexual. El sexo es una expresión física de la conexión profunda e íntima que Ryan y Ashley ya experimentan en las otras áreas de la vida. Cuando el sexo se expresa dentro de la protección y la seguridad del Límite del Pacto Matrimonial, la intimidad puede crecer a su nivel más profundo.

Un modelo de matrimonio que funciona

Hemos analizado tres de los principales modelos de matrimonio que tiene las personas en mente. Hagamos un breve repaso.

Modelo 1+1=1

Suena maravilloso, y cumple el plan de Dios de que el hombre y la mujer experimenten la unión. Pero este modelo no tiene en cuenta otros elementos importantes. El más problemático es la cuestión de «¿Dónde he quedado yo?», la cual se da cuando dos personas se unen en el matrimonio, pero solo una de ellas queda representada.

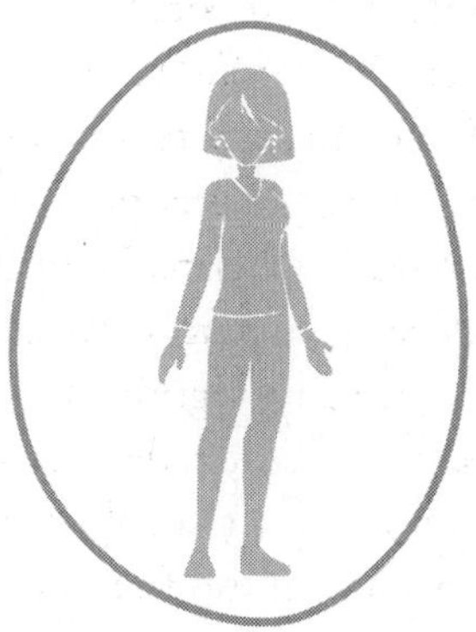

Modelo 1+1=2

Este modelo tiene una ligera mejora. Por lo menos, no desaparece ni Ashley ni Ryan. Pero este modelo genera vidas separadas donde ambos individuos terminan sintiéndose solos, como compañeros de cuarto, estando casados.

Modelo 1+1=3

Por fin tenemos un modelo sólido y realista. Los elementos esenciales están aquí, e incluyen:

- dos adultos saludables,
- cada uno de los cuales tiene una buena relación consigo mismo,
- y cada uno tiene una buena relación con Cristo, quien es su sostén.
- Los dos adultos se conocen y desarrollan una relación, la cual se manifiesta en el Espacio Interactivo compartido entre ellos, el cual consiste en comunicación significativa, tiempo compartido, risa y entretenimiento, manejo saludable de los conflictos, intimidad sexual, y relación espiritual compartida (seguridad);

- se casan, creando un Límite de Pacto Matrimonial en torno a su relación (protección);
- y Cristo está presente y activo en esa relación saludable.

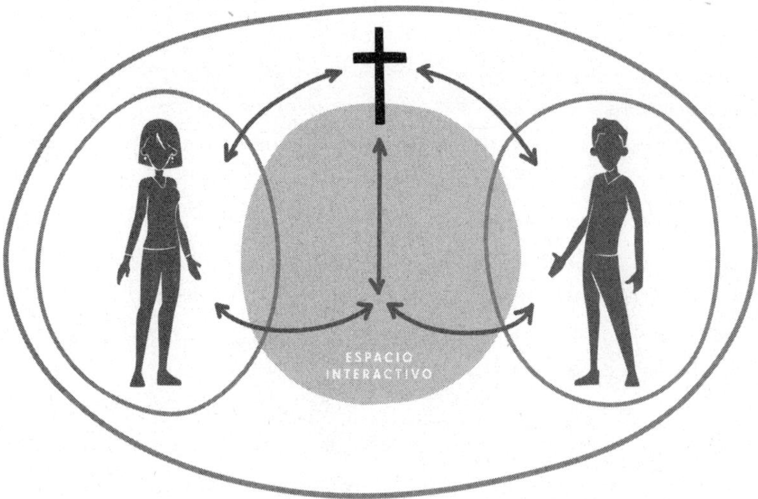

Las dos partes de la pareja están comprometidas a ser adultos saludables en las cuatro áreas: física, mental, espiritual y emocional. Y ambos están comprometidas a hacer su parte para profundizar y fortalecer activamente su Espacio Interactivo compartido para que ambos disfruten y se sientan seguros dentro de ese círculo central.

Estas dos personas defectuosas e imperfectas están en un viaje de amor matrimonial. Están más completos al convertirse en lo que fueron creados para ser, diferentes por diseño; están conociendo y siendo conocidos; se aman, se cuidan y se apoyan mutuamente. ¡Esto sí que es intimidad! Los dos se han hecho uno en espíritu y propósito, y hay mucho más en juego.

Jenni y yo (Bob) hemos hecho un largo camino desde los días de las tarjetas de felicitación y mi animosidad contra nuestras diferencias. Dios me ha demostrado repetidamente lo extraordinario que es su diseño del matrimonio. ¡Estoy muy agradecido por el hecho de que Jenni y yo seamos *bastante* diferentes! La diversidad de nuestro diseño no solo aporta color y aventura a nuestra vida; sino también trae beneficios que de lo contrario hubiéramos perdido estando solos.

Un ejemplo divertido de que nuestro matrimonio disfruta con éxito la ecuación de 1+1=3 ocurrió hace pocos años, cuando el Señor nos ayudó a superar una fuente común de tensión: la planeación de nuestras vacaciones. Como verás, Jenni y yo tenemos ideas muy diferentes de lo que son unas vacaciones ideales. A Jenni le gusta andar, ver y hacer lo más posible. A mí me gusta viajar y conocer lugares nuevos, pero cuando teníamos vacaciones a la manera de Jenni, yo volvía a casa agotado, ¡necesitado de unas vacaciones de nuestras vacaciones!

En contraste, mis vacaciones ideales son encontrar una hermosa playa pintoresca donde pueda relajarme, tomar sol, nadar, sin agenda ni horarios. Suelo trabajar duro, con citas y vencimientos continuos, y necesito tiempo para relajarme y recargar. Hacer muy poco o nada es la clave para mí.

No hace falta mucha creatividad para ver un suelo fértil para los continuos conflictos en nuestro matrimonio en torno a las vacaciones. Pero Dios tenía un plan mejor que al final descubrimos, y nuestras diferencias terminaron siendo oro.

Ese año particular, Jenni y yo decidimos usar los métodos que Greg y yo desarrollamos (que revelaremos y expandiremos a lo largo de este libro) de escucharnos mutuamente el corazón para manejar mejor el conflicto. Después de hablar sobre cómo nos sentíamos cada uno respecto a las vacaciones, cuáles eran las preferencias de cada uno, y por qué nos sentíamos como nos sentíamos, decidimos intentar planear unas vacaciones que ambos pudiéramos disfrutar.

Como resultado, fuimos estratégicos al planear nuestro recorrido hasta los Parques Nacionales Yellowstone y Grand Teton de una manera que nunca antes habíamos hecho: un día sí, un día no, un día sí, un día no. Los días «sí» estaban llenos de visitas turísticas y experiencias que nos dejaban satisfechos y exhaustos. Los días «no» eran para relajarnos, recargar, estar sentados junto a un cuerpo de agua, y sencillamente existir a un ritmo más lento.

Al final, ambos estuvimos de acuerdo en que ¡fueron nuestras mejores vacaciones! También aprendimos que la tendencia natural de Jenni de estar en movimiento con frecuencia puede hacer que planee demasiado y se exceda, incluso con su asombrosa resistencia. Y que yo soy capaz de hacer tan poco hasta el punto del aburrimiento, solo por estar tan determinado a relajarme. En cambio, lo que descubrimos es que cuando permitimos que nuestras diferencias se combinen, juntos encontramos maneras de funcionar mucho mejor como pareja, de las que cada uno hubiera encontrado solo. Ahora ambos sabemos que estamos mucho mejor juntos.

Este ejemplo de las vacaciones es una simple expresión de la cantidad de beneficios que ahora experimentamos a diario como resultado de nuestra amistad, ya que apreciamos y sacamos provecho de la diversidad que Dios ha creado entre nosotros. Por lo tanto, para nosotros ahora, en muchos sentidos, nuestra ecuación matrimonial no es 1+1=1 ni 1+1=2, sino algo más que la suma de nosotros dos: 1+1=3.

Acostúmbrate a este modelo, porque nos referiremos a él a lo largo de todo el libro. A lo mejor se te escapen los detalles, pero recuerda los tres componentes esenciales de todo matrimonio:

1. El hombre
2. La mujer
3. La relación

Si los tres componentes son saludables, tú y tu pareja experimentarán el gozo y la belleza del matrimonio tal como Dios lo diseñó.

TERCERA MENTIRA

TODO LO QUE NECESITAS ES AMOR

El verdadero amor tiene que ver con la química o con el compromiso.

Estamos liderando un Taller para Matrimonios y ahora es el turno de hablar de Brittany y Jon.

Ellos dos están *de acuerdo por completo* en una cosa: hay algo vital que falta en su relación. Todavía tienen interés el uno en el otro, pero los sentimientos apasionados que alguna vez tuvieron parecen haberse enfriado o se tomaron unas largas vacaciones. Su cortina musical podría ser el éxito de 1964 de Righteous Brothers. «You've Lost That Lovin' Feelin» (Has perdido ese sentimiento de amor).

Pero Brittany y Jon *disienten por completo* en todo lo demás. Tienen diagnósticos diferentes de lo que les ha ocurrido. Tienen recetas diferentes sobre cómo pueden revertir las cosas. A continuación, hay una versión condensada del análisis y los planes de acción que presentaron durante la sesión.

El punto de vista de Brittany

Brittany cree que el problema es claro como el agua: la química del corazón.

—La química que había entre nosotros se ha ido —dice—. Cuando comenzamos a salir y al comienzo de nuestro matrimonio, disfrutábamos de un amor apasionado que literalmente me dejaba sin respiración. Ahora ya no.

Ha propuesto ideas sobre cómo recuperar la chispa que alguna vez tuvieron, pero su temor es que, si la química que una vez hubo se terminó, ¿puede volver? Durante años ha tratado de reinyectar la pasión en su matrimonio proponiendo veladas afuera, programando escapadas románticas los fines de semana y siendo más relajados e innovadores en sus relaciones sexuales. Pero cuando informa el resultado dice:

—Es que ya no sé si amo a Jon.

Brittany ve el amor como una experiencia emocional intensa, casi mágica, que une a dos personas en el matrimonio. Está ahí o no está. Siempre ha querido que Jon se sumara a ella en volver a encender las brasas de su amor. Ahora teme que sea demasiado tarde.

El punto de vista de Jon

Jon ve otro culpable: la falta de un compromiso decisivo. Jon es un gran admirador del padre de Greg, el consejero matrimonial cristiano Gary Smalley. Jon ha estado estudiando e intentando aplicar las lecciones del exitoso libro de Gary, *El amor es una decisión*. Jon subrayó y destacó un párrafo del primer capítulo del libro:

Ya sea que se trate de una familia, de una escuela, de una compañía o de un cuadro de fútbol, no podemos guiar nuestras relaciones a través de las aguas de la vida sin tener un plan. Ese es el punto de partida. Sin un claro plan de acción que nos señale el camino hacia las profundas aguas de la intimidad y que evite las filosas rocas de la ruina matrimonial, estamos invitando a la angustia a entrar en nuestros hogares. Es de vital importancia que formulemos planes claros en nuestra vida y que no permitamos que el azar determine el curso de los acontecimientos[1].

Según lo ve Jon, el amor es algo que se desarrolla entre dos personas que deciden amarse una a la otra. Sí, es un sentimiento, pero es un sentimiento que surge de una decisión. No es algo que aparezca espontáneamente entre dos personas.

—Los sentimientos pueden cambiar tan rápido como la dirección del viento —dice Jon—. Ese no es un fundamento para construir un matrimonio.

Jon cree que para que un matrimonio sobreviva en el siglo XXI, tiene que haber algo más fuerte y más estable que los estados emocionales siempre fluctuantes de dos personas, algo que los mantenga unidos. Ese fundamento se establece cuando dos personas deciden amarse una a la otra.

Diferentes enfoques

Jon y Brittany concuerdan en que el amor es esencial, pero están en desacuerdo sobre lo que es el amor y cómo pueden mantenerlo vivo en su matrimonio. No es raro que esposos y esposas vean y aborden el matrimonio de diferente manera, pero eso puede hacer muy ardua la remada. Cuando dos personas en un bote a remo reman en la misma dirección, hay buenas probabilidades de que lleguen a destino. Pero si reman en direcciones opuestas, hay mucho movimiento pero ningún avance. En realidad, terminan andando en círculos.

Si Brittany y Jon no descubren cómo comenzar a remar en la

misma dirección, corren el riesgo de sufrir toda una serie de consecuencias desagradables.

- Sentirse atrapados y frustrados en un matrimonio que no parece estar creciendo ni yendo a ninguna parte.
- Decidir que, dado que no pueden resolver las cosas juntos, cada uno hará lo mejor que pueda para resolver las cosas por su cuenta.
- Experimentar una brecha entre ellos que se ensanchará con el tiempo.
- Vivir en un matrimonio conformado por dos personas cada vez más solitarias, en lugar de un matrimonio donde dos personas se aman *y* aman su matrimonio.
- Buscar amor en lugares equivocados.

Cuando terminamos el tiempo de conversación de Jon y Brittany, nuestro grupo del Taller Matrimonial hace un alto para almorzar. Pero antes de que nosotros (Bob y Greg) comamos, comparamos rápidamente las notas mentales de lo que acabamos de oír y ver. Estamos totalmente de acuerdo en tres puntos.

En primer lugar, podemos entender que Brittany describe el amor como química porque, en gran medida, experimentamos las emociones a través de complejos procesos químicos en nuestra mente y nuestro cuerpo, procesos que literalmente pueden dejar sin respiración a una persona. Pero el amor es mucho más que buena química.

En segundo lugar, podemos ver por qué Jon describe el amor como una decisión. Las buenas y las malas decisiones que toma una pareja tienen un impacto real en su relación. Pero el amor es mucho más que decisiones.

Por último, Brittany y Jon están dejando de lado lo más importante que hay que saber acerca del amor: viene de Dios *y* es Dios.

Cómo entender el amor: ¿Es sentimiento o decisión?

Era junio de 1967, todavía no había llegado el conocido «Verano del amor», cuando los Beatles presentaron su nueva canción «All You Need Is Love» (Todo lo que necesitas es amor) a una audiencia de cuatrocientos millones de personas en veinticinco países como parte del primer evento en vivo de la televisión global.

Los Beatles querían hacer más que cantar una bonita canción. Querían hacer una afirmación que pudiera cambiar el mundo. Pero ese deseo hizo muy poco para sanear las disputas que había dentro de la banda de rock más famosa del mundo. Como observó más tarde el roquero cristiano Larry Norman: «Los Beatles dijeron que todo lo que necesitas es amor y luego se desintegraron»[2].

¿Qué es el amor? Las respuestas que recibas dependerán de dónde las busques. Cuando se responde la pregunta con canciones pop o poesía romántica, los sentimientos y la «química» dominan ampliamente.

«Mi amor es tal que los ríos no lo pueden saciar» escribió Anne Bradstreet en su poema clásico «To My Dear and Loving Husband» (A mi querido y amoroso esposo).

Los poemas de amor también exploran los sentimientos que quedan cuando el amor desaparece, como muestra Robert Louis Stevenson en: «Love, What is Love?» (Amor, ¿qué es el amor?):

Amor, ¿qué es el amor? Un gran corazón doliente;
Manos nerviosas; y silencio; y una larga desesperanza.

Otros afirman que el amor es más decisión que química. Erich Fromm promovió esa idea en su libro *El arte de amar*: «[El amor] es una decisión, es un juicio, es una promesa. Si el amor fuera solo un sentimiento, no habría ningún fundamento para la promesa de amarse el uno al otro para siempre. Un sentimiento viene y puede irse. ¿Cómo puedo afirmar que permanecerá para siempre si mi acto no implica juicio y decisión?»[3]. Y aunque Fromm declaró que el amor es una decisión, no creó un plan de acción para lograrlo, como admitió hacia el final de *El arte de Amar*: «Mucho me temo que quien comience este último capítulo con tales esperanzas resultará sumamente decepcionado»[4].

Pero Gary Smalley y otros autores cristianos se alegraron de dar a los lectores cristianos indicaciones que pudieran seguir. Gary explicó su meta al comienzo de su libro *El amor es una decisión*: «De eso trata este libro. Es nuestro mejor esfuerzo por brindarte un plan de acción aplicable y con fundamento bíblico para construir relaciones amorosas y duraderas»[5].

Gary nunca hubiera sugerido que te casaras con alguien que no te gustara y luego decidieras amar a esa pareja por pura fuerza de voluntad, pero es así como algunas personas hacen que se entienda lo que él escribió. Lo que sigue es la forma en que un bloguero adoptó el modelo de el-amor-es-una-decisión: «El amor es una decisión que toma y continúas tomando para crear una experiencia que se describe como amor. [...] El amor es algo que [tú] haces, no algo que sientes»[6].

Es difícil que el amor crezca en el matrimonio cuando las partes tienen conceptos fundamentalmente diferentes de qué es y cómo funciona. Nada hace más difícil que el amor crezca que no tener la comprensión básica de lo que es en realidad el amor y de cómo funciona.

TERCERA VERDAD SOBRE EL AMOR

El verdadero amor incluye tanto un sentimiento maravilloso (la química) como un acto intencional de la voluntad humana (el compromiso). La clave es comprender que Dios es amor y todo el amor viene de él. El verdadero amor ocurre cuando invitas a Dios a tu corazón y permites que su amor fluya desde ti hacia tu cónyuge.

¡Nuestra respuesta al enigma de todos los tiempos!

Cuando la gente nos pregunta si el amor es un sentimiento o una decisión, algunos se sienten frustrados cuando les damos nuestra respuesta: ¡Sí!

Sí, el amor es una decisión. No estamos afirmando que uno puede decidir el curso del amor, pero sí creemos que ciertas decisiones pueden ayudar a que el amor florezca. Como señalamos en el último capítulo, los votos que expresa la pareja en su ceremonia de bodas ilustran las decisiones que tomaron para proteger su relación:

«Yo te elijo a ti, y quiero pasar el resto de mi vida contigo».

«Te amaré y estaré a tu lado, no importa qué ocurra».

«Te seré fiel, dejando de lado toda otra opción romántica».

«Soy tuyo».

Decisiones de este tipo crean un espacio seguro y nutritivo donde puede crecer el amor más profundo. Pero las decisiones por sí solas no crean el amor. Piensa en esto: si el amor fuera solo una decisión, estaría destinado a permanecer solo en tu cerebro.

Sí, el amor es un sentimiento. Puede ser que sea el sentimiento más poderoso y placentero que podamos experimentar. El amor es un sentimiento tan poderoso que afecta a todos los demás sentimientos que tenemos. Cuando uno se siente amado, el mundo entero se ve mejor. Uno se siente elevado. Se siente bien estar vivo. Todo parece posible.

Los sentimientos son esenciales para el amor, pero los sentimientos solos no son lo suficientemente fuertes como para sustentar y sostener un matrimonio saludable y estable en medio de los muchos desafíos de la vida. De hecho, sentimientos buenos y malos tienen altibajos. Si la salud de la relación se basara en la fuerza y la consistencia de los sentimientos, ¡todos los matrimonios serían inestables!

Las diferencias entre Brittany y Jon sobre si el amor se basa en la química o en decisiones, pueden reflejar sus diferencias en los tipos de personalidad. En algunas personas dominan los sentimientos, mientras que en otras dominan los pensamientos. Eso está bien. Dios no nos hizo a todos de la misma manera, y él diseñó el matrimonio de manera que pudiéramos dar cabida a todas nuestras diferencias y perspectivas.

Ahora que hemos aclarado el asunto de los sentimientos y las decisiones que ha dividido a las parejas y a los filósofos durante siglos, echemos una mirada a esa pequeña cosa loca llamada amor.

El glorioso regalo de Dios

Mucha gente piensa que el amor es algo que ocurre entre dos personas, pero eso es solo parte de la historia. En realidad, el amor es una historia mucho más grande. Es una historia antigua también. El amor anda dando vueltas desde hace muchísimo tiempo. De hecho, el amor existía antes de que existieran las personas, antes de que Dios creara el universo.

Los cristianos tienen una oportunidad única de experimentar el amor porque están conectados con la fuente principal: *Dios es el creador del amor y Dios es amor.*

Juan era el discípulo del amor. Escribió con frecuencia sobre el tema y también fue descripto como el discípulo amado por Jesús (ver Juan 13:23). En su primera epístola, Juan explica que el amor es el fundamento de nuestra relación con Dios:

Amados, amémonos unos a otros, porque el amor es de
Dios, y todo el que ama es nacido de Dios y conoce a
Dios. El que no ama no conoce a Dios, porque Dios es
amor. [...] Amados, si Dios así nos amó, también nosotros
debemos amarnos unos a otros. A Dios nadie le ha visto

jamás. Si nos amamos unos a otros, Dios permanece en
nosotros y su amor se perfecciona en nosotros.

1 JUAN 4:7-9, 11-12, LBLA

La Biblia nos instruye o nos manda con frecuencia a amar así.
Se nos dice que como *amados* de Dios, debemos amar a Dios,
a nuestros vecinos, a nuestros enemigos, a nuestro cónyuge y a
nuestros hijos. Pero ¿acaso podemos forzarnos a amar a alguien
por mandato?

No controlamos el amor. No podemos fabricar el amor.
Tampoco podemos hacer que otro nos ame, porque él tampoco
puede fabricar el amor. Claro que podemos presionar y manipular a otras personas en un intento de conseguir que hagan lo que
queremos, pero ese difícilmente sería el mejor entorno para que
crezca un amor verdadero.

Lo más importante que podemos hacer es recibir el amor de
Dios, beberlo a fondo, y luego permitir que pase a otros a través
de nosotros. Deja de pensar en el amor como algo que se origina
en nuestro corazón y que luego podemos pasar a otros. En lugar
de eso, piensa en el amor como algo que viene de Dios, algo que
fluye en todo el universo las veinticuatro horas todos los días de la
semana y también fluye a través de nosotros.

No necesitamos tratar de forzar el amor cuando es tan abundante. Solo necesitamos abrir nuestro corazón y tomar el amor
de la fuente, dejar que fluya en nuestra alma reseca, y a través de
nosotros llevarlo a quienes conocemos.

En realidad, el amor no es ni un sentimiento ni una decisión.
Es un regalo que fluye libremente y solo se puede recibir y pasar a
otro. Comienza cuando abres tu corazón a Dios y aceptas su amor.
Continúa cuando abres tu corazón a aquellos que te rodean y permites que ese amor divino fluya hacia ellos a través de ti. Entonces,

cuando de verdad amas a alguien, no es tu amor el que sientes y compartes, es el amor de Dios.

Parte de la lucha de Jon y Brittany es que saben que necesitan amor, pero no han entendido en realidad qué es y de dónde proviene. La química y las decisiones pueden ayudar, pero ninguno de los dos puede conjurar la química o tomar la decisión de amar al otro. Lo han intentado, pero comprenden que no pueden forzarlo.

Hay una cosa que sí pueden hacer: abrirse e invitar al amor (Dios) a entrar. Luego, podrán abrir su corazón el uno al otro. Las personas con corazones abiertos permiten que el amor fluya de Dios hacia su interior y pase directamente hacia otras personas en acciones de amor. Los matrimonios fundados sobre esta base pueden crecer y florecer porque es así como Dios ha diseñado que funcionen.

A continuación, tomémonos un momento para mirar la condición de nuestro corazón, y luego haremos algo práctico. Nuestra intención es ayudarte a abrir tu corazón de manera más plena y *segura* para que puedas recibir todo lo que el Señor tiene para ti. Eso te permitirá ser un mejor reflejo de para quien él te creó. Hemos descubierto que los grandes matrimonios avanzan más cuando cada persona es capaz de permanecer más abierta y «conectada».

Autoevaluación: ¿Está tu corazón abierto al amor?

Es hora de hacer un control del corazón. Responde las siguientes preguntas para ver si tu corazón está abierto y dispuesto a que el amor fluya a través de ti. La meta aquí es hacer una breve autoevaluación, no para criticarte a ti mismo ni a tu cónyuge. Es una forma de conocerte mejor a ti mismo y a tu cónyuge, e identificar dónde hay nuevas oportunidades.

1. ¿Cuán abierto dirías que está tu corazón a lo siguiente?

   a. Mi corazón está abierto a Dios y a su amor:

1	2	3	4	5	6	7	8	9	10
Cerrado				A veces					Abierto

   b. Mi corazón está abierto a mi cónyuge:

1	2	3	4	5	6	7	8	9	10
Cerrado				A veces					Abierto

   c. Mi corazón está abierto a otras personas en el mundo:

1	2	3	4	5	6	7	8	9	10
Cerrado				A veces					Abierto

2. En tu familia de origen, ¿viste expresados estos tipos de amor?

   a. Mi familia expresaba amor por Dios

1	2	3	4	5	6	7	8	9	10
Nunca				A veces					Siempre

   b. Mis padres expresaban amor entre esposo y esposa:

1	2	3	4	5	6	7	8	9	10
Nunca				A veces					Siempre

   c. Mi familia experimentaba amor entre nuestros padres y sus hijos:

1	2	3	4	5	6	7	8	9	10
Nunca				A veces					Siempre

d. Mis padres y mi familia expresaban amor por otros en la comunidad.

1	2	3	4	5	6	7	8	9	10
Nunca				A veces					Siempre

3. ¿Y en tu matrimonio? ¿Cómo dirías que tu matrimonio ha impactado en tu corazón? Elije la mejor respuesta a continuación y explica tu respuesta.

a. Mi matrimonio me ha ayudado a abrir mi corazón y a desarrollar más amor por Dios, por mi cónyuge y por otros:

1	2	3	4	5	6	7	8	9	10
Nunca				A veces					Siempre

Explica.

b. Los problemas en mi matrimonio me han motivado a cerrar mi corazón a mayores experiencias de amor:

1	2	3	4	5	6	7	8	9	10
Nunca				A veces					Siempre

Explica.

4. Cosas que cierran el corazón. ¿Has experimentado
   alguno de los siguientes problemas? Todos estos
   desafíos ponen al corazón bajo presión. ¿Cuáles de
   ellos has estado enfrentando?

   - Problemas financieros
   - Depresión o ansiedad
   - Los negocios y el ritmo agitado de la vida
   - Sentirte cansado y no dormir ni descansar lo suficiente
   - El caos y el estrés
   - Hablarse negativamente a uno mismo (¡Soy un idiota!
     O ¡Jamás podré hacer eso!)
   - Hambre, enfermedades o falta de azúcar en la sangre
   - El miedo y la soledad
   - Dolor por la pérdida de un ser querido

5. ¿Cómo es la dinámica de tu matrimonio? ¿Cuáles de
   estas señales de advertencia relacional aparecen entre
   tú y tu cónyuge?

   - Falta de contacto visual
   - Brazos cruzados u otro lenguaje corporal negativo
   - Evitar el contacto
   - Apartarse
   - Falta de sensibilidad o compasión
   - Falta de perdón
   - Distancia emocional
   - Infidelidad (ya sea por aventuras emocionales o físicas)
   - Ira
   - Desesperanza

Cómo abrir tu corazón al amor

No puedes obligar a otra persona a que te ame, no importa lo mucho que lo intentes. Pero hay algo que puedes hacer para ayudar a que el amor florezca: abrir tu corazón.

A lo mejor no lo sepas, pero hay una puerta en tu corazón que solo tú puedes abrir o cerrar desde adentro. Esto es el resultado de que Dios *te ha dado* libre voluntad y *te respeta* lo suficiente como para permitirte ejercitarla a tu criterio (incluso cuando a veces no elijas lo que es mejor para ti). En realidad, abres y cierras la puerta de tu corazón a lo largo del día mientras atraviesas los desafíos que te salen al paso.

Te despiertas cada nuevo día. El sol está brillando y los pájaros cantan. Tu corazón se abre un poco anticipando un buen día.

Te diriges a la cocina, donde tu cónyuge te mira mal y te recuerda que no vaciaste el cubo de desperdicios. Obedeces y sacas la basura, pero tu corazón se cierra un poco en tu interior.

Subes al coche para ir al trabajo. En la autopista, un conductor apurado y agresivo te corta el paso, y te obliga a pisar el freno de repente. La sangre te corre aceleradamente por el cuerpo, pero tu corazón se cierra otro poco por el susto y la irritación. Más adelante, otro conductor se detiene despacio y te saluda y te da el paso para girar a la izquierda. Tu corazón vuelve a abrirse un poco.

En el trabajo tu jefe te elogia por el informe que entregaste ayer. Puedes sentir que el corazón se abre de nuevo mientras saboreas el cumplido de tu jefe por un trabajo bien hecho. Media hora más tarde, un compañero de trabajo te acusa de robarle el envase de yogurt de la nevera de la sala de descanso. Mientras regresas a tu oficina tu corazón se cierra un poco una vez más.

Esa noche al volver a casa, ves en las noticias por televisión que hubo otro tiroteo masivo en una escuela. Tu corazón se cierra un poco por el dolor de un nuevo ataque sinsentido. Pero luego otro informe describe cómo un estudiante detuvo de manera heroica al tirador salvando muchas vidas. Te sientes agradecido por eso y tu corazón se abre un poco.

Eso es lo que nos sucede a muchos a lo largo del día. A lo mejor, no nos damos cuenta, pero nuestro corazón se abre y se cierra todo el tiempo cuando enfrentamos todo lo que nos ocurre durante el día.

¡Lo que complica las cosas todavía más son las situaciones y los eventos que nos lastiman o nos desconciertan tanto como para hacernos cerrar la puerta de un portazo! Cuando eso sucede, nos atrincheramos en nuestra fortaleza interna para evitar mayores daños o devastaciones.

En muchos sentidos, la forma en que los seres humanos abrimos y cerramos nuestro corazón refleja las formas creativas en que algunas otras criaturas de Dios protegen las partes vulnerables de su cuerpo. Las cochinillas de la humedad se encogen, formando pequeñas bolitas cuando son molestadas. Las tortugas se meten en su caparazón. Incluso predadores como los tiburones se protegen cerrando los ojos en el momento que muerden a su víctima. Este proceso de abrirse cuando la situación se ve segura y cerrarse cuando se siente miedo es completamente normal y natural. Es así como Dios nos diseñó.

Pero cuando cerramos nuestro corazón y luego nos olvidamos de volver a abrirlo, pueden generarse problemas. Tal vez no nos damos cuenta, pero cuando cerramos nuestro corazón a otra persona, corremos el riesgo de cerrarnos al flujo de amor de Dios. Dios no ha cambiado, Dios sigue amándonos. Pero nos hemos desconectado de la fuente. Ya no hay flujo.

Yo (Greg) tuve que aprender a abrir y cerrar mi corazón de la manera más dura: a través de experiencias difíciles que pasé con mi familia y mi esposa, Erin.

Frustraciones familiares

Allá por el comienzo del 2000, estaba ayudando a mi familia a manejar el *Smalley Relationship Center* (Centro relacional Smalley) en Branson, Misuri, cuando surgieron planteos acerca de mi liderazgo. Al parecer, los colegas miembros de mi familia no me consideraban el gran líder que yo creía ser, y por lo tanto decidieron reemplazarme. Para hacerme todavía más amarga la experiencia, instalaron en mi lugar a uno de mis hermanos como el nuevo líder.

Eso fue un verdadero cierre de corazón para mí. Sentí que me habían cortado el paso en muchos frentes: la empresa, el ministerio, y la dinámica familiar. En ese momento no me di cuenta de todo el impacto, pero salí de la situación sintiéndome herido, rechazado y deprimido. Había perdido el sentimiento de amor por mi familia.

Siempre he sido mejor en resolver analíticamente las cosas en mi cabeza que en superar las emociones complejas en mi corazón. En un tiempo pensé que mis habilidades cognitivas significaban que debía convertirme en abogado. Pero en ese momento, a medida que crecía mi depresión, pude ver que ese era un problema que no podía analizar solo.

Estaba muy dolido. Pero mi corazón cerrado se sentía más como vivir en una prisión impuesta por mí mismo que como un alivio. Necesitaba que alguien me ayudara a entender y a reabrir mi corazón. Comprendí que con cierta ayuda esa sería una oportunidad valiosa para llegar a conocerme mejor. Recuerda, tengo una relación permanente conmigo mismo, y quiero que sea una buena relación. Quiero sentirme siempre bien cuidado. Como adulto responsable, esta era mi oportunidad.

ADULTO SALUDABLE

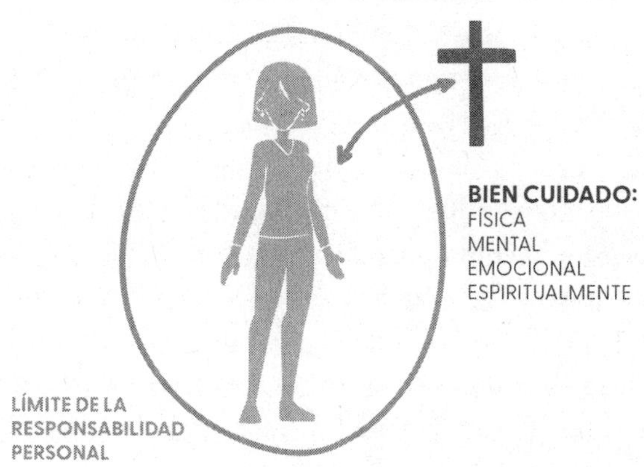

Pedí a un consejero que me ayudara a encontrar la manera de hacerlo. El consejero hizo lo que suelen hacer los consejeros. Me pidió que pusiera el foco justo en aquello que yo quería evitar: los episodios familiares anteriores que me habían hecho sentir rechazado, descartado, y emocionalmente cerrado.

Recorrer ese camino de recuerdos perturbadores no fue divertido, pero descubrí algo importante. Mi consejero me sugirió abrir mi corazón a Dios en lugar de abrirlo a la fuerza con respecto a mi familia. Le parecía difícil que yo pudiera amar a alguien de apellido Smalley en ese momento, a menos que el amor divino fluyera libremente en mí.

Mientras vivía en esa posición incómoda intentando alcanzar y experimentar el amor de Dios por mí, fui dirigido al pasaje en la primera epístola de Pedro acerca de la «piedra viva»: «La piedra que los constructores rechazaron ahora se ha convertido en la piedra principal» (1 Pedro 2:7). Había leído ese pasaje cientos de veces antes, un pasaje que habla de que Cristo fue rechazado por muchos, pero que luego se convirtió en la base de una nueva forma en que todas las personas podrían relacionarse con Dios.

Esta vez lo leí bajo una nueva luz. Recordé que el rechazo era una experiencia común en la vida. Obviamente, no tenía nada de lindo mi situación. Con el tiempo, sin embargo, pude ver que el rechazo que yo había experimentado en mi familia no era fatal. En realidad, no era nada comparable al rechazo que Cristo había soportado.

De manera que en lugar de estar dando vueltas en mi depresión y andar pensando cómo podía devolver ofensas a los miembros de mi familia, pasé a abrir mi corazón a Cristo. Compartí con él mi rechazo y le pedí que me amara y me sanara. Al abrir mi corazón a Dios, pude sentir su amor fluir por mis espacios internos vacíos y atemorizados. Con el tiempo, mientras continuaba esa sanidad interior, pude volver a acercarme a mi familia con un corazón abierto, preparado para amarlos y aceptarlos una vez más.

No estoy sugiriendo que borré toda la experiencia de una vez y pretendí que no había pasado nada. Pero no quería seguir llevando la carga del resentimiento. Estaba bien que me hubiera hecho un ovillo como las cochinillas de la humedad cuando sentí que mi familia me había rechazado, pero era esencial que no permaneciera en esa postura defensiva. No quiero vivir así, ¡y no quiero ser esa clase de hombre! Necesitaba relajarme, abrirme, y permitir que mi corazón experimentara el amor de Dios. A todos nos ocurren cosas que nos hacen querer cerrar nuestro corazón. El problema es que algunos de nosotros nos quedamos estancados en esa situación, sin comprender que el dolor nos ha hecho cerrar con firmeza la puerta de nuestro corazón. Tal vez continuamos intentando relacionarnos con las personas en ese estado, pero esas relaciones están destinadas a ser superficiales y descartables. Y lo que es peor, nos convertimos en la persona que no queremos ser.

Luchar o huir

Hubo muchas oportunidades en que me hice un ovillo como la cochinilla durante mis veintiocho años de matrimonio con Erin.

Crecí en una familia donde las personas usaban el sarcasmo para conectarse entre sí. Sé que suena extraño, pero nosotros disfrutábamos las bromas y tratar de superarnos unos a otros. Este tipo de vínculo, en general, funcionaba bien entre mi padre, mi hermano y yo. No es de sorprender que yo importara ese enfoque explosivo a mi matrimonio con Erin. Y no es de sorprender que no funcionara, en especial en momentos de conflicto.

Una noche, Erin y yo estábamos preparando un pollo en el asador. Era un día de verano perfecto en Colorado, de manera que pudimos comer como familia en el piso de madera del patio trasero. Después de disfrutar un espléndido almuerzo, Erin tuvo que hacer un mandado.

Habíamos comprado pechugas de pollo extra que seguían en el mostrador, así que antes de irse, Erin se aseguró de que yo supiera que debía guardarlas en el refrigerador.

—No dejes afuera el pollo crudo —me recordó Erin al salir.

Puse los ojos en blanco pensando: *¡Soy perfectamente capaz de limpiar y guardar todo sin necesidad de instrucciones!*

Los niños y yo nos quedamos afuera charlando y riéndonos. Y luego surgió un partido de fútbol espontáneo en el patio. Después de tanto correr, estábamos todos agotados. Entonces decidimos relajarnos mirando una película. Todos bajamos al sótano y nos apoltronamos frente al televisor de pantalla grande que teníamos allí.

Fue una velada perfecta de buena comida, diversión y relajamiento, pero algo quedó picándome en la memoria. ¡Era como si estuviera olvidándome de algo! Pero empujé el pensamiento fuera de mi mente y seguí mirando la película.

No me di cuenta que Erin había regresado hasta que la oí gritar:

—¡Lo digo en serio! ¡Bájate del mostrador!

Pensando que una rata o un insecto grande estaba atacando a Erin, subí corriendo las escaleras. Entré a la cocina justo a tiempo para ver a Erin ahuyentando del mostrador a Fiona, nuestra gata.

Entonces recordé lo que había olvidado: el pollo crudo.

Estoy seguro de que Fiona pensó que se había muerto, había ido al cielo, y estaba disfrutando de la Cena de Boda del Cordero… ¡solo que era la cena del pollo! Fiona se había abierto camino entre los diversos empaques del pollo y ahora se veía como el gato Garfield gordo y fanático de la lasaña de los dibujos animados.

—¡Te pedí que guardaras el pollo antes de irme! —gritó frustrada Erin—. ¡Ahora voy a tener que tirar todo el resto del pollo y Fiona se va a enfermar por comer carne cruda!

Yo lo había echado todo a perder. Pero en lugar de admitir mi error y pedir disculpas, me puse a discutir con Erin. *¿Sobre qué?* te preguntarás. Estaba claro que yo era el equivocado. No había guardado el pollo en el refrigerador como me lo había pedido Erin. No había nada que discutir. En lugar de eso, puse el foco en la única parte de su estallido contra lo que podía defenderme.

—Fiona no se va a enfermar —largué—. Es un gato, y come carne cruda cada vez que caza un ratón.

Orgulloso de mi perspicacia felina, esperé tranquilamente la reacción de Erin.

Pero todo lo que recibí fue un sarcástico «¿En serio?»

Hemos estado en el escenario de la pelea-y-huye más veces de las que quiero contar. Lo triste es que cuando mi corazón se cierra como la cochinilla, yo me vuelvo discutidor y sarcástico.

Estoy muy agradecido de que Erin y yo hemos sido capaces de enfrentar el tema en nuestra relación. Con veintiocho años de matrimonio hemos aprendido cómo abrir nuestro corazón y superar nuestros asuntos. Nuestra próxima discusión acerca del Círculo Reactivo (un componente de la sexta mentira) te ayudará aprender a manejar y resolver conflictos de manera saludable. Algunas personas, sin embargo, se vuelven como las cochinillas con mucha frecuencia, y cierran su corazón con tanta firmeza, que se arriesgan a terminar cerrados el uno al otro de manera constante.

Eso podría habernos pasado a nosotros con facilidad. Nunca tuve que preguntarme si Erin estaba molesta conmigo. Era muy obvio. En cambio, ella nunca sabía cuándo yo estaba molesto con ella. Yo podía estar furioso por dentro, pero no se lo revelaba, salvo a través de algún sarcasmo. Ese tipo de reserva puede ser tan dañino para un matrimonio como ser discutidor.

He aprendido a asegurarme de que otras personas no controlen la puerta que abre y cierra mi corazón. Esa puerta es mi responsabilidad. Puedo cerrarla cuando necesito, pero necesito volver a abrirla si quiero que crezca nuestro amor. Esta habilidad ha demostrado ser muy beneficiosa para mí y fue un poderoso punto de partida.

No olvides cuidar tu corazón

Hace falta un corazón abierto para amar a Dios, a tu vecino, y a la pareja. Pero no permitas que tu corazón esté siempre trabado en la posición abierta. Eso puede hacerte vulnerable a sufrir un serio daño.

La Biblia menciona el corazón más de setecientas veces, y en Proverbios 4:23 nos aconseja que debemos cuidar nuestro corazón porque todo lo que uno hace proviene de él. Pero creo que la paráfrasis de la versión de la Biblia *The Message* (El mensaje) es la más clara: «Vigila tu corazón con atención; es ahí donde comienza la vida».

El punto de las Escrituras aquí es muy simple: el corazón es nuestro Lugar Santísimo, nuestro centro de control espiritual, el lugar donde experimentamos el amor de Dios y de la gente. Dios quiere que mantengamos nuestro corazón abierto a su amor y abierto al amor de otros, pero quiere que cuidemos nuestro corazón de aquellos que pueden maltratarlo o herirlo. Este es un componente fundamental del cuidado responsable de uno mismo. Nos hemos enfocado aquí en abrir corazones cerrados porque los corazones cerrados bloquean el amor de Dios y son una fuente importante de problemas para muchas parejas. Pero no nos entiendas mal: no decimos que jamás cierres la puerta de tu corazón.

Lo importante es seguir el ejemplo de la cochinilla de la humedad. Saber cuándo cerrar el corazón con determinación y cuándo abrirlo otra vez, y seguir adelante con la vida y el amor. Esto es la esencia de los límites saludables centrados en Cristo.

Mucha gente cree de manera equivocada que la principal meta de los límites efectivos es impedir que una persona haga o diga algo. Eso puede tener mucho sentido cuando la persona está diciendo o haciendo algo que no te gusta. Pero lamentablemente, cualquier intento de guiar el comportamiento de otras personas es controlador o manipulador. Nos guste o no el resultado de nuestros intentos de controlar o manipular es que tenemos que volvernos controladores y manipuladores para tener éxito. A nadie le gusta que lo controlen y en realidad, a nadie le gusta ser una persona manipuladora. ¡Todo el mundo pierde!

Una mejor alternativa es hacer que la meta del límite sea crear un espacio para ti, un espacio que permita que tu corazón se mantenga abierto. Digamos que tu cónyuge se molesta cuando discuten. Si tu meta es que tu cónyuge deje de estar molesto o molesta, eso es ser controlador. En cambio, ponte como meta cuidar de ti mismo y mantener tu corazón abierto. No digas: «Deja de gritarme o me voy». Eso es ser controlador. En lugar de eso, di algo como: «Haz lo que te parezca bien, pero si continúas gritándome con enojo, me iré. Pero volveré más tarde para que podamos terminar nuestra discusión». Ese tratamiento respeta el derecho de tu cónyuge de estar enojado o enojada mientras atiendes responsablemente tu necesidad y tu deseo de mantener tu corazón abierto. En definitiva, no se trata de tu cónyuge; se trata de ti. No se trata de juzgar la conducta de tu cónyuge, se trata de ti, cuidando de ti mismo.

Eso puede parecer un detalle menor, ¡pero al final es grande! Como seguiremos demostrando a lo largo del libro, hemos llegado a aprender una verdad radical: cuidarse bien responsablemente termina siendo lo mejor para todos.

Ver crecer el amor

Ocurre algo llamativo con muchas de las parejas con las que trabajamos. Dejan de tratar de fabricar amor o manipular a sus parejas para que les den amor. En lugar de eso, se enfocan en abrir su corazón y dejar crecer el amor.

Jon y Brittany están mucho mejor desde que dejaron de intentar que el otro los ame de maneras que no son naturales. Una vez que corrieron el foco de las carencias en su relación y trabajaron para mantenerse más abiertos a disfrutar uno del otro, ambos comenzaron a sentirse más vivos y más amorosos.

Para ayudarlos a moverse en la dirección correcta, les dimos algunas tareas.

Ejercicios para abrir el corazón

«Si lo construyes, él vendrá». Ese fue el consejo que la voz del cielo le dio al granjero de Iowa en la película *Field of Dreams* (El campo de los sueños). Efectivamente, el granjero construyó el campo de béisbol, y pronto estuvo lleno de jugadores.

Creemos que algo similar ocurre con tu amor cuando aprendes a abrir tu corazón. A continuación, hay algunos ejercicios para ayudarte a comenzar y continuar creciendo.

1. ¿Cuán abierto está tu corazón a Dios en este momento? Dedica un tiempo a reflexionar sobre eso.

¿Has batallado en tu relación con Dios? ¿Cómo?

Busca maneras de entender mejor a Dios y experimentar su amor por ti. Conocemos muchas personas que han experimentado avances gracias a las disciplinas espirituales del silencio, la meditación y la práctica de la apertura a Dios. Fíjate si puedes incorporar esas prácticas a tu vida.

2. ¿Cuán abierto está tu corazón a tu pareja en este momento?

¿está abierta de par en par la puerta de tu corazón? ¿O está entreabierta apenas unos centímetros? ¿O está bien cerrada, con doble candado, rodeada de alambre de púa y custodiada por *rottweilers* babeantes?

3. Practica abrir y cerrar la puerta de tu corazón.

   Yo (Greg) expliqué cómo intento imitar a la cochinilla de la humedad: me cierro cuando es necesario, pero me abro de nuevo lo antes posible. En las circunstancias adecuadas, ambas formas son responsables y valiosas.

   Controla la puerta de tu corazón a lo largo del día.

   Y controla la puerta de tu corazón cuando interactúas con tu pareja.

4. Las emociones son la voz de tu corazón.

   Aprende a prestarles atención e interpretar lo que está diciendo tu corazón. Cada uno en la pareja se beneficia aprendiendo a andar por la vida con el corazón y con la mente comprometidos a fondo. Por momentos, eso implicará aprender a estar en contacto con los sentimientos de tu corazón. En otras ocasiones, eso significará entender las cosas en tu cabeza haciéndote preguntas analíticas:

   ¿Qué estoy sintiendo ahora?
   ¿Por qué siento eso?
   ¿Qué me está indicando ese sentimiento?

Entendemos que para algunos de ustedes la idea de que las emociones sean tan importantes puede ser problemática o confusa. Durante años, todos hemos sido objeto de entrenamiento cultural lamentable y errado acerca de los sentimientos. Por lo tanto, cuando expongamos la octava mentira, analizaremos el propósito y la intención de Dios cuando creó los sentimientos. Si por el momento, esta idea parece muy ridícula o sin fundamento, deja la idea a un lado y espera para ver más adelante si podemos demostrar con eficacia cómo prestar atención a tus sentimientos es una oportunidad que con frecuencia se pasa por alto.

5. Pídele a Dios que te permita ver con sus ojos y sentir con su corazón.

Esto solo tendrá sentido para la gente que sabe cómo conectarse personalmente con Dios. Muchos de nosotros creemos que cuando aceptamos a Jesús como nuestro Señor y Salvador, lo que en realidad hicimos fue pedirle que «entre a nuestro corazón». Eso sugeriría que efectivamente vive en nosotros. Si eso es cierto, como creemos, se abre una opción interesante: en cualquier momento podemos pedirle a Dios que nos permita mirar a través de sus ojos y ver lo que él ve. También podemos pedirle que nos permita sentir lo que él siente. Cuando vemos lo que él ve y sentimos lo que él siente, ¡la diferencia suele ser asombrosa! Entonces podremos decidir: ¿mi visión o la suya? ¿Mis sentimientos o los suyos?

Pídele a Dios que te permita ver a tu pareja a través de los ojos de él. Mira las cosas que puedes haber pasado por alto. Presta atención especial a las diferencias entre la forma en que tú veías las cosas y la forma en que Dios las ve. Pídele que te muestre las cosas que él valora y aprecia de tu pareja, y pregúntale por qué.

Pídele a Dios que te permita sentir lo que él siente por tu pareja. Esto puede ser abrumador. Piensa que Dios ve todo, lo bueno y lo malo, pero su amor y su aprecio al parecer es infinito a pesar de eso. Pídele que te permita sentir su amor profundamente.

Por último, pero no menos importante, mírate al espejo y pídele a Dios que te permita verte a ti mismo a través de sus ojos. Observa las diferencias entre lo que tú ves y lo que él ve. Luego pídele a Dios que te permita sentir lo que él siente por ti. Compara y contrasta. Luego puedes elegir. ¿Tu visión o la suya? ¿Tus sentimientos o los suyos? En todos los casos ¡lo más probable es que nos gusten más los suyos!

6. Disfruta las discusiones con tu pareja.

En lugar de hablar desde la distancia —cada uno desde su esquina— siéntense uno junto al otro y hablen abiertamente. Tómense las manos. Mírense a los ojos. Aprendan a «estar» uno con el otro en el momento, no preocupados ni distraídos, sino enfocados uno en el otro.

CUARTA MENTIRA

DEBO SACRIFICAR QUIEN SOY
POR EL BIEN DE MI MATRIMONIO

*El sacrificio es la clave para una vida buena y un matrimonio comprometido.
Lo logramos con más eficacia cuando con humildad vemos a los
demás como más valiosos que nosotros mismos y servimos a nuestro
cónyuge elevando sus deseos por encima de los nuestros.*

Ray y Debra disfrutaron su escapada de fin de semana, pero estaban agotados cuando llegaron de vuelta a casa el domingo por la noche. Así que dejaron la valija negra al pie de la escalera y subieron a las habitaciones a dormir. El lunes por la mañana, ambos volvieron a sus rutinas normales.

Y la valija permaneció al pie de la escalera. Ni Ray ni Debra la subieron. Pronto, la tarea de ocuparse de la valija se convirtió en una guerra de voluntades. Ray no quería moverla: Debra estaba en casa todo el día. ¿Por qué no la movía ella? Para Ray, el asunto pasó a ser un tema de quién tenía puestos los pantalones en la familia. Debra tampoco quería mover la valija: estaba ocupada todo el día con los niños y los quehaceres de la casa; y después de todo, ¿acaso no se suponía que los hombres cargaban las valijas?

Tres semanas más tarde la valija seguía al pie de la escalera.

¿Te suena conocido? Sin mucho esfuerzo, tanto Ray como

Debra podrían haber colocado la valija en otro lado. Pero ambos pensaban que hacerlo era responsabilidad del otro. No nos preguntes de dónde las personas sacan las ideas sobre quién debería hacer qué, pero todos las tenemos instaladas en la cabeza.

Una situación apestosa

Pronto llegó el momento en que Ray tuvo que hacer un viaje de trabajo, y necesitaba la valija negra.

Pero era imposible usarla porque la valija ya no era una simple valija. Hacía tiempo que se había transformado en un asunto grande, enorme (¡pero del que no se hablaba!). En lugar de eso, Ray encontró un bolso más chico pero menos adecuado para su viaje.

Pero justo antes de partir, su conducta pasiva-agresiva se volvió directamente agresiva-agresiva. Fue hasta la nevera, tomó un trozo de queso azul, lo escondió adentro de la valija negra y salió por la puerta.

Si esta miniguerra te suena familiar, es porque lo es.

Millones hemos visto esta guerra interpretada por los personajes Ray y Debra Barone en un episodio favorito de la serie popular de TV *Everybody Loves Raymond* (Todo el mundo quiere a Raymond). Pero incluso las personas que jamás han visto un episodio de esta serie pueden reconocer el desacuerdo entre Ray y Debra sobre qué es lo «mío», qué es lo «tuyo» y qué es lo «nuestro».

Las comedias terminan bien, y como era de esperar, el título apropiado del episodio *Baggage* (El equipaje) termina con Ray y Debra reconociendo la estupidez de su conducta, abrazándose, reconciliándose y tratando de actuar como adultos. Es una manera humorística de terminar un espectáculo de TV, pero en el mundo real del matrimonio, esos callejones sin salida no siempre terminan entre risas y abrazos.

La mayoría de la gente ve los sacrificios de la misma manera que Ray y Debra —como una rendición: someterse o renunciar.

Ambos se negaron a rendirse y mover la valija durante un mes por orgullo. Rendirse o renunciar es efectivamente un tipo de sacrificio, y el episodio duró apenas media hora. Pero muchos de los hombres y mujeres con los que hemos trabajado han lidiado durante años con batallas campales y situaciones de «tira y afloja».

Algunos no ceden un centímetro.

Otros renuncian a más de lo que deben.

Otros dicen que ya lo han dado todo y no les queda nada más para dar.

Es todo parte de la historia de cómo las valijas se convierten en problemas y un grano de arena se convierte en una montaña.

Queremos centrarnos en el tema que subyace: la gente cree que hacer un sacrificio implica dejar de ser lo que son por el bien de su pareja y por amor a Dios. Se sienten obligados a sacrificarse (quiénes son, que quieren, como se sienten) a favor de aquellos que aman.

Por lo general, sin importar si renunciamos o resistimos, sentimos esa misma presión de modificar lo que somos. Más allá de toda la presión social normal, sin embargo, muchos cristianos creen que cambiar algunos aspectos de quiénes somos es un componente central para transformarnos en una persona más sacrificada y parecida a Cristo.

Autoevaluación

1. ¿Cómo manejan por lo general sus batallas campales como pareja? ¿Cómo ves a tu cónyuge durante esos «tira y afloja»?

   - Yo/ella o él no cedemos ni un centímetro.
   - Yo/ella o él renunciamos a más de lo que deberíamos.
   - Yo/ella o él decimos que ya hemos dado todo y no nos queda nada para dar.

2. En el contexto del matrimonio, ¿qué significa para ti «sacrificio» y «morir a»? Explica.

3. En términos de sacrificio, ¿hasta qué grado te sientes presionado a cambiar quién eres, qué quieres, o cómo sientes por el bien de tu pareja, y por amor a Dios?

1	2	3	4	5	6	7	8	9	10
Sin presión				Neutral			Mucha presión		

4. ¿Con cuáles de las siguientes afirmaciones te sientes *más* identificado?

- «Siento que todo lo que hago es dar, dar y dar».
- «Doy todo de mí para los demás y he intentado ser sacrificado, pero ya no queda nada de "mi"».
- «Me siento agotado, empobrecido, engañado y muerto interiormente».
- «Siento que a menos que renuncie a mí y cambie quién soy por mi cónyuge, ella o él nunca estará satisfecho».
- «Ya ni siquiera sé quién soy, qué quiero ni cómo me siento».
- «Otras personas importan más que yo».

De él, de ella o nuestro

Hablar con parejas acerca del sacrificio en el matrimonio puede ser complicado. Algunas parecen haber logrado relaciones de reciprocidad de buen trato. Pero ten en cuenta que la conversación, con frecuencia, se mantiene en la superficie, y se discute el sacrificio sobre todo en términos de quién hace qué, y cuánto da cada uno:

«Por supuesto, yo doy el 100%, pero lo mismo hace mi pareja. ¡Supongo que eso suma 200%!».

Otros nos dicen que han tenido suficientes episodios del tipo «valija» y otros objetos inamovibles en su matrimonio. Están cansados de ver hechos intrascendentes convertirse en grandes transacciones. Se sienten presionados a actuar, a dar el primer paso, a sacrificar cualquier vestigio de orgullo que les impida acercarse, pero un resentimiento profundamente arraigado se lo impide.

«Siento que todo lo que hago es dar, dar, dar».

«Me doy a todos los demás, gota a gota, hasta que siento que ya no queda nada de "mí" en ninguna parte».

«Me siento agotado, empobrecido, engañado y muerto interiormente».

A través de las luchas de poder, sin embargo, también hay muchos que se conectan con los niveles profundos de frustración y dicen cosas como:

«Siento que a menos que renuncie a mí y cambie quien soy por mi cónyuge, él o ella jamás estará satisfecho».

Cuando hablamos con hombres para ayudarlos a salir del atasco por el conflicto con sus esposas, muchos de ellos solo suenan como Ray Barone.

«Mi esposa en verdad no se da cuenta de lo exigente y agotador que es mi trabajo».

«Ella no ve que doy el 110% en el trabajo y el 110% en casa».

«Ella quiere que cambie y sea más como ella».

Si hablas con hombres del siglo XXI, oirás un relato de frustración e incluso de ira porque sus esposas no aprecian ni reconocen todo lo que hacen y porque son tan diferentes de sus esposas.

Muchos de ellos dicen que han hecho serios esfuerzos para dedicar más tiempo a los niños y a las tareas del hogar, pero sienten que nadie lo ha notado. No se sienten apreciados por quiénes son como personas ni por quiénes son como hombres.

Cuando hablamos con las esposas sobre qué las tiene atascadas, son inconfundibles los ecos de Debra Barone.

«Mi esposo no se da cuenta de lo agotador que es hacer todo por lo niños y por la casa».

«No ve lo mucho que doy, doy y doy hasta que no me queda nada para dar, hasta que no queda nada de mí».

«Yo también trabajo a tiempo completo. ¿Por qué siempre se trata de él?».

«Quiere que sea más como él y que haga las cosas como él quiere que se hagan».

«Se queja de que soy demasiado emocional y quiere que sea más «racional», que sea como él».

Vemos que algunos de los comentarios de arriba refieren a muchos estereotipos de género, y entendemos que los roles y las responsabilidades ahora son muy fluidas. Los estamos usando aquí sobre todo porque esos estereotipos todavía existen, y hay muchas parejas que todavía se identifican con ellos. Observa por favor, sin embargo, que el punto que queremos abordar tiene que ver con la presión que puedes sentir de ser de otra manera y para cambiar o sacrificar quién eres.

Dar hasta que duele

Hay parejas que mantienen una pelea durante todo un mes, como Ray y Debra. Pero en muchos casos, una parte renuncia con más facilidad que la otra. Algunos incluso aceptan la renuncia como el propósito principal del matrimonio.

Una mujer llamada Sandra comparó su vida de sacrificio matrimonial con el sacrificio de Cristo en la cruz.

—Un sacrificio es lo que hizo Jesús —dijo Sandra—. Es lo que hace un cristiano. Es lo que hace una esposa. Para mí, usar un anillo de bodas es como llevar una cruz. Lo hago todo por él. Debo morir a mí misma.

Solo dos veces en la Biblia se nos dice que hagamos algo todos los días. Hebreos 3:13 indica: «Anímense unos a otros cada día» (NVI), y Lucas 9:23 dice que los cristianos deben tomar su cruz cada día.

Entonces, sacrificarte a ti mismo —quién eres, qué quieres, cómo te sientes, por aquellos a quienes amas y por Dios— ¿no te hace un cónyuge amoroso y un fiel seguidor de Cristo? Después de todo, el sacrificio *es* un tema fundamental en la Biblia:

Pues Dios amó tanto al mundo que dio a su único Hijo.
JUAN 3:16

No hay un amor más grande que el dar la vida por los amigos.
JUAN 15:13

Por lo tanto, imiten a Dios en todo lo que hagan porque ustedes son sus hijos queridos. Vivan una vida llena de amor, siguiendo el ejemplo de Cristo. Él nos amó y se ofreció a sí mismo como sacrificio por nosotros, como aroma agradable a Dios.
EFESIOS 5:1-2

Conocemos lo que es el amor verdadero, porque Jesús entregó su vida por nosotros. De manera que nosotros también tenemos que dar la vida por nuestros hermanos.
1 JUAN 3:16

Pero Dios mostró el gran amor que nos tiene al enviar a Cristo a morir por nosotros cuando todavía éramos pecadores.

ROMANOS 5:8

En esto consiste el amor verdadero: no en que nosotros hayamos amado a Dios, sino en que él nos amó a nosotros y envió a su Hijo como sacrificio para quitar nuestros pecados.

1 JUAN 4:10

Mi antiguo yo ha sido crucificado con Cristo. Ya no vivo yo, sino que Cristo vive en mí. Así que vivo en este cuerpo terrenal confiando en el Hijo de Dios, quien me amó y se entregó a sí mismo por mí.

GÁLATAS 2:20

La verdad es que estamos llamados para el sacrificio. La mentira es una tergiversación de la verdad. Y esa distorsión lleva a una secuencia lamentable de creencias y conductas. La gente interpreta erradamente el «morir a sí mismo» y «tomar su cruz» como que tienen que ver a los demás como más importantes que a sí mismos, como de mayor valor. Las personas piensan que, por su carencia de valor fuera de Cristo, necesitan sacrificarse continuamente, seguir dando independientemente de su bienestar e independientemente de cuánto les duela.

Suponen que, de alguna manera, el resultado de todo eso será de bendición para Dios y para otros. Pero como ya hemos visto, el resultado general lleva a afirmaciones como:

- «He tratado de ser fiel y sacrificado, pero ya no queda nada de mí».

- «Ya ni siquiera sé quién soy, qué quiero, ni cómo me siento».
- «Me siento muerto en mi interior».
- «Estoy agotado».
- «Me siento engañado».

Aunque apreciamos el compromiso de Sandra, en verdad no creemos que Dios haya diseñado el matrimonio como un medio de tortura y muerte. No se puede tener un gran matrimonio sin algo de sacrificio, pero si se pierde la esencia de lo que Dios nos está llamando a hacer, se termina sacrificando demasiado de uno mismo.

¿Cómo llegó Sandra a convencerse de que el matrimonio es una forma de crucificarse a sí mismo? Sus pensamientos eran los siguientes:

1. *Dios dio a su Hijo por nosotros.* Juan 3:16, uno de los pasajes más populares de la Biblia, expresa muy bien ese sacrificio de amor: «Pues Dios amó tanto al mundo que dio a su único Hijo, para que todo el que crea en él no se pierda, sino que tenga vida eterna».

2. *Debemos vivir para Dios y para otros.* El sacrificio de Cristo en la cruz es único, pero es un modelo de cómo debemos amar sacrificialmente a otros: «Conocemos lo que es el amor verdadero, porque Jesús entregó su vida por nosotros. De manera que nosotros también tenemos que dar la vida por nuestros hermanos» (1 Juan 3:16).

3. *Otras personas son más importantes que yo.* Las dos afirmaciones anteriores son verdades bíblicas sólidas como la roca. Esta tercera idea de Sandra proviene de su historia y de su experiencia personal, y eso nos preocupa. Refleja un paso siguiente bastante común en el proceso de pensamiento.

Hay una línea fina entre la verdadera humildad y sus falsificaciones: la baja autoestima, despreciarse y traicionarse a uno mismo.

4. *Debo sacrificar (cambiar/alterar) quién soy por el bien de mi matrimonio.* Pablo les pidió a los seguidores de Cristo que vivieran con humildad: «No sean egoístas; no traten de impresionar a nadie. Sean humildes, es decir, considerando a los demás como mejores que ustedes» (Filipenses 2:3). Todo tiene sentido, ¿verdad? ¿Puedes ver lo fácil que es seguir esta línea de pensamiento? Pero Pablo no estaba hablando de Sandra y su esposo. Filipenses 2:3 no es una enseñanza sobre el matrimonio, un tema que Pablo sí trata en otras cartas. Pablo está instando a los creyentes a respetar a sus hermanos en la fe como iguales, en lugar de promocionarse a sí mismos.

Analicemos esta secuencia de pensamiento con más profundidad para ver si podemos desenmarañar el embrollo y encaminarnos a un buen resultado, en sentido personal y relacional.

Primero, necesitamos proveer algo de contexto. Recordemos por un momento que el autor de las mentiras es nuestro enemigo mortal, Satanás. Su propósito es robar, matar y destruir; en cambio, Jesús vino para que tengamos vida en abundancia (ver Juan 10:10). La meta de Satanás es derrumbarnos para volvernos ineficaces. La intención de Jesús es edificarnos en él para empoderarnos plenamente.

La batalla entre ambos es real, y ya sabemos quién tiene la victoria definitiva. Aun así, si Satanás puede distorsionar las verdades en nuestra mente, haciéndonos funcionar fuera de los designios y la protección del Señor, también puede destruirnos como personas. Puede que no gane la batalla final, pero gana la batalla por nuestra alma. Y lo hace derribándonos uno por uno.

¿Cuál es un sacrificio bueno?

Todd es piloto comercial. Cada vez que sale, viaja durante varios días. Está cansado de viajar, quedarse en habitaciones de hoteles, comer en las áreas de servicio y lidiar con pasajeros quejosos. Cuando por fin llega a casa, encuentra a su esposa, Becky, también agotada por ocuparse de sus hijos pequeños, trabajar como fotógrafa, y atender las responsabilidades como ama de casa. Cuando Todd abre la puerta para entrar, Becky le entrega los niños.

—La cena está en la olla de cocción lenta —dice apurada—. Necesito un descanso. Salgo con mis amigas.

Todd comienza a objetar, pero no quiere comenzar una pelea. Ya han pasado antes por la batalla de «quién está más cansado», y es mucha pérdida de tiempo.

A un nivel más profundo, sin embargo, Todd es complaciente y se siente culpable cuando su esposa está descontenta. De manera que reprime sus necesidades y pone primero los deseos de Becky, se convierte en un mártir. Razona que su papel como esposo es amar a su esposa «como Cristo amó a la iglesia» (Efesios 5:25). Y como Cristo sacrificó su vida por la iglesia, Todd cree que su deber es sacrificarse por Becky.

El problema es que Todd ya no tiene nada para dar. Está agotado y se está quedando vacío. No tiene nada para invertir en sus hijos ni en Becky. Así y todo, sigue dando, y la pérdida de recursos personales es estresante. Reprimir sus necesidades es contraproducente. Se desarrolla un resentimiento contra sus hijos y su esposa. Reprime sus emociones y razona que eso es lo que significa ser un esposo, incluso si es a costa de su propio bienestar. Este patrón se repite cada vez que regresa de un viaje.

Lo que Todd está haciendo no es un sacrificio bueno. Sí, el sacrificio es una parte esencial diaria de la vida cristiana, pero tiene que ser una *inversión* de tu tiempo, tu energía, tu amor, tus recursos, no un sacrificio de quién eres. ¡En realidad eso es traicionarte a ti mismo! Nuestra definición de sacrificio es la siguiente: el acto de renunciar a algo valioso que tienes —tu tiempo, tu dinero, tus posesiones, tu comodidad, tus deseos, tu sueño, tu vida, etcétera— por el bien de otra persona.

Está claro que hay muchos de nosotros, como Todd, que no entendemos el valor de quiénes somos como individuos y de lo que se nos ha dado. (Nuestro tema anterior ilustrado con la vela de la unidad está muy relacionado con esto). Somos personas con incalculable valor eterno.

Además, no estamos aquí por accidente. Cada uno de nosotros fue puesto intencionadamente aquí por una razón. Dios desea que cada uno de nosotros esté comprometido con él, en el plan y el propósito que está llevando a cabo. Cada aspecto de nuestra vida cuenta.

Por lo tanto, como personas diseñadas por la misma mano de Dios, él nos valora hasta el punto de enviar a Jesús a morir por nosotros para no perdernos. Reprimir la luz que hay en nosotros subestima mucho el significado de la vida eterna. Podemos sacrificar nuestra vida por otro, como lo hizo Jesús, pero lo que hace que el sacrificio sea tan asombroso es ¡cuánto vale en realidad nuestra vida en Cristo!

Entonces, tenemos un elevado valor como personas y somos tan valiosos e importantes como todos los demás. Cuando damos y sacrificamos algo que tenemos, la importancia del regalo se correlaciona directamente con su valor.

En teoría, el amor sacrificial fluye de un estado de abundancia dadora de vida, no del vacío. En nuestro poder hay numerosos bienes valiosos, incluyendo nuestras vidas. La principal responsabilidad que tenemos ahora es la de la administración, la habilidad con la cual manejamos los recursos que se nos han confiado.

Con eso en mente, hagamos una pausa para conversar sobre la

administración en general. Una vez explicado lo que entendemos por administración, te mostraremos lo bien que se relaciona la administración con el sacrificio y cómo puede contribuir a que ambos amen su matrimonio.

CUARTA VERDAD SOBRE EL AMOR

El sacrificio generoso es un elemento fundamental de la vida cristiana. Somos una posesión atesorada por Dios, creada por él con propósito y para un propósito. Por lo tanto, nuestra principal obligación como siervos de Dios es administrar bien su activo, es decir nosotros.

Los componentes de una buena administración

En 1 Pedro 4:10, se nos dice: «Cada uno ponga al servicio de los demás el don que haya recibido, administrando bien la gracia de Dios en sus diversas formas» (NVI). Aquí hay tres elementos clave de la administración efectiva:

1. Valorar el activo

El primer paso esencial de la buena administración es reconocer el valor genuino de lo que se ha confiado a tu cuidado: en este caso tú, tu vida y todo lo que se te ha dado. Eso incluye tus dones y talentos, tu energía, y tu potencial para hacer una diferencia en la vida de tu cónyuge, tu familia, tu comunidad, el mundo y el reino de Dios. Todo lo enumerado y más tienen muchísimo valor. Por favor, observa que el verdadero valor de algo que posees no está determinado solo por lo que tú piensas que vale.

Imagina que eres un niño y sabes que el dinero tiene valor y puede comprar cosas, pero todavía no lo entiendes por completo. Mientras vas por la calle, ves un billete en la alcantarilla. Cuando lo recoges, tiene la figura de un hombre y abajo dice: «Franklin». En cada esquina del billete está el número cien, pero no sabes lo que significa nada de eso. Todo lo que sabes es que te permite comprar cosas y estás emocionado.

Entonces lo llevas a la tienda de la esquina y en el mostrador ves una cesta con gomas de mascar envueltos individualmente y de aspecto delicioso, y un cartel que indica «cinco centavos cada uno». Te encantan las gomas de mascar; por lo tanto, tomas una y le preguntas al vendedor si puedes comprarla con *esto* mientras muestras el billete. El hombre sonríe y dice:

—¡Claro que puedes!

Le entregas el billete, y el hombre se aleja para traerte el vuelto, pero sin saber que hay un vuelto, te das la vuelta y sales corriendo de la tienda. Puede que incluso estés muy satisfecho con tu compra, pero el hecho de que pienses que el billete de cien dólares tiene el valor de una goma de mascar no significa que ese sea su verdadero valor.

Por tonto que pueda parecer este ejemplo, lo triste es que vemos esta escena representada por un sorprendente número de personas con la que trabajamos. No tienen la menor idea de cuánto valen o el verdadero valor de los activos y el potencial que Dios ha creado en ellos. Que piensen que solo valen una goma de mascar, no tiene ninguna relevancia sobre su verdadero valor. En definitiva, nuestro valor está determinado solo por Dios. En realidad, no tenemos voz y voto en eso.

De manera que nuestra primera responsabilidad de administración es aprender a evaluar apropiadamente y valorar con precisión todo aquello que nos ha confiado Dios.

2. Manejar el activo

Una vez que comprendes el valor de lo que tienes en posesión, ahora tienes la responsabilidad de cuidarlo; de lo contrario, por descuido o desinterés, perderá valor. Por ejemplo, imagina que te dieron un coche clásico en perfectas condiciones, el cual vale miles de dólares. Si no lo cuidas, el coche tendrá problemas con el tiempo. Si eres imprudente y abusas del coche, también perderá valor. Las abolladuras, los tajos, los raspones y los problemas mecánicos desatendidos, todos afectan su valor. Pero incluso si el vehículo es simplemente ignorado y abandonado en la cochera, surgirán problemas porque los vehículos necesitan andar para mantenerse saludables, y pierden valor según decaen y pasan tiempo detenidos.

Quienes entendemos de negocios y finanzas sabemos además que si algo tiene valor, y se deja desatendido y sin uso, se pierde otro valor: su potencial. Lo vemos en la parábola de Jesús sobre los talentos en Mateo 25. Entendemos que en ese tiempo un «talento» era una moneda, pero para nuestros propósitos ahora aceptaremos el uso español de la palabra, para que podamos mostrar nuestro punto:

El reino de los cielos es como un hombre que, yéndose lejos, llamó a sus siervos y les entregó sus bienes. A uno dio cinco talentos, a otro dos y a otro uno, a cada uno conforme a su capacidad; y luego se fue lejos. El que recibió cinco talentos fue y negoció con ellos, y ganó otros cinco talentos. Asimismo, el que recibió dos, ganó también otros dos. Pero el que recibió uno hizo un hoyo en la tierra y escondió el dinero de su señor.

Después de mucho tiempo regresó el señor de aquellos siervos y arregló cuentas con ellos. Se acercó el que había recibido cinco talentos y trajo otros cinco talentos, diciendo: «Señor, cinco talentos me entregaste; aquí tienes, he ganado otros cinco talentos sobre ellos». Su señor le dijo: «Bien, buen siervo y fiel; sobre poco has sido fiel, sobre mucho te pondré. Entra en el gozo de tu señor». Se acercó también el que había recibido dos talentos y dijo: «Señor, dos talentos me entregaste; aquí tienes, he ganado otros dos talentos sobre ellos». Su señor le dijo: «Bien, buen siervo y fiel; sobre poco has sido fiel, sobre mucho te pondré. Entra en el gozo de tu señor». Pero acercándose también el que había recibido un talento, dijo: «Señor, te conocía que eres hombre duro, que siegas donde no sembraste y recoges donde no esparciste; por lo cual tuve miedo, y fui y escondí tu talento en la tierra; aquí tienes lo que es tuyo». Respondiendo su señor, le dijo: «Siervo malo y negligente, sabías que siego donde no sembré y que recojo donde no esparcí. Por tanto, debías haber dado mi dinero a los banqueros y, al venir yo, hubiera recibido lo que es mío con los intereses. Quitadle, pues, el talento y dadlo al que tiene diez talentos, porque al que tiene, le será dado y tendrá más; y al que no tiene, aun lo que tiene le será quitado. Y al siervo inútil echadlo en las tinieblas de afuera; allí será el lloro y el crujir de dientes».

MATEO 25:14-30, RVR95

Esperamos que no sea difícil ver aquí que el problema con el siervo que enterró su talento era que tenía un activo valioso con un potencial para crecer y ser usado de más formas para bendecir a los demás y promover el propósito de Dios. La falta de buena administración fue el potencial desperdiciado.

El último aspecto del manejo que queremos destacar aquí es la importancia de reabastecer los activos que son renovables. Como personas de valor que vivimos y respiramos, tenemos necesidades diversas que atender. Somos máquinas de generar energía, y todo lo que hacemos también requiere un gasto de energía. Para mantener la salud y la vitalidad necesitamos descanso adecuado, alimentación, ejercicio y otros cuidados para recargar y reabastecernos. Si permitimos que nuestra batería se descargue por completo sin recargarla, nos volvemos inútiles para nosotros mismos, para los demás y para Dios.

En nuestra sociedad actual, como en la mayoría de las culturas, para casi todo hace falta el dinero. Si permitimos que nuestra cuenta bancaria se vacíe y no hacemos nada para volver a depositar dinero en la cuenta, no tenemos nada para usar ni para dar. Estamos en bancarrota. Este puede parecer un principio obvio. Lamentablemente, la gran mayoría de las personas que vemos no comprenden bien este concepto. No atienden bien todo su ser, física, mental, emocional o espiritualmente. A lo mejor manejan con mucha responsabilidad un área pero no todas.

Por ejemplo, quizás una persona mantenga una vida espiritual activa, pero ignore su salud. Esté espiritualmente lleno pero físicamente arruinado. O una joven mantiene en forma su cuerpo, pero ignora su corazón. Tiene un cuerpo muy sano, pero es un desastre emocional. En cada caso de mala administración y descuido que sufrimos, nuestra utilidad disminuye, y nuestro propósito, al menos en parte, queda incumplido.

Todos estos son ejemplos de una mala administración de los activos, y el opuesto es obvio.

3. Invertir sabiamente el activo

También queda claro en la parábola anterior que Dios está esperando que invirtamos con prudencia todo lo que nos ha dado, y es fácil pensar que todo lo que poseemos es nuestro para usarlo como nos plazca. Pero por supuesto que nosotros lo vemos muy diferente. Todo fue creado por Dios, de modo que en esencia él es dueño de todo. Pero demos un paso más allá todavía. Ya le pertenecemos, pero nos compró de nuevo cuando dio su vida por nosotros. En realidad, nada de lo que «nos pertenece» es solo nuestro. Eso incluye nuestros cuerpos y nuestras vidas. Todo es suyo. Con frecuencia, olvidamos ese hecho fundamental.

El Señor espera que valoremos, administremos e *invirtamos* todo lo que ha confiado a nuestro cuidado. Como Padre amoroso, quiere que seamos bendecidos, y nos da en forma consistente y generosa. Esto incluye la vida que vivimos y el aire mismo que respiramos. Pero no termina ahí.

Somos bendecidos para ser de bendición. Dios está continuamente ocupado en llevar a cabo su plan y su propósito, y quiere que participemos con él. Pero lo que en verdad importa es su plan y su propósito, no los nuestros independientemente de él. Al final, participar con Dios en su plan es lo que también cumple nuestro propósito. En efecto, ¡es lo único que hace que algo en este loco mundo tenga verdadero sentido!

Por lo tanto, creemos que a lo que Dios nos llama, y por lo que abogamos, es a aprender a ser pleno para quien fuiste creado para ser, administrar bien todo lo que posees y permitir que Dios te guíe generosa y eficazmente en la inversión continua de lo que se te ha dado.

El sacrificio como inversión

Esperamos que puedas ver con facilidad que, para que tú y tu matrimonio prosperen, es esencial que te valores y te manejes bien en todas las áreas de tu vida. Eres valioso, y todos tus aspectos cuentan. En el próximo capítulo analizaremos más cómo ser y mantenerse como una persona plena, íntegra y saludable.

Volviendo al tema bíblicamente significativo del sacrificio, queremos dedicar cierto tiempo a aplicar esta idea esencial de invertir también en tu cónyuge y en la relación. Cuando aceptas el compromiso del matrimonio, además de ti mismo, ahora agregas por lo menos dos activos valiosos que requieren administración e inversión. El primero es tu cónyuge, y el segundo es el matrimonio. Decimos *por lo menos dos* porque queda claro que los hijos, a medida que los tienen, se vuelven parte de la ecuación. Pero para nuestros propósitos aquí, lo mantendremos más simple y solo hablaremos de cónyuge y relación.

MODELO DE MATRIMONIO SALUDABLE

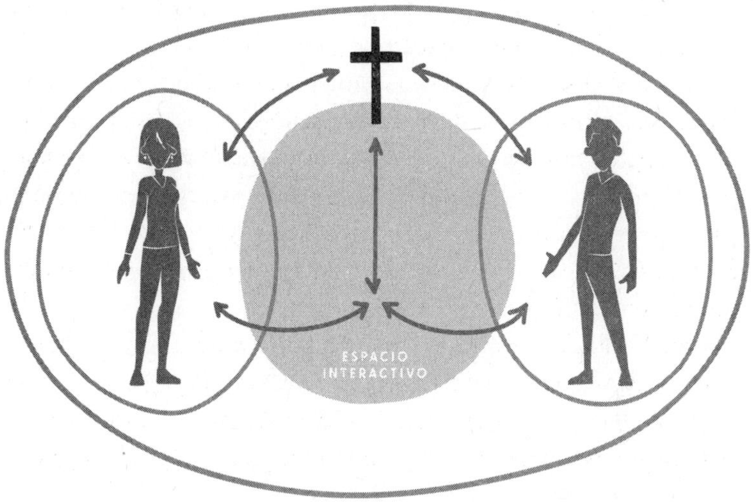

Recuerda, en nuestro modelo de matrimonio saludable, suponemos que tú, tu cónyuge y tu matrimonio se caracterizan por el aprendizaje y el crecimiento continuos. Un gran matrimonio incluye dos personas imperfectas en un viaje permanente juntos para ser más plenos y llegar a aquello para lo que fueron creados, y una relación que crean juntos para sostener esos objetivos. Los tres componentes necesitan continuo cuidado e inversión.

Cuando nos casamos, nos convertimos en compañeros de este viaje de vida. Asumimos nuevas responsabilidades para contribuir al reino de Dios al invertir significativamente en la vida del otro.

Tu cónyuge es un hijo o una hija de Dios, a quien él ama muchísimo, él o ella también fue puesto en esta tierra con un plan y un propósito. Ahora, además de descubrir todo aquello por lo que fuimos puestos aquí para ser y hacer, tenemos un encargo sagrado de valorar, alentar, apoyar y asistir a nuestro cónyuge en hacer lo mismo.

Mientras Erin y yo (Greg) viajamos juntos, hemos pasado por

numerosas etapas en la vida. Siempre tuve un trabajo externo porque estaba claro que Dios me llamaba a eso, pero también estuve involucrado en muchas otras actividades, causas y pasatiempos, además de hacer mi parte en el manejo de la familia. Erin ha sido, en diferentes momentos, la principal cuidadora de los niños, pero también ha sido enfermera, ha vuelto a estudiar, se convirtió en consejera y ha estado involucrada en causas de caridad, además de las cosas que hace por gusto y que recargan su batería.

Ambos estamos viviendo, creciendo, aprendiendo y haciendo muchas cosas. Ambos somos importantes para mí. Yo estoy tan comprometido en apoyar y alentar su desarrollo y su viaje como lo estoy con el mío. De hecho, con regularidad elijo dejar a un lado algo que preferiría hacer con mi tiempo para hacer posible que Erin haga algo suyo. Hago una inversión sacrificial en Erin. Lo hago intencional y con gusto (la mayoría de las veces) porque ella y su viaje son importantes para mí también.

A veces rebusco y encuentro energía para invertir en ayudarla con lo que está haciendo porque ella y su vida son de verdad muy valiosas. Cuando invierto en ella, estoy contribuyendo a alguien de valor eterno cuya vida suma algo importante a lo que Dios está haciendo. En esos momentos, en realidad, no la elijo a ella antes que a mí, como si ella y su vida fueran *más* importantes que yo y la mía. Simplemente, estoy diciendo que ella y su viaje son *tan* importantes como mi viaje y yo; por lo tanto, ambos justificamos una inversión constante de nuestros recursos.

Como nota espiritual, hemos observado que una de las estrategias preferidas del enemigo es dividir para conquistar. Le gusta alentarnos a ver las cosas en nuestro matrimonio como una elección entre ella y yo, como si uno perdiera y el otro ganara, como si uno se saliera con la suya y el otro no, como si uno valiera más que el otro (recuerda a Todd, el piloto comercial). Esos días nos negamos a morder el anzuelo. Hemos llegado a entender que ¡si eliges, pierdes! Cuando yo me sacrifico por Erin, no estoy eligiéndola a ella *por encima* de mí. En lugar de eso, estoy eligiendo invertir algo mío valioso en algo de igual e increíble valor: ¡mi esposa y su vida! Requiere un sacrificio, igual que cualquier otro desembolso, pero es una inversión que beneficia a todos los implicados.

Con frecuencia, ese proceso de inversión requiere de oración e incluso de negociación. En el capítulo 9, compartiremos «Los siete pasos para que todos ganen». Es un proceso simple que asegura que ambas personas valiosas sean plenamente tenidas en cuenta en todo momento a lo largo del viaje juntos, y que ninguna se vea comprometida ni devaluada.

De manera que, además de invertir en tu cónyuge, también queremos poner el foco sobre la inversión en tu relación. Obvio, el matrimonio no existe fuera de las personas involucradas en él. Las personas son la parte eterna, y por lo tanto es esencial invertir en ellas y cuidarlas. Pero la relación también es valiosa. De hecho, cuando es atendido con habilidad, el matrimonio puede apoyar y mejorar mucho a las personas que lo integran.

MODELO DE MATRIMONIO SALUDABLE

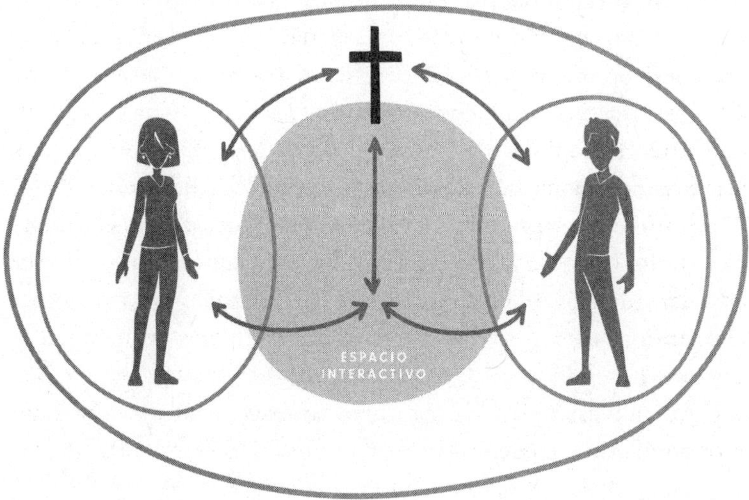

Recuerda que el propósito de nuestro compromiso y nuestra promesa (el círculo exterior) es contribuir a crear un espacio seguro que nos permita relajarnos y comprometernos plenamente juntos. Cuanta más confianza tengamos en que podemos contar con que nuestra pareja «no nos dejará ni nos abandonará», nos sentimos en mejores condiciones para ser todo lo que podemos ser, para conocer y ser conocidos, y cuando fuera necesario, para enfrentar las áreas que necesitan sanidad y crecimiento. De modo que cada inversión que hacemos para crear y mantener nuestro pacto agrega algo importante a nuestros viajes, tanto el matrimonial como los personales.

Esas inversiones incluyen todas las diversas cosas que hacemos para mantenernos fieles y leales a nuestro matrimonio y a nuestra familia. También incluyen inversiones de tiempo y energía para asegurar que nuestras relaciones tengan atención y mantenimiento regular: tiempo dedicado a mantener vivo y en buen estado el matrimonio, y tiempo para enfrentar desafíos y dificultades. Esperamos también poder invertir tiempo y energía en actividades que generen oportunidades de aventura y entretenimiento, al igual que de significado y propósito, y mucho más. Por último, para mantener fuertes nuestros matrimonios, hacemos inversiones para asegurar que cuando nuestro cónyuge se acerque, sienta que estamos allí con y para él o ella, para ser el amigo o la amiga íntima con quien de verdad puede contar.

Entendemos que algunos de quienes lean este libro pueden haber experimentado traición, ya sea por haber sido traicionados o por haber traicionado a la pareja, o ambos, donde el círculo externo se ha roto. Tristemente, no hay nada con lo que lidiemos más en nuestros talleres que con la infidelidad. Y por penoso y devastador que sea eso, queremos ofrecer al menos una palabra de aliento. Entender que el propósito de los votos matrimoniales es generar una capa extra de seguridad en realidad puede contribuir a la sanidad y reparación del matrimonio. La seguridad se genera cuando las parejas reafirman el uno al otro su compromiso de por vida. Cuando las personas se sienten seguras, su corazón se abre, pueden conectarse y enfrentar cualquier problema como parte de los desafíos de su matrimonio. Pero sanar de esos problemas y reparar cualquier daño que hayan causado solo ocurrirá si se sienten seguros en un compromiso de por vida.

Hemos sido testigos de la obra de Dios para reconstruir la confianza y matrimonios rotos con innumerables parejas. Parece ser de ayuda que ambos cónyuges vean con claridad que la obra sanadora consiste en volver a crear un ambiente seguro que permita a cada persona *y* al matrimonio sanar, crecer y prosperar.

Y tú y tu matrimonio pueden seguir creciendo y prosperar cuando invierten en el círculo interior, donde en realidad ocurre la interacción. El círculo externo crea una especie de «capullo» o capa protectora relacional, pero el círculo interior es donde los corazones se conectan, las mentes se comprometen, los espíritus se unen, y los cuerpos se tocan. Aquí, la inversión intencional les da grandes dividendos. Aquí es donde llegan a conocerse el uno al otro de maneras cada vez más profundas.

Tu círculo interior es el escenario de todos los encuentros íntimos. De manera que si quieres que tu experiencia sea una que ambos anhelen y disfruten, no podemos insistir lo suficiente en lo provechoso que es invertir en crear un espacio que *ambos* atesoren. A veces nos gusta hablar de ese espacio como el «hogar». Uno decide cómo decorarlo, cómo mantenerlo, y qué tono o atmósfera darle. La clave es trabajar (invertir) juntos para asegurar que ambos se sientan entusiasmados y cómodos por estar ahí.

Por ejemplo, cuando se disparan asuntos emocionales entre Erin y yo, Erin prefiere hablar sobre ellos de inmediato y en profundidad. Ella quiere que nuestro espacio íntimo esté abierto por completo, sin asuntos pendientes sin resolver. Yo detesto el conflicto, de manera que prefiero reflexionar en el asunto por un tiempo, y si llegamos a hablar, prefiero entrar con cuidado. Si Erin intenta consistentemente obligarme a participar según su preferencia, sin prestar atención a mis sentimientos y preferencias, incluso si lo logra y me compromete, ¿cuán cómodo será para mí? ¡No tanto! ¿Con cuánto entusiasmo entraré allí la próxima vez? ¡Muy poco! Si ella insiste en su manera, sin prestarme atención, terminará sola allí, o siempre tendrá un compañero mal dispuesto y poco cooperativo en ese espacio.

La alternativa es trabajar juntos para crear un espacio en el que ambos disfrutemos estar. Es probable que eso requiera una inversión de tiempo, energía y creatividad. Vale la pena debatir cómo siente cada uno el espacio, qué tipos de interacciones les sientan bien a ambos, cómo manejar la tensión y demás. También será de ayuda aquí nuestro próximo análisis sobre «Los siete pasos para que todos ganen», y los beneficios de disfrutar y anhelar pasar tiempo en ese espacio bien valen el esfuerzo.

Una figura perfecta del sacrificio

A veces, nosotros los terapeutas sentimos que tenemos que hacer todo complicado cuando en realidad es simple. El amor requiere sacrificio, pero el sacrificio no requiere que quien ama quede consumido. Un sacrificio puede ser tan simple como un regalo generoso de algo lindo que tenemos para bendecir a otro.

Yo (Greg) fui testigo de un ejemplo perfecto de sacrificio de amor el otro día en la mesa de desayuno. Para cuando nuestra hija Annie llegó a la mesa, quedaban tres fetas de tocino. Annie es adicta al tocino, de modo que podía engullirse las tres fetas con facilidad.

Pero había solo un problema. Nuestra hija Murphy estaba llegando a la mesa y a ella también le gusta mucho el tocino.

Annie se apresuró a tragar una de las fetas de tocino que tenía en la boca. Y tenía las otras dos en la mano. Vimos una mirada interesante surcar su rostro como si luchara con algo. Luego, en uno de esos momentos asombrosos que ocurren naturalmente, sin coacción parental, Annie le entregó una de las fetas de tocino a Murphy.

—Eh, papá, ¿viste eso? Acabo de dar mi vida por Murphy.

Le di un enorme abrazo por conectar los puntos entre un estudio bíblico que habíamos hecho en familia con el asunto de la distribución de comida en la mesa del desayuno. Por supuesto, como soy el tipo sabio de la familia, le recordé que su sacrificio ¡no había sido tan grande como el del cerdo!

El momento espontáneo del sacrificio de amor de Annie provee una figura poderosa de la manera en que obra el amor. Las inversiones de amor pueden ser tan simples como un abrazo cálido, una mirada cómplice, una sonrisa amable, una palabra de aliento, compartir una feta de tocino con alguien a quien se quiere o tender tu cama por la mañana.

Un momento, ¿qué? ¿Tender tu cama?

Figúrate esto: es una mañana soleada y luminosa. Mientras te deslizas con elegancia de la cama y te calzas las pantuflas más cómodas, miras amorosamente a tu esposo que está parado al otro lado de la cama con el acolchado todo arrugado. Entonces tienden juntos la cama con mucha alegría.

¡No puedo pensar una figura más horrible!

No me interesa ni el *feng-shui* ni que hacer la cama tenga su propio feriado nacional (el 11 de septiembre) ni que un ambiente armonioso y limpio sea bueno para tu salud ni que sea importante comenzar el día de manera correcta ni que a mi madre le horrorizara una cama desordenada: odio tender la cama.

Muchas personas no tienden la cama porque se despiertan tarde y están atrasadas para llegar al trabajo. Ese no soy yo. A mí me gusta tener tiempo en la mañana. En general, no tengo que salir corriendo al trabajo, así que no puedo usar eso como excusa. En pocas palabras, me gusta meterme en una cama desordenada.

Quiero volver a meterme en la cama de la misma manera en que me deslicé fuera de ella.

El comediante Jim Gaffigan resume a la perfección mi pensamiento: «Mi esposa siempre me pregunta por qué no tiendo la cama. Y yo respondo que por la misma razón que no anudo mis zapatos después de quitármelos»[1].

Erin y yo hemos tenido esta discusión muchas veces durante nuestros veintisiete años de matrimonio. He tratado de convencerla de que a menos que ella esté guiando una visita turística por el dormitorio mientras yo estoy fuera de casa, nadie sabrá que la cama está desordenada. No hay caso. He intentado explicarle que la idea de deslizarme entre las sábanas apretadas de noche me da escalofríos. Incluso he intentado argumentar: «Es que voy a volver a meterme en cama esta noche. ¿Qué sentido tiene?». O bien: «Una cama desordenada me permite acostarme más rápido a la noche». He intentado usar la ciencia para demostrar mi punto, mostrándole un estudio científico reciente acerca de los beneficios para la salud de una cama destendida, donde se afirma: «Si hace su cama de inmediato después de despertar, las sábanas apretadas atraparán millones de ácaros del polvo que viven en su cama, alimentándose de las células muertas de su piel y de la transpiración, y pueden contribuir a problemas de asma y alergia. Una cama destendida y abierta, en cambio, expone a esas criaturas al aire fresco y a la luz, lo cual contribuirá a deshidratarlas y matarlas»[2]. El que en nuestra cama tengamos ácaros del polvo como pirañas alimentándose del cuerpo de Erin tendría que haber acabado con nuestro debate de larga duración, pero ella sigue esperando que yo tienda la cama. ¡Y ni siquiera menciono los veinte almohadones que adornan nuestra cama!

Algo tuvo un cambio drástico hace algunos meses: y no, no es que por fin haya logrado ganarle por cansancio a Erin. Es que comencé a hacer la cama. Te habrás quedado perplejo y estarás preguntándote: *¿Por qué?*

Hace poco, Erin tuvo un caso terrible de fascitis plantar (dolor en el talón). Después del tratamiento, terminó con una bota protectora. No debía poner ningún peso sobre su pie inflamado durante varias semanas y se veía muy sufrida saltando por la casa con sus muletas.

Al día siguiente de que le colocaran la bota, encontré a Erin dando vueltas alrededor de nuestra cama, saltando en un pie.

—¿Estás loca? —la regañé—. ¡Estás tendiendo la cama en un solo pie! Olvídalo. ¡No tiene sentido dañarte un pie por hacer la cama!

—Sé que no tiene sentido para ti —explicó Erin—, pero a mí en realidad me gusta la cama tendida. Me hace sentir bien.

Y por fin, después de décadas de matrimonio, entendí lo importante que era para mi esposa ver la cama tendida. Por desgracia, casi le significó a Erin volver a lastimarse un pie conseguir que yo viera la luz, pero lo hice. Lo más importante fue descubrir que esa era una oportunidad para sacrificar un poquito de mi tiempo a la mañana por mi esposa, haciendo una inversión sacrificial en ella.

Ejercicios de sacrificio

Valorarse a sí mismo

Satanás (el padre de las mentiras) quiere que creas que otras personas valen más que tú. La verdad de Dios dice que tienes un sentido y un valor incalculable. Él envió a su Hijo a morir por ti. ¡Esa es la medida de lo que vales para Dios! Dios ve tu valor, ¿y tú? Reflexiona sobre estos pasajes y permite que la verdad de Dios acerca de ti se escriba en tu corazón:

Así que Dios creó a los seres humanos a su propia imagen.
A imagen de Dios los creó; hombre y mujer los creó.
GÉNESIS 1:27

Asombrosa *y* maravillosamente he sido hecho.
SALMO 139:14, LBLA

Ustedes serán mi tesoro especial.
ÉXODO 19:5

Su pueblo santo, quienes son su rica y gloriosa herencia.
EFESIOS 1:18

Porque eres muy precioso para mí.
ISAÍAS 43:4

Cualquiera que te dañe, daña a mi más preciada posesión.
ZACARÍAS 2:8

Miren los pájaros. No plantan ni cosechan ni guardan comida en graneros, porque el Padre celestial los alimenta. ¿Y no son ustedes para él mucho más valiosos que ellos?
MATEO 6:26

Pues somos la obra maestra de Dios. Él nos creó de nuevo en Cristo Jesús.
EFESIOS 2:10

¿Qué dicen estos pasajes acerca de tu sentido y valor a los ojos de Dios? Tienes un elevado valor como persona, y eres tan valioso e importante como todos los demás. Recuerda, todo lo que te ha sido dado y ahora posees tiene valor. Cuando sacrificas algo que tienes, la importancia del regalo está directamente relacionada con su valor.

Cómo cuidar tu valor

Una vez que reconoces el valor de lo que tienes en tu poder, ahora tu responsabilidad es cuidarlo; de lo contrario, por descuido o negligencia, perderá valor. La clave está en atender a todo tu ser físico, mental, emocional y espiritual. Recuerda, ¡no puedes dar lo que no tienes!

Señala una manera específica en que cuidarás mejor de ti mismo el próximo mes, en alguna de las siguientes áreas:

Espiritual:

Física:

Emocional:

Mental:

Bendecido para ser de bendición

Dios espera que valores, atiendas e *inviertas* en todo lo que te ha sido encomendado. Como Padre amoroso, Dios quiere que seas bendecido, y por eso te da en forma consistente y generosa. Una parte importante de ser de bendición para tu cónyuge es por medio del *sacrificio*. Un sacrificio bueno es la inversión diaria de algo que te pertenece y tiene valor —tu tiempo, tu dinero, tu energía, tus posesiones, tu comodidad, tu descanso, tus deseos, tus recursos— por el bien de tu cónyuge. No estás sacrificando quién eres; más bien, estás honrando a tu cónyuge (ver Romanos 12:10).

En las semanas siguientes, busca formas específicas en que puedas sacrificar algo e invertir en tu cónyuge. Por ejemplo, podrías:

- sacrificar tu tiempo: hacer un mandado cuando en realidad querrías quedarte en casa; hacer trabajo extra para pagar una deuda; preparar una comida cuando estás cansado; cancelar algo que querías hacer para ayudar a tu cónyuge; o tender la cama.

- sacrificar tu dinero: comprar alguna cosa para tu cónyuge con dinero que habías separado para tu pasatiempo; usar el dinero de tus vacaciones para visitar a tus suegros; usar el excedente de tu salario para que tu cónyuge pueda hacer un viaje con sus amigos o amigas.

- sacrificar tu descanso: levantarte en medio de la noche cuando llora alguno de los niños; encargarte de los niños para que tu cónyuge pueda dormir la siesta; quedarte levantado hasta tarde para ayudar a tu cónyuge con su proyecto.

Un espacio que ambos disfrutan

Recuerda que el círculo interior del modelo de matrimonio saludable es donde tienen lugar los encuentros íntimos. De modo que si quieres que ambos anhelen y disfruten la experiencia, es fundamental invertir tiempo en crear un espacio que *ambos* atesoren. Haz a tu cónyuge las siguientes preguntas como una manera de fortalecer la relación:

- ¿Qué te hace sentir seguro/a?
- ¿Cómo puedo apoyarte mejor cuando tienes un mal día o te sientes deprimido?
- ¿Hay algún talento, habilidad o pasatiempo que te gustaría desarrollar? ¿Cómo puedo ayudar para que eso se haga realidad?
- ¿Qué tipo de regalos te gusta recibir más de mi parte?
- ¿Cómo te gusta que te cuide mejor cuando estás enfermo/a?
- ¿Cómo podríamos fortalecer nuestra intimidad espiritual juntos?

- ¿Hay algo que te gustaría lograr antes de morir?
- ¿Cuáles son tres metas que tienes para este año?
- ¿Cuáles son las diez principales metas para tu vida?
- ¿Cómo podríamos pasar mejor las vacaciones?
- ¿Cómo podemos mejorar nuestra vida sexual? En esta etapa de la vida, ¿con qué frecuencia te gustaría tener sexo? ¿Cuál es el juego previo que mejor te predispone?
- ¿Prefieres pasar los fines de semana descansando en casa, saliendo a pasear o haciendo algo productivo?
- ¿Qué actividades podríamos hacer juntos (TV, películas, deportes, caminatas, cocinar, bailar, ir a conciertos, al teatro, de compras, a alguna cafetería, juegos de mesa, o las cartas)?
- Describe la forma ideal para terminar la velada después de acostar a los niños.
- ¿Qué rituales podríamos agregar a nuestra relación cada día, cada semana, cada mes y cada año para ayudarnos a mantenernos unidos?
- ¿Qué cosas he hecho por ti que te han hecho sentir amado/a en verdad?
- ¿De qué manera te gusta que te cortejen?
- ¿Sobre qué tema te gustaría que yo pudiera hablar con más apertura y libertad?
- ¿Qué metas tienes para tu carrera de aquí a uno, cinco y veinte años más?
- ¿Cuál crees que es el secreto detrás de las parejas que han estado felizmente casadas durante más de treinta años?
- ¿Qué errores has visto en otras parejas que quieres asegurarte no ocurran en nuestro matrimonio?
- ¿Cuál crees que es el mejor consejo que hayas recibido sobre la relación?

QUINTA MENTIRA

CADA UNO DEBE SATISFACER LAS NECESIDADES DEL OTRO

*Un gran matrimonio es aquel en el que cada cónyuge satisface
las necesidades más profundas de amor e intimidad del otro.*

Ashley luchó durante toda su vida para cumplir con las elevadas expectativas de sus padres, colegas en una exitosa firma de abogados, y para estar a la altura de sus dos hermanas, Pam y Brittany, quienes eran estudiantes destacadas, populares y bonitas.

—Muchas veces estábamos sentados a la mesa del almuerzo y llovían los elogios para Pam y Brittany —contó Ashley a Ryan después de algunas salidas juntos—. Yo escuchaba esos elogios y luego recibía los comentarios de mis padres sobre mis calificaciones, mis actividades sociales y mi conducta inmadura.

Desde entonces Ashley siguió repitiendo esos comentarios en su cerebro:

Al menos esfuérzate un poco más.

Aprende a ser disciplinada.

No seas tan sensible.

Deja de llorar.

¡Tienes que madurar!

»Por lo general, después de oír un comentario negativo tras otro, me iba a mi habitación, cerraba la puerta y lloraba. Nadie venía a decirme algo bueno, o a darme un abrazo, o a preguntarme cómo me sentía. Me preguntaba qué podía hacer para que mis padres se interesaran por mí. Yo me esforzaba lo mejor que podía, ¡pero nunca era suficiente! Cuando dejaba de llorar y bajaba las escaleras, me parecía que nadie se había percatado de mi ausencia.

A veces, el dolor y la soledad se mantenían mucho después de que se hubieran secado las lágrimas. En otras ocasiones, Ashley fantaseaba con un futuro brillante. Muy en el fondo, ella sabía que era una buena persona. Por lo menos, tenía mucho potencial en bruto y toneladas de amor para dar. Sabía que, si solo encontraba al compañero adecuado que la amara tanto como ella a él, todo sería maravilloso. Cuando encontró al señor Adecuado, estaba decidida a ser la señora Adecuada.

En su búsqueda de candidato ideal, Ashley creía que la cualidad más importante que debía tener sería su deseo de complacerla, elogiarla y llenar los lugares oscuros de su alma donde había un anhelo insatisfecho. Él vería lo que sus padres ignoraban: una niña amorosa que era más que las calificaciones que no obtenía o las fuertes emociones que mostraba. Atrás quedarían los días de llorar sola en su habitación.

Ella sabía que él tendría sus propias necesidades, incluso sus propias heridas y desilusiones del pasado. Pero eso no era problema, porque ella tenía mucho amor para dar. Era comprensiva y compasiva y estaba preparada para hacer todo lo que estuviera a su alcance para ser la mujer de sus sueños. Estaba decidida a amar con tanta fuerza que él sería un insensato si pensaba que alguien podía amarlo mejor. Con una disposición como esa ¿qué podía fallar?

Cuando conoció a Ryan, no le llevó tiempo comprender que él era la persona. Era amable y atento, pero a la vez era muy masculino. Lo mejor de todo era que ¡en realidad parecía amarla! Incluso prestaba atención a cosas pequeñas, como recordar cuánto le gustaban los narcisos, dejar notas de amor para ella en lugares inesperados, y enviarle mensajes de texto solo para decirle que estaba pensando en ella.

Su ceremonia de bodas también fue perfecta. Justo en el momento adecuado, el pastor miró a Ryan y dijo:

—Joven, has sido bendecido por haber encontrado una muchacha tan hermosa y solícita. Ella, como toda mujer, tiene muchos deseos y necesidades. Ahora, al convertirte en su esposo, tienes tanto la oportunidad como la sagrada responsabilidad delante del Señor de luchar fielmente por identificar esas necesidades y hacer todo lo que puedas para satisfacerlas.

A continuación, miró a Ashley y dijo:

—Y tú, joven mujer, de igual manera: este joven también tiene deseos y necesidades propias. Ahora, como su esposa, tienes la oportunidad y la responsabilidad de estar consciente de esas necesidades y deseos y de hacer todo lo posible por satisfacerlos.

Esas palabras fueron música para sus oídos. Ella ya estaba muy por delante de él en ese aspecto.

El pastor terminó esa parte diciendo:

—Mientras ustedes se amen atenta y cuidadosamente así, con toda seguridad serán de bendición uno para el otro, y al hacerlo, honrarán al Señor.

Después de la boda y la maravillosa luna de miel, Ryan y Ashley se instalaron en una casa cómoda cerca del trabajo de Ryan, una firma de ingeniería. El nuevo hogar también estaba a pocas cuadras de la escuela donde Ashley enseñaba tercer grado. Iban con regularidad a la iglesia y participaban de un estudio bíblico para matrimonios. La vida era rebosante y parecía estar cumpliendo las esperanzas y expectativas de Ashley.

Después de un año, sin embargo, comenzaron a aparecer otros sentimientos. Ryan estaba muy enfocado en llevar adelante su carrera y se distraía con frecuencia. Ya no escondía notas de amor, y solo a veces le enviaba algún mensaje de texto que no fuera para preguntarle qué cenarían o para recordarle alguna tarea. La desilusión se convirtió en una compañía cada vez más permanente, y la roía el descontento. La sospecha se instaló en su mente, y se volvieron a asomar algunos de los temores de su pasado. Incluso comenzó a preguntarse por los sentimientos de Ryan hacia ella.

¿Me ama tanto como dice que me ama?

¿Por qué ya no me pregunta cómo me siento como lo hacía antes?

¿En realidad se queda trabajando hasta tan tarde, o se queda tomando un café con alguna compañera de trabajo?

¿Parecía interesado en nuestra vecina sexy en la barbacoa la semana pasada?

Muy pronto Ashley ya no solo se hizo a sí misma esas preguntas. Comenzó a preguntarle a Ryan. Él intentó asegurarle que la seguía amando tanto como siempre, se disculpó por no preguntarle sobre sus sentimientos, le juró que se quedaba trabajando hasta tarde y no con una compañera de trabajo, y se rio de la idea de estar interesado en la vecina. Rodeó a Ashley con un fuerte abrazo y le susurró palabras tranquilizadoras al oído. Ella respiró profundamente y se relajó entre sus brazos. Los antiguos sentimientos se retiraron a su capullo.

Pero el descontento de Ashley empeoró en lugar de mejorar. Como los crecientes esfuerzos de Ryan por complacerla fallaban, él empezó a sentirse cada vez más frustrado. Comenzó a quedarse fuera de la casa hasta tarde para buscar alivio de la presión que sentía en la casa. No estaba teniendo una aventura, pero sabía que las noches que se quedaba tarde con algunos de sus compañeros de trabajo preocupaban a Ashley. Ryan notaba que cuando él estaba en casa, el pozo de lo que ella sentía como necesidad parecía no tener fondo. Siempre necesitaba más: más elogios, más seguridad, más tiempo con él, más, más, más. Ryan renunció a seguir esforzándose.

Las peleas se convirtieron en incidentes de todas las noches. Palabras subidas de tono y falsas acusaciones volaban entre ellos desde la distancia. Ryan resistió algunos meses. Oró, habló con amigos, leyó libros. Se retiraba emocionalmente, pero seguía tratando de estar presente con Ashley. Sabía cuánto detestaba ella que la dejara sola con la escalada de sus emociones, pero sus propias necesidades también clamaban por atención.

—¡*No* estás satisfaciendo mis necesidades! —gritó Ashley a Ryan una noche después de una cena tensa.

Ryan salió atropelladamente de la casa sin decir una palabra. Todo lo que oyó Ashley fue la puerta de la cochera y el coche que salió a toda velocidad. A solas en el coche, Ryan se preguntó: *¿Por qué siempre son sus necesidades y deseos? ¿Y yo?*

Mientras tanto, el temor y el pánico se apoderaron de Ashley. Ryan nunca antes la había dejado sola. Siempre había sido paciente, amoroso y tranquilizador. Los viejos sentimientos negativos superaron cualquier sentimiento de felicidad que pudiera quedarle. Se arrojó llorando al sofá apretándose el estómago con los brazos. La niñita sola en su habitación estaba de vuelta, pero ahora en el sofá.

Su sueño del «señor Adecuado» que pudiera satisfacer todas sus necesidades se había esfumado como la llama de una vela sofocada. Y cuando Ryan regresó horas más tarde, él y Ashley admitieron que necesitaban ayuda.

Vivir con la mentira de «debes satisfacer todas mis necesidades»

Ryan y Ashley están en problemas, y lamentablemente sus problemas no son exclusivos. Eso es porque muchas parejas han creído la mentira que dice: «Tengo necesidades normales y legítimas, algunas de las cuales solo se pueden satisfacer en el matrimonio. Si mi relación funciona como corresponde, esas necesidades están resueltas y yo me siento satisfecho, íntegro y completo».

En cuanto a mentiras, esta ha estado siempre presente. Incluso se filtra en algunos de los rituales que usamos en las bodas cristianas. Pero el principal resultado de este mensaje engañoso son las canciones románticas y las telenovelas populares.

En 1970, el grupo Badfinger expresó esta idea en la letra de su éxito musical «Without you» (Sin ti), el cual en una parte dice: «No puedo vivir si vivo sin ti». La letra no es sofisticada, pero transmite con claridad un mensaje idealizado del amor desesperado que se convirtió en un modelo de ese tiempo de las tontas canciones de amor. Otra línea dice: «No puedo vivir. Ya no doy más».

¡Suena fatal! Y cuando se sigue ese sentimiento en la literatura clásica, como en *Romeo y Julieta*, por ejemplo, *fue* fatal.

La evolución clásica idealizada del amor pasa por tres etapas distintas y progresivas de intensidad. El amor comienza con un simple deseo: «Te quiero». Crece hasta ser un sentimiento más fuerte: «Te amo». Y culmina en el sentimiento arrollador: «Te necesito». Obvio tiene que haber algo atractivo y convincente en esas ideas para durar tanto tiempo.

A pesar del atractivo popular del amor, sin embargo, hemos descubierto que una parte clave de esa creencia es mentira. Ese pensamiento incluso puede ser fatal para la relación de matrimonio cuando la gente adquiere el hábito de decirse a sí misma que necesita a su pareja para satisfacer sus necesidades o lo contrario se sentirá vacía, insatisfecha e incompleta.

QUINTA VERDAD SOBRE EL AMOR

Como adulto en pleno funcionamiento, tienes que ser 100%
responsable del cuidado de todo tu ser: cuerpo, mente,
emociones y espíritu, y solo dependiente de Dios. Además,
el verdadero amor tiene que ver con querer, no con necesitar.
No amas a tu cónyuge porque lo necesitas. Tu amor es
impulsado por un intenso anhelo de estar con tu pareja.
Puedes vivir sin tu cónyuge ¡pero sencillamente no quieres!

Aceptar la verdad sobre el amor, la necesidad y el deseo

Las ideas de Ashley y Ryan de cómo funciona el amor y cuáles
son expectativas razonables en el matrimonio violan tres verdades
importantes. Examinemos cada una para ver dónde radican los
errores.

Tenemos plenitud en Cristo

Fuiste creado individualmente por el Creador del universo, quien
no hace basura. Tu fe en Cristo te redime y te completa. No necesitas que otra persona te complete, y no necesitas absolutamente
nada de tu pareja para ser plenamente quien Dios te creó para ser.

La Biblia enseña que eres creación de Dios, quien te hizo a su
imagen (ver Génesis 1:26-27). Después de crear el primer hombre
y la primera mujer, Dios echó una mirada a su alrededor y le gustó
lo que vio: «Entonces Dios miró todo lo que había hecho, ¡y vio
que era muy bueno!» (Génesis 1:31). Más adelante, el pecado y la
caída mancharon esa buena creación, pero eso no borró la gloria de
Dios que se halla en todo lo que él ha creado, incluyéndote a ti y a
mí. No eres algún error cósmico. No eres una persona incompleta
en necesidad de ser «salvada» por alguien que no sea Cristo.

El Nuevo Testamento enseña que los cristianos han sido
hechos completos en Cristo. Pablo explicó cómo funciona eso y
advirtió contra pensar de otra manera: «No permitan que nadie

los atrape con filosofías huecas y disparates elocuentes, que nacen del pensamiento humano y de los poderes espirituales de este mundo y no de Cristo. Pues en Cristo habita toda la plenitud de Dios en un cuerpo humano. De modo que ustedes también están completos mediante la unión con Cristo, quien es la cabeza de todo gobernante y toda autoridad» (Colosenses 2:8-10). Pablo no dijo: «Cristo te inició en la plenitud, pero necesitas de tu cónyuge para completar el proceso». En lugar de eso dijo que *ya estás* completo.

Por supuesto, eso no significa que seamos perfectos ni sin pecado, o que tenemos todo lo que necesitamos o deseamos. Pero deja en claro que no necesitamos de otra persona para ser completos ni para lograr aquello por lo que fuimos puestos aquí.

Jesús vino para completar nuestra vida, mientras que nuestro enemigo, Satanás, intenta disminuirnos, y hacernos dependientes de otras personas. «El propósito del ladrón es robar y matar y destruir; mi propósito es darles una vida plena y abundante» (Juan 10:10). La versión Traducción en lenguaje actual traduce *vida abundante* como «para que [...] tengan vida, y para que la vivan plenamente». No creas la mentira de que necesitas alguien para completarte y tener una vida plena.

La mayor parte de las cosas relacionales que se mencionan como necesidades en realidad son deseos

Como seres humanos, todos tenemos necesidades legítimas. Ryan y Ashley tienen necesidades. Bob y Jenni tienen necesidades. Greg y Erin tienen necesidades. La definición más básica de una necesidad es algo sin lo cual no podemos vivir. ¿Cuántas de las cosas que solemos llamar necesidades significan una amenaza real si carecemos de ellas? Descubrimos que son muy pocas.

Para sobrevivir necesitamos comida, agua, un techo, y pocas cosas más. Para vivir y respirar necesitamos a Dios, de manera que es aquí en realidad donde la letra de las canciones antiguas es cierta: en realidad no podemos vivir sin Dios. Nuestra vida, nuestro propósito, nuestra fuerza, nuestro amor, y tanto más, dependen de él.

En cuanto a nuestras relaciones humanas, sin embargo, la mayor parte de lo que en general llamamos necesidades, en realidad, son preferencias muy fuertes. Por ejemplo, yo (Bob) necesito ser amado. De hecho, *soy* profundamente amado *por Dios*. Por eso en 1 Juan 4:7 (RVR95) se nos llama *amados*. Pero ¿necesito ser amado por Jenni? En verdad ¡no! Ahora, deseo muchísimo que ella me ame, pero que lo haga o no, no influye en que yo pueda ser quien fui creado para ser, y que pueda hacer aquello para lo que fui creado. Sin su amor estaría muy triste y desconsolado, pero estar triste y desconsolado no pone en riesgo mi vida.

¿Por qué es importante esto? Porque en realidad el amor *no tiene que ver* con necesidad ¡tiene que ver con el deseo! Mi amor por Jenni no es porque la *necesite*. Eso suena más bien a dependencia. Mi intenso amor por Jenni está impulsado por mi deseo apasionado de ella. No *necesito* a Jenni. Puedo ser plenamente el hombre que Dios me creó para ser, con o sin ella. Pero estoy loco por ella, y no hay nadie más en el mundo con quien preferiría estar. Ella es mi mejor amiga, y es mi amante.

Es interesante que, por contraste, sí necesite a Dios. Pero, aunque lo necesito, no es por eso que lo amo. Mi amor por Dios proviene de mi deseo de conocerlo y estar con él, ¡ahora y para siempre! Por eso, a causa de mi inmensa gratitud por la vida que me ha dado, y por el destino del que me salvó, también estoy dedicado a servirle todo el tiempo que me queda.

Esto, a menudo, produce fricción y dolor en el matrimonio cuando pensamos equivocadamente y planteamos nuestros deseos como necesidades. Si mi queja con Jenni fuera: «No estoy recibiendo de ti lo que necesito, y como mi esposa, eres la única de quien puedo obtenerlo», y si, de hecho, estuviera hablando de una necesidad genuina, sería un argumento sólido.

Pero si en realidad aquello de lo que me estoy quejando es un deseo, mi descontento suena más como un enorme berrinche: «No estoy recibiendo lo que quiero ¡y lo quiero mucho, mucho! ¡Y tienes que dármelo porque tú lo tienes!». He decidido que no quiero ser más esa clase de hombre. El Señor no me creó para ser ese tipo de persona. Recuerda, en mi historia de amor con Jenni, Dios escribe las circunstancias, Jenni escribe su parte, y yo debo escribir la mía.

Observa, por favor, que no estamos sugiriendo que el que algo sea un deseo más que una necesidad signifique no importa o que importe menos. Dios nos dice: «Deléitate en el Señor, y él te concederá *los deseos de tu corazón*» (Salmo 37:4, énfasis agregado). Incluso entramos en conflicto con nuestros deseos (ver Santiago 4:1). Al parecer, Dios se preocupa por nuestros deseos y quiere que los cumplamos, tal como nosotros. De manera que deberías saber de entrada que nuestro plan hacia adelante será ayudarte a desarrollar estrategias personales y relacionales que aumenten la posibilidad de satisfacer los deseos de tu corazón, y a la vez, te mantengas fiel a la persona que Dios te ha creado para ser, sin comprometerla.

Como adulto, eres totalmente responsable de ti mismo

Las parejas nos dicen que esta sencilla verdad quizás sea el concepto más empoderador y transformador que analizamos con ellas en nuestros talleres. Pero muchos creyentes luchan cuando decimos: «Tienes que cuidar de ti mismo», porque es lo opuesto de todo lo que se les han enseñado acerca de sí mismos en la iglesia y en los estudios bíblicos. A muchos les suena egoísta y egocéntrico, ¿acaso no se supone que debemos «negarnos» a nosotros mismos y poner el foco en las necesidades de los otros? Lo que se infiere es que debemos ver a los demás como mejores, como más valiosos que nosotros mismos.

Para colmo, muchos cristianos aceptan sin saber una «teología del gusano» falsa y fatal que enseña que los seres humanos no valen y que es pecaminoso hacer del cuidado de uno mismo una prioridad. La teología del gusano existe desde hace siglos. El himno de Isaac Watts, «Alas! And Did My Savior Bleed?» (Oh, ¡cómo sangró mi Salvador!), contiene esta línea llena de gusanos: «¿Dedicaría él su sagrada cabeza por un gusano como yo?». La teología del gusano enseña este simple mensaje:

- Somos pecadores.
- Nuestro corazón es oscuro.
- No hay nada bueno en nosotros.

Pero la Biblia nunca llama gusanos a los seres humanos ni dice que carezcan de toda bondad. En realidad, somos tan valiosos que Jesús no solo murió por nosotros; dio por sentado que estábamos cuidándonos activamente. Cuando alguien le preguntó cuál era el mandamiento más importante, la respuesta de Jesús fue muy clara: «"Ama al Señor tu Dios con todo tu corazón, con toda tu alma y con toda tu mente". Este es el primer mandamiento y el más importante. Hay un segundo mandamiento que es igualmente importante: "Ama a tu prójimo como a ti mismo"» (Mateo 22:37-39).

A la luz del error analizado anteriormente acerca del sacrificio, muchos hombres y mujeres con los que hemos trabajado viven su vida como si este pasaje se leyera: «Ama a tu prójimo *en lugar de* a ti mismo». Creemos que el pasaje dice que Dios quiere que nos valoremos y nos cuidemos a nosotros mismos —de una manera buena y fiel— primero. Luego debemos cuidar a nuestro prójimo con el mismo amor y respeto que mostramos por Dios y por nosotros mismos.

El concepto del autocuidado confunde a muchas personas, de manera que dejaremos claro lo que defendemos:

- *Cuidar de uno mismo no es:* Ser egoísta o egocéntrico, poniéndose uno primero, o buscando siempre ser el «número uno». De hecho, una definición rápida y corta de egoísmo es hacer que nuestras necesidades y deseos sean más importantes que los de los demás.

- *Cuidar de uno mismo es:* Tomar plena responsabilidad adulta de uno mismo. Implica tener un enfoque equilibrado de la salud y el bienestar personal en los cuatro aspectos de la persona. Difiere del egoísmo porque ves tus necesidades y deseos no como *más* importantes que los de otros, sino *tan* importantes como los de otros.

Si has volado en un avión en los últimos treinta años, de seguro has oído este tipo de anuncio: «Si la cabina se despresuriza durante el vuelo, una máscara de oxígeno caerá desde la consola superior. Si está viajando con niños o si alguno a su alrededor necesita ayuda, por favor colóquese *su* máscara de oxígeno primero».

De eso se trata el cuidado de uno mismo. Es ponerse la máscara de oxígeno uno mismo, antes de intentar hacerlo con otros, porque si no se hace así, todos pueden morir. El principio básico que opera aquí es sencillo: «No se puede dar lo que no se tiene». Dios quiere que demos en forma generosa y sacrificial, pero para dar algo, primero tenemos que poseerlo.

En mi caso, para ser el mejor Bob que puedo ser y tener los recursos personales para servir a Dios bien y con generosidad, primero debo estar completo. Necesito ocuparme de mis necesidades básicas y obtener la alimentación, el descanso y el ejercicio para mantenerme saludable. Necesito ejercitar mi mente para mantenerme saludable. Soy más efectivo en todo cuando mantengo mi relación con Dios y estoy espiritualmente saludable. Y necesito atender los mensajes de mi corazón para estar emocionalmente saludable.

Eso es lo que significa ser un adulto responsable. ¿Recuerdas el diagrama del capítulo 2?

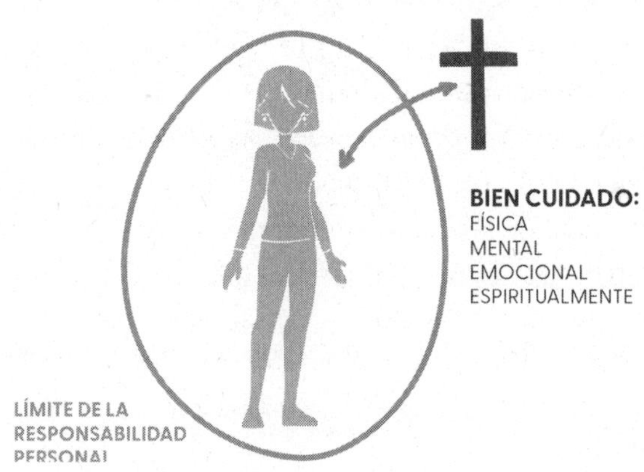

Creemos que esto es a lo que Dios nos llama cada día. Recuerda que en Juan 10:10 Jesús nos dijo que la razón por la que vino a la tierra era para que tuviéramos vida en abundancia, vida plena. Entonces, el gran mandamiento implica que, desde un lugar de plenitud, demos generosa y sacrificialmente a otros.

Ser fiel a lo que yo creo que Dios me llama a ser, en ciertas circunstancias podría incluir el don sacrificial de dar mi vida. Pero en ese caso, renunciar a mi vida por el bien de otro sería un acto de absoluta integridad. Ser fiel a mí mismo es cuidar de mí.

En la mayoría de las circunstancias normales, nos esforzamos por mantenernos saludables e íntegros mientras contribuimos con generosidad a la vida de quienes nos rodean. Para que seamos efectivos, todos los cilindros de nuestro motor tienen que estar funcionando.

Autoevaluación: ¿Tengo en cuenta el cuidado de mí mismo?

¿Cómo cuidas de ti mismo? Haz la siguiente prueba para saberlo. Puedes corregirte tú mismo en estos cuatro aspectos principales.

Analiza tus calificaciones, fíjate qué áreas tienen puntaje alto o bajo y desarrolla un plan para practicar un mejor cuidado de ti mismo en las cuatro áreas de tu vida donde sea necesario. La meta no es criticarte a ti mismo, sino asegurar que siempre estés bien cuidado. Dios, nuestro Papá en el cielo, quiere que sus hijos estén bien cuidados y sean bendecidos. Las áreas donde estés en falta, tómalas como oportunidades para llegar a disfrutar más de las bendiciones que puedes estar perdiéndote.

1. Área física: ¿Cómo cuido mi cuerpo?

    a. ¿Me alimento siempre bien y sigo una dieta saludable?

1	2	3	4	5	6	7	8	9	10
Nunca				A veces					Siempre

    b. ¿Disfruto de descanso y sueño suficiente con regularidad?

1	2	3	4	5	6	7	8	9	10
Nunca				A veces					Siempre

    c. ¿Hago ejercicios y actividad física regulares?

1	2	3	4	5	6	7	8	9	10
Nunca				A veces					Siempre

2. Área mental: ¿Cómo cuido mi mente?

   a. ¿Conservo la curiosidad y aprendo continuamente cosas nuevas para tener la mente ejercitada y aguda?

1	2	3	4	5	6	7	8	9	10
Nunca				A veces					Siempre

   b. ¿Mantengo activo mi cerebro haciendo cosas tales como estudiar arte, completar un rompecabezas, leer un libro, tocar un instrumento, memorizar pasajes de las Escrituras, cocinar o aprender un nuevo pasatiempo?

1	2	3	4	5	6	7	8	9	10
Nunca				A veces					Siempre

   c. ¿Busco oportunidades para intercambiar ideas con los demás con regularidad?

1	2	3	4	5	6	7	8	9	10
Nunca				A veces					Siempre

3. Área emocional: ¿Cómo cuido mi corazón?

   a. ¿Reconozco y valoro las emociones como un don intencional de Dios?

1	2	3	4	5	6	7	8	9	10
Nunca				A veces					Siempre

   b. ¿Puedo identificar y nombrar con precisión mis propias emociones?

1	2	3	4	5	6	7	8	9	10
Nunca				A veces					Siempre

c. ¿Utilizo mis emociones, como Dios las diseñó, para informar y guiar mi toma de decisiones?

1	2	3	4	5	6	7	8	9	10
Nunca				A veces					Siempre

4. Área espiritual: ¿Cómo cuido mi espíritu?

a. ¿Mantengo una relación y una comunicación activa con Dios a través de estudios bíblicos, oración, meditación, y asistencia a estudios bíblicos regulares?

1	2	3	4	5	6	7	8	9	10
Nunca				A veces					Siempre

b. ¿Me guía el Espíritu Santo en todas mis decisiones mientras busco cumplir con mi llamado y propósito en la vida?

1	2	3	4	5	6	7	8	9	10
Nunca				A veces					Siempre

c. ¿Mantengo una comunión regular con otros seguidores de Cristo?

1	2	3	4	5	6	7	8	9	10
Nunca				A veces					Siempre

El Ciclo del Cuidado

Las emociones son una parte central de nuestra vida y una parte clave del plan de Dios cuando nos creó, pero ellas confunden e incluso asustan a mucha gente.

Algunas personas parecen abrumadas por sus emociones intensas, mientras que otras reprimen por completo sus respuestas emocionales y culpan a sus parejas. *Ryan tiene la culpa de que me sienta así, y en realidad no hay nada que yo pueda hacer al respecto*, piensa Ashley. Pero ninguna de esas reacciones ayuda mucho.

Por ejemplo, entendemos por qué y cómo Ashley culpa a Ryan ya que Ryan *hizo* algo mientras que Ashley *sintió* algo como resultado; esta es una situación básica de causa y efecto.

Esta perspectiva nos preocupa por varios motivos. En principio, no importa lo que haga Ryan, si el foco de Ashley sigue puesto en Ryan y en su conducta, Ashley sigue siendo una víctima sin poder. Preferiríamos ver a Ashley bien cuidada por sí misma y empoderada por completo.

Pero ¿acaso la gente no hace cosas que causan dolor y sufrimiento en otros? ¡Claro que sí! Ya que hemos desentrañado esas dinámicas en miles de parejas, sin embargo, hemos descubierto que nunca es tan simple. Y si lo que hizo la otra persona es tu foco principal, tus opciones son pocas y malas.

Piénsalo: cuando Jenni hacía cosas que a mí (Bob) no me gustaban o me herían, por lo general yo quería hablar con ella acerca de dos cosas: lo que ella había hecho que no me había gustado, y lo que yo quería que ella hiciera diferente. En esta situación, ¿a quién veía yo como el causante del problema? Es obvio que a Jenni. ¿Y a quién consideraba yo que correspondía la solución? A Jenni de nuevo. ¿Quién tenía entonces todo el poder? La misma respuesta. ¿Y cómo había obtenido todo ese poder Jenni? Bueno, al parecer, yo se lo había dado... ¡y luego me enojaba porque siempre me sentía tan impotente en nuestro matrimonio!

Cuando al fin el Señor me llamó a despertarme, y pude ver cómo yo mismo estaba contribuyendo a mi desgracia, exclamé: «¡Qué estúpido! ¡Detesto sentirme sin poder!». Decidí que no volvería a culpar a Jenni por cómo me sentía, ni esperar que ella me hiciera sentir mejor. ¡Estaba recuperando mi poder!

Y luego, cuando miraba más a fondo los sentimientos que estaba experimentando, descubría una y otra vez que solo una parte era causada por el comportamiento de Jenni. Casi sin excepciones había otras variables —experiencias de la infancia, inseguridades que yo había desarrollado, creencias irracionales que había asimilado— que estaban contribuyendo bastante a lo que estaba sintiendo y con la intensidad correspondiente.

Todo eso, además, terminó siendo una buena noticia también. ¿Ves? si Jenni causaba el problema, para sentirme bien, en general necesitaba que ella cambiara o arreglara algo. Pero Jenni tiene ese bendito libre albedrío que Dios le dio, y como resultado, es difícil de controlar. Además, incluso cuando yo tenía éxito, para llegar hasta ahí había tenido que convertirme en una persona controladora, y ya no quiero ser ese tipo de persona. En cualquier caso ¡no puedo ganar!

Aquí estaba la buena noticia. En la medida que yo estoy causando el problema, puedo resolverlo sin la ayuda o la participación de Jenni. ¡Eso sí que es empoderador! He aprendido a concentrarme primero y principal en lo que yo estoy haciendo y que me hace sentir mal, y en lo que puedo hacer para mejorarlo. Eso no significa que ignore lo que hace Jenni y el papel que ella juega, pero abordaremos eso en el próximo capítulo. Por ahora, quiero centrarme en aquello sobre lo que tengo pleno poder.

Lo que estamos por compartir contigo ahora es un proceso de cinco pasos que hemos descubierto y que puede prepararte para manejar con habilidad y éxito lo que te sucede cuando te sientes alterado, herido, desilusionado o enojado. Es igualmente efectivo si has sido afectado por el comportamiento de tu pareja o de cualquier otra persona. Esta herramienta funciona sin importar cuál sea la reacción típica que sueles tener respecto a tus sentimientos. Funciona si tiendes a enojarte, funciona si con facilidad te sientes abrumado por tus emociones, y funciona si tienes más inclinación a reprimirte y a evitar.

Por mucho que me guste sentirme empoderado cuando Jenni y yo entramos en conflicto, tenemos noticias aún mejores para ti. El mismo proceso de cinco pasos al que llamamos Círculo del Cuidado es perfecto para ayudarte a manejar todos los aspectos del cuidado de ti mismo. A medida que desarrolles algo de habilidad con esta herramienta, también podrás manejar de manera experta todas tus responsabilidades de autocuidado como adulto para tu bienestar espiritual, emocional, mental y físico.

Permíteme dejar esto en claro. Vamos a compartir una herramienta de cinco pasos simples que puedes utilizar ya sea que estés haciendo un mantenimiento regular proactivo del cuidado de ti mismo o que estés molesto y necesites ayuda para manejar tus reacciones. Esta herramienta, cuando es dominada, te asegura que estés siempre bien cuidado. Siempre es lindo cuando los demás (como tu pareja) te dan una mano, pero con o sin ayuda humana, tendrás opciones eficaces a tu disposición.

La meta es asegurar que siempre estés bien cuidado y que tú y todos tus bienes dados por Dios sean valorados y bien manejados para que permanezcas pleno, íntegro y saludable. Te ayuda a ser por completo quien Dios te ha creado para ser, a invertir esos bienes valiosos que te ha confiado, y a cumplir todo lo que te ha puesto aquí para hacer, sin importar qué personas o conjunto de circunstancias se presenten.

Primero, permíteme introducir los cinco pasos del Ciclo del Cuidado.

1. *Tomar consciencia*

Sintoniza las señales que te alertan de tus sentimientos. Tu cuerpo emite la primera alarma: se aumenta tu ritmo cardíaco, comienzas a sudar, tus hombros se ponen tensos, y muchos otros indicadores señalan que se han disparado emociones negativas. Difiere un poco según la persona. La clave es estar consciente de que estás alterado para tomar decisiones intencionales para cuidar de ti mismo, en lugar de permanecer en un estado puramente reactivo. Una vez que te «despiertas» y estás consciente, en tu interior suena algo como *¡Vamos, estoy alterado! ¡Algo está pasando que requiere mi atención!*

2. Aceptar

Este paso puede ser muy rápido, pero es un proceso de dos partes. Primero, necesitas aceptar plenamente la tarea de cuidar de ti mismo. Eres un adulto, es tu responsabilidad. Segundo, tienes que dar la bienvenida a tus sentimientos, incluso si no los entiendes y/o son desagradables. Los sentimientos son el conjunto de datos dados por Dios para el cuidado de uno mismo. Fueron diseñados para proveer información esencial de lo que en verdad está sucediendo. Si los ignoras o intentas librarte de ellos, eliminas datos y tu habilidad para cuidar de manera efectiva de ti mismo casi desaparece. En lugar de eso, debes decirte algo así como: *Bien, me siento muy mal, pero mi cuerpo y mis emociones me están diciendo algo. Necesito descubrir qué está pasando y qué puedo hacer para asegurarme de seguir bien cuidado, de lo contrario terminaré siendo inútil para todos.*

3. Permitir

Aunque es tu responsabilidad cuidar de ti mismo, Dios no te ha diseñado para hacerlo solo. Permite en oración que Dios te ayude. Observa que no estás pidiendo a Dios que haga todo por ti mientras simplemente te quedas ahí sentado; le estás pidiendo ayuda mientras te cuidas a ti mismo. Sigues manteniendo el 100% de la responsabilidad de la tarea. Podría sonar algo así: «Dios, me vendría muy bien una mano aquí. ¿Puedes ayudarme a entender qué está pasando en mí y en qué consistiría la responsabilidad de cuidar de mí mismo en este caso? Seguro me vendría bien un poco de sabiduría, percepción y paciencia extra porque en este momento me siento abrumado».

Una vez que tengas a Dios a tu lado, si fuera necesario, también puedes *permitir* que otra persona te ayude. Dios nos creó como seres comunitarios, y con frecuencia funcionamos mejor con un equipo de apoyo. Tengo un grupo de amigos a quienes puedo acudir para que me den una mano cuando estoy estancado. Yo los llamo «la brigada del cuidado de Bob». Son mi equipo de soporte, puedo llamar a cualquiera de ellos y decirle: «Estoy luchando con algo y me haría falta ayuda para resolverlo. ¿Tienes un minuto?»

También vale la pena observar que nadie hace más por ayudarme que mi mejor amiga, Jenni. Cuando es apropiado, tu cónyuge puede ser un activo increíble, pero nunca olvides que, como adulto, tú tienes la principal responsabilidad por la tarea. Todas las personas de apoyo son voluntarias, ¡incluyendo a tu cónyuge!

4. Ocuparse

Ahora, manos a la obra. Los pasos anteriores pueden darse en pocos segundos, pero este paso es donde acampamos por un tiempo para aclarar qué está sucediendo en realidad, y qué podemos hacer para solucionarlo. Este paso implica hacer muchas preguntas mientras procuramos entendernos a nosotros mismos para diseñar una gran estrategia de cuidado personal. Idealmente, la meta es encontrar algunas opciones que puedas hacer sin mucha ayuda de nadie más para mantenerte empoderado.

Hazte preguntas como: *¿Qué estoy sintiendo en este momento? ¿Qué intentan decirme estos sentimientos? ¿De dónde proviene este sentimiento? ¿Lo he sentido antes? Este sentimiento ¿me está recordando algo de mi pasado? ¿Estoy creyendo algo aquí que puede no ser* *cierto? ¿Cuál es la verdad aquí? ¿Qué quiero aquí?* Pregunta cualquier cosa que se te ocurra para obtener una mejor comprensión de lo que está pasando, de dónde proviene en realidad, y qué quieres o necesitas. Ten presente que estás trabajando para desarrollar un plan de cuidado personal, de modo que cuanta mayor información tengas estarás en mejores condiciones de tener éxito.

Una breve nota al margen: hemos descubierto que una de las preguntas más provechosas que puedes hacerte es: *¿Hay algo* que yo mismo esté haciendo *que esté subiendo el volumen y/o provocando estos sentimientos?* Cuanto más encuentres aquí, mejor. Si tú mismo lo estás provocando, puedes cambiarlo sin ayuda de nadie más. ¡Eso es tener poder!

Una vez que tengas una buena comprensión de lo que está ocurriendo, pon tu atención en idear un plan genial para cuidar de ti mismo. Las mejores opciones son las que tú puedes implementar. Tu meta es sentirte empoderado y bien cuidado. Qué pasos puedes dar para hacerte sentir mejor, cómo establecer buenos límites, cómo hablar con alguien sobre una situación difícil o incómoda, qué puedes hacer si la conversación no funciona, cómo te aseguras de no separarte del Señor en todo el proceso, etcétera.

5. *Actuar*

Cuídate a ti mismo. Los planes mejor pensados solo funcionan cuando se implementan por completo. Asegúrate de que lo que haces en tu interior *y* hacia los demás sea con total integridad. Esto significa que estás actuando de manera consistente con la persona que Dios te diseñó para ser, lo que también será respetuoso y considerado con aquellos con quienes interactúas.

Esos son los cinco pasos en pocas palabras, pero no termina ahí. Lo llamamos el Ciclo del Cuidado porque funciona como un circuito de retroalimentación.

EL CICLO DEL CUIDADO

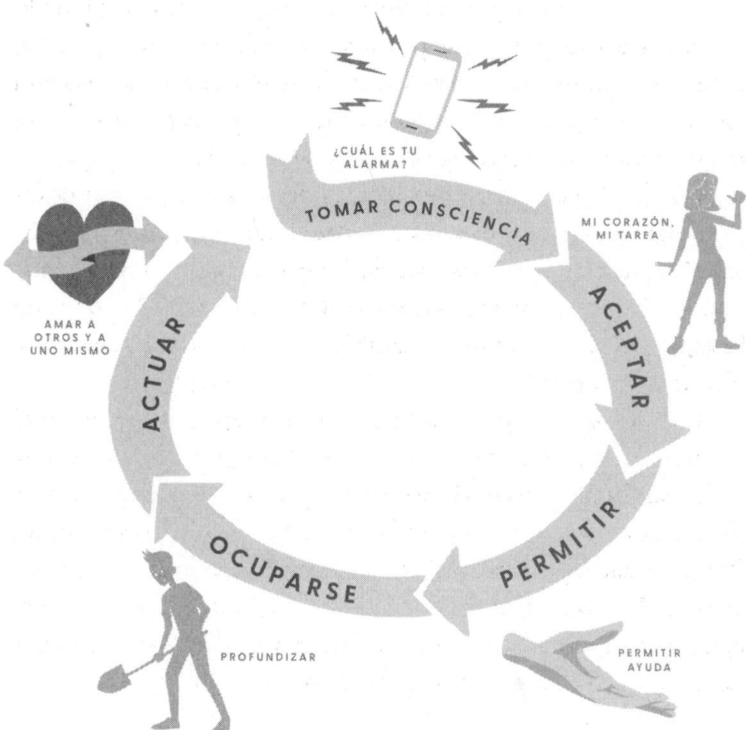

Observa que cuando actúas de manera cuidadosa contigo mismo, ese comportamiento tendrá un efecto sobre ti. Sentirás algo como resultado. Estate consciente de esos sentimientos, acéptalos como una información valiosa, permite que Dios te acompañe, y actúa tratando de percibir si lo que hiciste mejoró las cosas. Si decides que lo que has hecho no es suficiente, pregúntate si hay cambios o alteraciones que podrías hacer para mejorar. Luego realiza esos ajustes. Sigue circulando hasta sentirte muy bien y muy bien cuidado.

Cuanto más lo hagas, sentirte bien cuidado se convertirá más en tu norma. Con el tiempo observarás que muchas situaciones se repiten o son similares, de manera que no necesitarás empezar de cero cada vez. Podrás construir sobre trabajo previo. La práctica hace a la perfección.

Además, recuerda que estos mismos cinco pasos se pueden usar para enfocar mejor el cuidado personal proactivo de tus necesidades diarias. Puedes usar este proceso para desarrollar un régimen de ejercicios ideal, determinar qué comidas te sientan mejor y cuáles no, qué actividades nutren poderosamente tu alma y te dan energía, etcétera.

Y tal vez, la mejor noticia es que ya lo haces, te des cuenta o no. Cuidamos de nosotros continuamente, a veces hacemos un buen trabajo, a veces no. Realizamos una versión de este proceso de ensayo y error —atendiendo la retroalimentación que nos dan nuestro cuerpo, alma, mente y espíritu— para descubrir qué funciona mejor. Aquí solo estamos presentándolo en forma de pasos y un diagrama, y a lo mejor agregamos algunos elementos para que puedas hacerlo de manera con más facilidad. Eso te permitirá desarrollar conscientemente la habilidad de cuidar mejor de ti mismo y saber qué hacer cuando estás en dificultades.

Cómo utilizan Jenni y Bob el Ciclo del Cuidado

Ahora permíteme que te muestre cómo los cinco pasos del Ciclo del Cuidado transformaron nuestro matrimonio.

Supongamos que Jenni y yo estamos conversando. Una vez más, la discusión me ha tocado un punto sensible. Estoy dolido por algo que ella dijo, y las alarmas de mi cuerpo se han disparado. Pero como he estado aprendiendo a usar el Ciclo del Cuidado desde hace un tiempo, estoy aprendiendo a cuidar de mí mismo en lugar de reaccionar de las maneras anteriores y dañinas.

1. *Tomar consciencia*

A medida que la conversación se intensifica, comienzo a sudar y se me acelera el pulso. Sé que las palabras de Jenni han tocado un punto sensible. (A esos puntos sensibles los llamamos «botones de encendido». Nos referiremos a ellos en el capítulo 6).

Yo me acaloro y quiero devolver con algo sarcástico. Quiero volver a mis viejas maneras ¡y arremeter contra Jenni! Quiero mantener la discusión y seguirla por toda la casa mientras trata de alejarse de mí. Por su parte, ella contraataca o trata de tapar el conflicto, mientras que yo intento presentar mi caso.

Pero ya no hago todo eso. Ahora cuido a Bob. Después de tomar consciencia de los sentimientos que explotan en mi interior y reconocer que estoy molesto, llevo mi tembloroso yo al paso dos.

2. *Aceptar*

Me recuerdo que en este momento cuidar bien de mí es tarea *mía*. Si no lo hago, no sirvo para mí ni para Jenni ni para Dios. Todavía no estoy muy seguro de lo que estoy sintiendo, pero son sentimientos fuertes. Acepto esos sentimientos, sabiendo que me proveen información esencial que necesito analizar.

3. *Permitir*

Entro a mi estudio y cierro la puerta. Oro pidiendo al Señor que me acompañe. Le pido que me ayude a abrir mi corazón para poder escucharlo y sentir su amor. Luego, le pido ayuda, fuerza y guía mientras resolvemos esto. A menudo, estos días paso tiempo con Dios, y estoy tan agradecido por su efusión de amor que me resulta más fácil cuidar de mí ahora, quiero estar ahí todo el tiempo.

Este sencillo proceso de «permitir» es mi ideal. Aunque he observado que alejarme por un minuto en realidad me ayuda a sintonizar, a veces no tengo esa opción. Cuando no es posible estar solo un momento, solo oro a Dios ahí mismo y le pido que me acompañe y me dé una mano en esas circunstancias que no son ideales.

4. Ocuparse

Aquí es donde necesito detenerme y dedicar el tiempo y el pensamiento para analizar a fondo por qué reacciono ante algunas cosas de la forma en que lo hago. La meta es entenderme a mí mismo, y, en definitiva, asegurarme que sigo bien cuidado.

En este caso ya sé cómo me siento: me siento frustrado, irritado y un poco dolido. En realidad, mientras pienso en mis respuestas, me siento controlado e incomprendido. Entonces necesito hacerme algunas preguntas para manejar mejor lo que me está pasando.

¡Esa interacción se sintió terrible! ¿Por qué tengo sentimientos tan fuertes acerca de eso? ¿Me resultan familiares los sentimientos de ser controlado e incomprendido? ¡Grrr! ¡Sí! Con razón reacciono tan fuerte. Eso se siente muy parecido a cuando mi madre intentaba obligarme a hacer algo. Con ella no se podía hablar. No importaba cómo me sentía ni por qué. ¡No tenía más opción que hacerlo y hacerlo como ella quería! Pero yo era diferente de ella, y ella muy rara vez se tomaba el tiempo de entenderme a *mí*. ¡Yo odiaba eso!

¿Estoy haciendo algo que causa o amplifica esos sentimientos? En realidad, estoy reaccionando como si todavía tuviera diez años. En mi inconsciente, me estoy diciendo que, si permito que Jenni gane, ¡estoy acabado! Estoy actuando como si Jenni tuviera poder sobre mí y debo luchar y resistir su control. Como resultado, es curioso, siento como si estuviera luchando por mi vida. Sueno melodramático cuando lo expreso en voz alta. ¡Vaya! el Bobby de los diez años está de vuelta.

¿Cuál es la verdad aquí? Ella es Jenni, no mi madre. Soy un adulto, no un niño de diez años. Tengo opciones que no tenía antes con mi madre.

¿Qué quiero en este momento? Quiero sentirme como un hombre totalmente empoderado. También quiero ser leal al hombre bueno para el que fui creado. Quiero ser firme pero amable, en lugar de estar molesto y a la defensiva.

¿Qué puedo hacer para cuidar bien de mí, y en definitiva cuidar bien a los demás? Estoy reconociendo por qué reaccioné tan fuerte. Me siento bien al reconocer que no estoy loco y que la interacción con Jenni efectivamente despertó un sentimiento antiguo que experimentaba con frecuencia y que odiaba. Creo que quiero explicarle a Jenni lo mal que me había sentido en la interacción con ella y por qué. Luego necesito dedicar un tiempo para pensar cómo preferiría responder la próxima vez que me encuentre en una situación como esa.

5. *Actuar*

De modo que le hice saber a Jenni que había estado pensando en la última interacción que tuvimos y que me había dado cuenta de algunas cosas. Le pregunté si podía escucharme un rato. Me dijo que estaba disponible, de manera que comencé a compartir con ella.

Sin culparla en lo más mínimo, le conté que mis emociones se habían disparado ante sus comentarios, y que me sentía controlado e incomprendido. Que eso fue intenso para mí porque me recordaba las malas interacciones que solía tener con mi madre. Le dije:

—En ese momento me volví el Bobby de los diez años, y fue con él con quien estabas hablando. Sentí que tenía que resistir con toda mi fuerza.

»Claro que todo eso era inconsciente. Una vez que comprendí —al poner en práctica mi Ciclo del Cuidado— lo que me estaba pasando, me recordé a mí mismo que ya no tengo diez años y que tú no eres mi madre. Si puedo percibir con más rapidez cuando esos botones se encienden, no necesito reaccionar así. Prefiero ser un adulto y ser firme pero amable, ¡Y puedo hacerlo!

»También quiero que sepas que lamento haber manejado las cosas así. Sé que ese no es el hombre que Dios quiere que sea. Quiero algo mejor para mí y para ti. Quiero seguir adelante. Estoy en eso.

Jenni escuchó y recibió todo con amor y con compasión. Incluso compartió algo de lo que ella había estado sintiendo durante la interacción. Resulta que ella también tenía algunos botones propios que se estaban encendiendo... pero esa es otra historia.

De manera que cuando terminamos de hablar, hice una pausa y entré a la casa. Noté que estaba teniendo algunos sentimientos nuevos (tomar consciencia). Los acepté, sabiendo que eran importantes. Todavía sentía que Dios estaba conmigo. Entonces, me pregunté. *¿Cómo me sentí exponiéndome así? ¿Terminé sintiéndome honesto conmigo mismo y bien cuidado?* En este caso fue un contundente sí, en todo sentido. Me sentí bien cuidado por mí mismo y estaba orgulloso de la forma que me había manejado, con madurez, responsabilidad y amabilidad.

Ahora, por favor ten en mente que esta pequeña historia representa una ocasión en la cual pude manejarme bien de entrada. Tengo cientos de historias en las que me llevó mucho más trabajo que eso, momentos en que tuve que seguir analizando y desentrañando mis respuestas mucho menos brillantes. He aprendido mucho, tanto de mis éxitos como de mis errores. Ambas cosas han contribuido a que ahora pueda ser bastante bueno en cuidar de mí mismo, incluso en circunstancias complicadas.

Por favor recuerda que lo que estamos enseñando aquí es una habilidad. Y todas las habilidades se dominan con práctica, ensayo y error. No conocemos ninguna otra forma de llegar allí.

Ejercicios para el cuidado de uno mismo

¿Quieres que el cuidado de ti mismo forme parte de tu vida? A continuación, hay cinco maneras de comenzar.

Evalúa el cuidado de ti mismo

Si no lo has hecho, haz la Evaluación del Ciclo del Cuidado que está más atrás en el capítulo y mira tus resultados.

¿Ves algún patrón?

¿Hay algún área donde lo estés haciendo bien?

¿Y otras áreas donde tropiezas?

Identifica prioridades. ¿Existe un área descuidada que requiera atención inmediata?

El cuidado de sí mismo tiene que ser consistente y repetible. ¿Qué puedes hacer *con regularidad* para cuidar de ti mismo?

Comparte y compara

Una vez que tú y tu cónyuge hayan hecho cada uno su evaluación y analizado sus resultados, pueden comparar entre sí las observaciones.

Discutan cualquier percepción que hayan tenido, o decisiones que hayan tomado después de hacer las evaluaciones y ver los resultados. Si tu cónyuge está abierto a ello, comenten dónde ve cada uno las fortalezas y las debilidades en cada una de las cuatro principales áreas de cuidado. Analicen si, por lo general, ambos se sienten más alentados y apoyados por su cónyuge en su viaje de cuidado de sí mismos, o si eso los desalienta y desafía más. Intenta *compartir* observaciones e información más que *criticar o tratar de cambiar* a tu pareja.

También puede ser de ayuda que cada cónyuge comente la forma en que su práctica de cuidado de sí mismo (o falta de práctica) ha recibido la influencia de valores de nuestra cultura; el impacto de su familia y su educación; y lo que sus amigos, colegas y otras personas vinculadas dicen y hacen respecto al cuidado de sí mismos.

Hablen sobre la responsabilidad personal

Este capítulo explora la mentira de que tu cónyuge debe satisfacer todas tus necesidades y la verdad de que cada parte y el matrimonio mismo se benefician más cuando cada uno practica el cuidado de sí mismo.

Discute con tu pareja algunas de las ideas analizadas en este capítulo: las películas y letras de canciones que promueven la mentira: «Cada uno debe satisfacer las necesidades del otro», las ideas sobre diversos rituales de bodas que hayan visto y cualquier mensaje teológico sospechoso que perciban, su comprensión de la necesidad del cuidado de uno mismo y sus reacciones a las ideas de responsabilidad personal.

Toma un compromiso que puedas cumplir

El ejercicio pleno del cuidado de uno mismo significa que tomo toda la responsabilidad de asegurarme de estar bien cuidado mental, física, emocional y espiritualmente. No puedo culpar a nadie más por las cosas malas que sienta o que piense.

En el pasado, a lo mejor no entendías el cuidado de ti mismo o no lo practicabas con el resultado que esperabas. Ahora que lo tienes claro, ¿qué puedes hacer para ser más íntegro y saludable en todos los sentidos?

Analiza las formas potenciales en que el ejercicio de la responsabilidad personal y el cuidado de ti mismo pueden contribuir a crear un ambiente más saludable y amoroso para ti y para tu cónyuge.

Dedica tiempo a la reflexión silenciosa

La mayoría de las personas pasa su vida en un estado agitado que un sociólogo describió como «atención parcial permanente». Eso significa que siempre están frenéticamente ocupados pero nunca en silencio, enfocados y tranquilos.

Si quieres aprender a entender tus emociones, pasar un tiempo a solas puede ayudar. Sal una hora o una mañana, dejando atrás tu teléfono móvil o cualquier otra distracción digital. Aprende a conocerte. Dedica tiempo para reflexionar y explorar tus propias emociones.

Cuanto más entiendas tus emociones y te sientas cómodo con ellas en general, más podrán disfrutar tú y tu cónyuge una relación desbordante de ricas emociones compartidas y de una conexión íntima satisfactoria.

SEXTA MENTIRA

NUESTRAS DIFERENCIAS SON IRRECONCILIABLES

*Las diferencias significativas o «irreconciliables»
inevitablemente separan a las parejas.*

Se habían casado jóvenes, al menos según los estándares actuales. Él tenía veintitrés y ella veinticuatro. (Esa es la edad promedio para los primeros matrimonios hace sesenta años, pero desde entonces la edad ha ido subiendo. Hoy las edades promedio son veintinueve para los hombres y veintisiete para las mujeres).

Al comienzo, todo era emocionante, en especial sus diferencias.

Pero no pasó mucho tiempo antes de que sus fascinantes diferencias se convirtieran en desacuerdos insoportables. En realidad, las cosas explotaron durante su luna de miel en Hawái cuando sopló el huracán N («N» es la abreviatura de «Nuestra primera pelea»). Sus descripciones dan la impresión de estar hablando de dos eventos separados y diferentes.

La versión de él: Era el último día de nuestra luna de miel. Todo venía muy bien, pero se nos estaba acabando el tiempo juntos a solas y todavía no habíamos visitado una de esas hermosas cascadas hawaianas. Después de todo, ella me había prometido que iríamos a una cascada y que nadaría conmigo. Pronto estaríamos de regreso en el mundo normal con sus requerimientos rutinarios.

Yo estaba desesperado por tener un último tiempo de entretenimiento. De manera que cuando llegamos a una cascada hermosa y apartada, decidí saltar al agua y experimentar las cataratas de cerca y en persona.

—Ven conmigo, ¡el agua está hermosa! —exclamé.

Yo no podía oír su respuesta por el ruido del agua, pero pude deducir que no había aceptado mi invitación.

—Ay, amor —le grité—, ¡arruinas la luna de miel!

La versión de ella: había sido una linda semana, pero yo no estaba de ánimo para su aventura de último día en la cascada. Por un lado, había un gran cartel que decía: «¡Prohibido nadar!» al que él muy tranquilo ignoró. Yo soy enfermera, y en la escuela de enfermería me entrenaron, justamente, para cumplir reglas. Un cartel que expresa «¡Prohibido nadar!» significa eso: prohibido nadar.

No estaba segura de por qué estaba ahí el cartel, pero suponía que debía haber buenas razones. ¿A lo mejor nadar en esa lugar perturbaría el área de reproducción de un pez raro o una salamandra en peligro de extinción? Quizás el sitio era peligroso y la restricción era por la propia seguridad de las personas. O tal vez fuera una propiedad privada y el dueño no quería que alguien nadara allí.

Cuando él me invitó a nadar, preferí no hacerlo. Y luego, cuando me culpó de arruinar la luna de miel, no lo pude soportar. Me volví y caminé hasta el hotel en busca de compañía más civilizada.

Los opuestos se atraen (y dividen)

La gente dice que los opuestos se atraen, y suele pasar. Es porque en el fondo de nuestro corazón, cada uno de nosotros sabe que tiene fortalezas y debilidades, y buscamos alguien que ayude a equilibrarnos y fortalecernos donde somos débiles. Muchos nos imaginamos que un matrimonio basado sobre diferencias que se complementan una a la otra sobrevivirá más tiempo y se fortalecerá mejor que la unión de dos personas similares.

Pero las diferencias que parecen tan atractivas cuando las parejas están comenzando a salir o disfrutan de los primeros años de matrimonio se pueden volver destructivas si no son aceptadas por completo y manejadas adecuadamente.

A lo largo de este libro hemos compartido historias de algunas de las parejas con las que hemos trabajado en nuestros retiros para matrimonios y consejerías. Pero en este capítulo, no necesitamos hablar de *otras* parejas, porque el matrimonio de Greg y Erin provee un ejemplo poderoso de la manera en que las diferencias pueden atraer *y* dividir.

¿El relato anterior del huracán N? Esa es la historia de la luna de miel de Greg y Erin. Como muchas parejas, tuvieron su primera explosión durante la luna de miel. Greg y Erin no son inusuales en ese sentido, salvo por una cosa: Greg dio por sentado que haber crecido en una familia dirigida por un consejero matrimonial de fama mundial lo protegería de alguna manera de los conflictos que amenazan a muchas uniones. Imagina entonces el asombro de Greg cuando él y Erin terminaron en conflictos inesperados. Cuando intentaban resolverlos, las cosas solo empeoraban.

Parecía que ni Greg ni Erin tomaban en serio a Gary Smalley cuando advirtió sobre los peligros de conflictos y desacuerdos sin resolver. «Cada instancia de conflicto representa dos caminos diferentes: puede usarse para crecer juntos o para separarse» escribió Gary en *Secrets to Lasting Love* (Los secretos del amor duradero). Como lo explicó Gary:

Los conflictos son inevitables en las relaciones. Se
cuelan incluso en los matrimonios más saludables y
profundamente íntimos. Es la forma en que manejas

los conflictos lo que determinará cómo se ve afectada la relación para bien o para mal. Otra vez, el aspecto más importante no es cuánto se aman el uno al otro o cuán comprometidos están en su relación o la fuerza de su fe; *las relaciones óptimas dependen de cuán hábilmente manejen los conflictos*[1].

Los mejores investigadores sobre el matrimonio dicen que pueden predecir con alto grado de certeza si un matrimonio va a tener éxito o va a fallar, en función de cómo la pareja maneja los conflictos. Si discuten sin jamás resolver o evitan sistemáticamente tratar los conflictos, su matrimonio corre el riesgo del divorcio.

Eso es porque los conflictos mal manejados no desaparecen. Las cuestiones no resueltas quedan enterradas vivas, donde muchas veces crecen hasta convertirse en problemas mucho mayores. A largo plazo, los conflictos no resueltos pueden acabar explotando como un gran volcán, dejándote a ti y a tu cónyuge al borde de la destrucción.

Tragarse una mentira

Greg se vio algo ingenuo. Ningún matrimonio es inmune. El conflicto es inevitable. El apóstol Pablo advirtió que las parejas casadas enfrentarán muchos problemas en esta vida (ver 1 Corintios 7:28). Pero su desilusión lo hizo caer en la Sexta mentira sobre el amor (una de las mentiras más populares que hay): la creencia de que las diferencias significativas inevitablemente separan a las personas.

Es posible que pienses que los conflictos necesariamente dividen si creciste en un hogar explosivo donde tus padres peleaban todo el tiempo y nunca resolvían en realidad los asuntos. Lo mismo puede ser cierto si tus padres nunca peleaban, sino que simplemente «se llevaban bien» lo que significa que intentaban evitar los conflictos por completo. Cuando dos personas no hablan acerca de los pequeños y grandes conflictos que ocurren en la vida cotidiana, coexisten como dos barcos que pasan en silencio durante la noche o solo viven juntos como «compañeros de cuarto» en lugar de ser amigos y amantes.

A lo mejor tú o alguien que conoces haya escuchado la expresión *diferencias irreconciliables* en un juicio de divorcio. Esta puede ser la razón de divorcio más comúnmente citada hoy en día. La idea evidente aquí es que, en definitiva, las diferencias en la pareja hacen que su matrimonio sea inviable. Puede que al comienzo no hayan visto esas diferencias como un problema, hasta pueden haberlas disfrutado. Pero con el paso del tiempo, cuando las diferencias chocan con deseos y expectativas en competencia, es como si las diferencias se magnificaran y parecieran ser insuperables.

Todo el tiempo oímos afirmaciones como:

«Somos demasiado diferentes».

«Buscamos cosas totalmente diferentes en la vida».

«No tenemos nada en común».

«Vamos en direcciones opuestas».

SEXTA VERDAD SOBRE EL AMOR

Las diferencias nunca son el verdadero problema en un matrimonio. Las dificultades en el matrimonio surgen por no saber valorar adecuadamente las diferencias y utilizarlas a pleno en beneficio de tu equipo matrimonial.

Convertir lo inevitable en algo beneficioso

Es cierto que las dificultades pueden, y a menudo lo hacen, llevar al conflicto. Pero estamos convencidos de que las diferencias no son el problema. Las diferencias fueron creadas por Dios con un propósito. Están destinadas a ser una bendición que los haga mejores como pareja. Él creó al hombre y la mujer (ver Génesis 5:2). Los problemas vienen de no saber cómo identificar el valor de las diferencias y cómo usarlas adecuadamente para el beneficio del equipo.

Incluso llegamos al punto de decir que las diferencias *nunca* son el verdadero problema subyacente en un matrimonio. Te puede parecer difícil de creer, pero pasamos mucho tiempo desenmarañando enredos de matrimonio. El asunto es cómo manejamos los conflictos que aparecen naturalmente cada vez que estamos en relación con otro ser humano, el cual es diferente a nosotros por diseño. Y el resultado lamentable es que la pareja conflictuada ha perdido la habilidad de sacar provecho de lo que Dios quiso que fuera una bendición.

¿Qué es lo que permite que algunas parejas prosperen en medio de diferencias importantes de personalidad mientras que otras riñen continuamente el uno al otro por cada una de las ofensas percibidas? El pastor y autor Max Lucado señala la respuesta: «El conflicto es inevitable, pero el combate es optativo»[2].

El combate no solo es optativo, sino que también tenemos mejores noticias para ti: si tú y tu pareja pueden aprender cómo manejar el conflicto de manera saludable, experimentarán mayor confianza, apertura y respeto mutuo, y otros lazos que ayudan al crecimiento del amor y la intimidad.

Es asombroso, pero es verdad: si aprendemos a manejar los conflictos naturales que suelen presentarse entre nosotros en la vida, los conflictos pueden ser en realidad el camino hacia una intimidad más honda cuando aprendemos a sacar todo el provecho de nuestras diferencias. ¡Aprendemos a hacer que esas diferencias trabajen a favor nuestro y no contra nosotros!

Ahora queremos compartir algunas ideas de cómo sacar todo el provecho de la asombrosa oportunidad que tienes como resultado de estar casado con alguien muy diferente a ti y de qué hacer cuando surgen los conflictos inevitables. Para ese fin queremos asegurarnos que comprendas un principio básico al que nos suscribimos.

Rechazamos por completo la idea de que el fin justifica los medios. Mucha gente cree, o actúa como si creyera que no importa cómo se llega, con tal de llegar a un buen lugar. Nos cuesta calcular cuánto daño y dolor ha resultado de las batallas matrimoniales, independientemente de si llegaron a una resolución o no.

Por lo tanto, creemos que cómo se llega desde el punto A hasta el punto B es tan importante como a dónde llegar. Proponemos que las parejas aborden las diferencias y los conflictos utilizando solo métodos que son respetuosos y amables, como si estuvieran tratando con alguien a quien valoran (¡incluso tal vez aman!) más que como un enemigo. Sugerimos que, a largo plazo, no puedes permitir que los conflictos matrimoniales produzcan víctimas.

Ni siquiera vamos a enseñarte las reglas de la «lucha limpia». Se lucha con un adversario, pero ¡mi cónyuge *jamás* es mi enemigo! Mi cónyuge es mi amigo y mi amante. Yo (Bob) hubiera querido reconocer eso antes. En mis conflictos con Jenni, actuaba con frecuencia con una mentalidad de «que gane el mejor». Todavía lamento el dolor que ambos experimentamos. Nuestro hogar ahora es una zona libre de lucha. Todavía enfrentamos conflictos y diferencias, pero los manejamos con enorme respeto y cuidado, como lo harían unos amigos.

Greg y Erin han trabajado mucho para enfrentar los conflictos en su matrimonio y en su trabajo con otras parejas. De modo que Greg continuará este capítulo analizando minuciosamente su propio matrimonio para tu edificación. Bob retomará al final.

Nuestras diferencias no necesitan dividirnos

Mi teoría es simple. Cuánto más jóvenes son las parejas cuando se casan, más probabilidades tienen de casarse con alguien totalmente diferente de ellos. Ese fue el caso entre Erin y yo.

Cuando eres más joven, a veces eres penosamente consciente de los déficits personales y los muchos huecos que hay en tu vida. Con frecuencia intentamos tapar esos huecos con otras personas. Eso fue lo que ocurrió cuando conocí a Erin. Yo tenía veintitrés y tenía muchas carencias en mi persona. En contraste, las cosas que veía en Erin eran muy diferentes y maravillosas. ¡Hasta exóticas! Ella me complementaba muy bien de muchas maneras. Sentía que llenaba muchos de los huecos que había en mí.

Luego llegó el huracán N y reveló que el matrimonio era mucho más complicado de lo que yo creía. Las brechas entre nosotros necesitaban algo mucho más fuerte que un relleno para grietas. Como aprendimos poco después, las diferencias de personalidad son reales y no se pueden ignorar ni minimizar. Se tienen que enfrentar y en el mejor de los casos utilizar para nuestro beneficio.

Siempre me había gustado la personalidad extrovertida de Erin, pero todavía era temprano en nuestro matrimonio cuando descubrí que yo tenía un problema. Ella quería invitar gente a nuestro pequeño departamento cada noche. Aunque yo disfrutaba la compañía de muchos de esos amigos y las veladas entretenidas que compartíamos, la serie interminable de veladas sociales me estaba pesando demasiado.

Intenté hablar con Erin sobre eso, pero la conversación comenzó siendo unilateral.

Greg:

—Tesoro, ¡toda esta gente me está cansando! Es como si siempre tuviéramos gente en casa. ¿Nunca deseas pasar un tiempo a solas conmigo?

Erin: (Silencio, seguido de más silencio y enfatizado por una mirada sorprendida y ojos que parpadeaban).

—¿Qué quieres decir, querido?

Era mi turno para decir algo. Pero ¿qué? ¿Puedes ver cómo

se va preparando el conflicto? Yo sabía por experiencias pasadas que la conversación podía encaminarse en diferentes direcciones, muchas de ellas potencialmente destructivas. Te mostraremos el mejor método que hemos encontrado para resolver los conflictos en el capítulo 9. Pero primero queremos hablar sobre *por qué* esas conversaciones se convierten en conflictos.

Cuando las conversaciones se van a pique

¿Cómo respondes cuando se asoman los conflictos en tu radar? ¿Corres a esconderte? ¿Los tomas por el cuello e intentas luchar hasta someterlos? La gente responde a los conflictos de diversas maneras, lo cual significa que algunas personas ¡entran en conflicto al manejar el conflicto!

Lo que sabemos es que hay un patrón insidioso en los conflictos que nuestro verdadero enemigo, Satanás, entiende y utiliza a su favor y en detrimento nuestro. Para nuestra sorpresa, hemos descubierto que este mismo patrón subyace a toda pelea matrimonial. La mayoría de nosotros estamos completamente inconscientes de ese patrón y, por lo tanto, estamos a su merced, pero Satanás está muy consciente de ello, y lo aprovecha muy bien a su favor.

Nuestra mejor defensa contra este siniestro patrón de destrucción es *tomar consciencia*. Una vez que vemos con claridad lo que está ocurriendo, podemos actuar para evitarlo. Ya no estamos disponibles para que nos manejen como a títeres. Estamos empoderados para frenar esa locura inútil y encaminarnos al éxito y a la victoria.

Queremos romper ese ciclo sin sentido y sus diversos componentes pieza por pieza para que tomes plena consciencia de lo que está ocurriendo, qué contribuye a que eso suceda, y cómo detenerlo por ti mismo. Comenzaremos iluminando primero nuestras diferencias dadas por Dios.

Nuestro viaje a Rabbit Hole

Erin es más aventurera. Yo soy más cauteloso.

Erin es más impulsiva. A mí me gusta planear primero.

A Erin le gusta que nos subamos al coche y comencemos a conducir; al destino lo determinaremos andando. A mí me gusta trazar el camino primero.

Esos son los hechos en nuestro matrimonio. No se puede negar que cuando Dios nos creó a cada uno, lo que tenía primero en mente era la variedad y la diversidad.

Miremos solo uno de esos ejemplos en detalle: ¿Con qué precisión me gusta tener el mapa primero? Cuando viajo para reuniones o para una conferencia, me gusta cumplirlo al pie de la letra:

- Siempre vuelo con United. Conozco sus rutas, su sistema de compra y reserva de pasajes, y sus normas para el equipaje. Además, viajo tanto con esa línea que ya puedo esperar en sus clubes de aeropuerto, lo cual es un verdadero alivio después de un viaje duro.

- Siempre alquilo coches en Hertz, entiendo que la industria del alquiler de vehículos es muy competitiva, pero sé cómo encontrar los servicios de Hertz, en qué línea esperar y donde debo ir para elegir mi coche.

- Siempre me alojo en los hoteles de propiedad de Hilton. Sé cómo trabajan, y me siento cómodo allí.

(Nota: ninguna de estas compañías me ha pagado por esta promoción no solicitada, ¡pero los directores de publicidad que buscan un nuevo locutor para sus avisos comerciales deberían contactar a mi agente!)

Erin piensa que mis rutinas de viaje son increíblemente aburridas. Lo son, y eso es precisamente la razón por la que las sigo con tanto rigor. Los detalles relacionados con los viajes me superan, pero lo compenso con rutina.

La mayor parte del tiempo, Erin y yo nos manejamos bien con nuestras diferencias, pero la más mínima discusión se puede tornar divisiva si olvidamos lo diferentes que somos. Eso fue lo que ocurrió ese día que llegué a casa después de una larga jornada de trabajo y Erin sugirió que saliéramos a cenar a un restaurante en el centro de Colorado Springs llamado Rabbit Hole (La madriguera del conejo).

Erin estaba casi en marcha y muy entusiasmada. Yo estaba agotado y un poco receloso.

Erin estaba preparada para una aventura de final abierto. Yo quería tener todo organizado.

No solo me gusta que mis viajes en avión se ajusten a lo planeado. Esa es también la forma en que prefiero hacer las cosas cuando conduzco en la ciudad. Erin se imaginaba un viaje entretenido seguido de una cena deliciosa en un restaurante nuevo y atractivo; eso hacía que me figurara conduciendo en una autopista interestatal atestada, algunos giros en dirección equivocada en calles de una sola mano hasta llegar al centro de la ciudad, y verme forzado a estacionar a kilómetros del restaurante.

Erin y yo hemos aprendido (por ensayo y error) a manejar nuestras diferencias. La clave está en valorar que somos diferentes. En lugar de ver la personalidad espontánea y aventurera de Erin como algo problemático, ahora la veo como un regalo valioso en nuestro matrimonio. Si no fuera por la personalidad temeraria de Erin, yo sería un recluso solitario. Pero Erin también valora la forma en que me gusta planear ser espontáneo. Sé que eso suena como un oxímoron. *Planeado* y *espontáneo* son palabras contradictorias. Como valoramos nuestras diferencias hemos aprendido a combinarlas en una solución viable. ¿Cómo funciona para nosotros? Erin sugiere un nuevo restaurante como Rabbit Hole, entonces yo investigo la mejor ruta y lugar de estacionamiento en mi teléfono móvil. Erin tiene la emoción de ir a una nueva aventura y yo la seguridad de saber cómo voy a llegar y dónde voy a estacionar. Esta es una verdadera solución tipo todos-ganan para manejar nuestras diferencias.

Somos muy diferentes por diseño. Lo mismo tú. Como punto de partida para entender el ciclo natural de los conflictos, hagamos una prueba para identificar cualquier diferencia básica en la personalidad entre tú y tu pareja.

¿Cuál es tu perfil de personalidad?

Dios nos creó a cada uno como personas únicas. No hay fotocopias cuando se trata del ser humano. Esta diversidad humana es lo que hace al matrimonio frustrante por momentos, pero nuestras diferencias también hacen que nuestro matrimonio sea emocionante y renovador de la vida.

Mi padre, Gary Smalley, y John Trent crearon una prueba de perfil de personalidad que las parejas pueden utilizar para ver qué motiva a cada uno. Algunas parejas tienen personalidades dramáticamente diferentes entre sí. Otras son más similares. En tu caso, a menos que creas que te estás mirando en el espejo cuando miras a tu cónyuge, ¡*eres diferente*! Apreciar esas diferencias, y darles lugar, es el primer paso para aceptar el magnífico plan de Dios para tu matrimonio.

Por favor dirígete a www.focusonthefamily.com/marriage/4-animals-personality-test para realizar el cuestionario de perfil de personalidad, y hazlo ahora mismo. Lo ideal es que tú y tu pareja hagan la prueba por separado y comparen sus resultados. Usa la prueba para entender mejor las diferencias que Dios le dio a tu pareja y para ver cómo ambos poseen fortalezas y debilidades en áreas diferentes.

Cuando se presionan el uno al otro los botones de encendido

Con nuestras diferencias dadas por Dios ahora en foco, comencemos a revelar el ciclo destructivo de conflicto que nuestro enemigo usa para derribarnos. Mientras mejor lo veamos, menos probabilidades tendremos de caer en ese ciclo inconscientemente, y menos poder tendrán Satanás y el ciclo de conflicto sobre nosotros.

¿Has observado alguna vez que cuando tú y tu cónyuge discuten, la pelea con frecuencia tiene un sabor inquietantemente memorable, no importa sobre qué estén discutiendo? ¿Piensas: *Esto me suena extrañamente familiar, como si hubiéramos estado aquí antes?* Es casi como un sueño (¡o una pesadilla!) recurrente. Las cosas típicas por las que la gente no está de acuerdo incluyen:

- El dinero
- Las tareas domésticas
- Los niños
- El sexo

- El trabajo
- El tiempo libre
- Los parientes políticos

Estos son los temas que tú *crees* que producen el conflicto, pero no suelen serlo. Esa es una ilusión. Entendemos que son verdaderos temas subyacentes en el matrimonio que necesitan resolución, y trataremos cómo manejarlos efectiva y exitosamente a medida que continuemos. También hemos descubierto que la «energía» que tiende a recargar esas interacciones es más de lo que parece a simple vista.

Lo que *en realidad* ocurre durante las discusiones que se van a pique es que uno de tus botones de encendido ha sido presionado.

¿Botones de encendido? Todos los tenemos. Son tus puntos débiles. Los lugares donde eres más vulnerable. Los lugares sensibles en tu corazón que se disparan con facilidad, por lo general porque reflejan algo desagradable o doloroso de tu pasado. Pueden estar ahí por un incidente único o por circunstancias repetidas y relacionadas a lo largo de los años.

No hay forma de evitar tener esos botones de encendido. Vivimos en un mundo caído, con gente imperfecta y caída. No conocemos ninguna manera de atravesar esta vida sin ser heridos en el camino. No importa lo maravillosa que haya sido tu familia y tu crianza, el dolor, el temor y la tristeza nos tocan a todos.

Los botones de encendido a menudo nos llevan a emociones oscuras y profundas que evocan sentimientos misteriosos o patrones de pensamiento en nuestro interior que con frecuencia permanecen fuera de nuestra consciencia normal. A lo mejor no podemos señalar de inmediato y con exactitud qué botón fue encendido, pero con seguridad sentimos que alguno lo fue.

¿Alguna vez has estado en una conversación donde se presionan botones? En un momento estás teniendo una conversación con tu cónyuge acerca del dinero o las tareas del hogar y al momento siguiente uno (o ambos) se siente de repente:

• No amado	• Inadecuado
• Ofendido	• Sin valor
• Rechazado	• No suficiente
• Fracasado	• Invalidado
• Controlado	• Insignificante
• Abandonado	• No comprendido

Es fácil ver cuándo se presiona un botón en una conversación con tu pareja. Es típico que los sentimientos escalen con rapidez y se vuelvan intensos. Una conversación que comienza con preguntas como: «¿Dónde te parece que podemos recortar nuestro presupuesto?», lleva a que te sientas como lo que sigue: «No me quieres en verdad. ¡Nadie jamás me ha querido en verdad!».

Eso puede ser un poco exagerado pero a veces no tanto.

Botones de encendido en abundancia

Nuestros botones pueden ser encendidos por palabras, eventos o circunstancias específicas. Nunca la vemos venir, pero una vez que un botón ha sido presionado, experimentamos una fuerte carga emocional. Viejos recuerdos afloran a la superficie. Invaden sentimientos complejos. Se pierde momentáneamente el control de la propia conducta.

Algunas personas se vuelven extremadamente emocionales. No hay razones ni racionalidad cuando se responde a la presión de un botón. Se disparan emociones puras y poderosas. Al comienzo, esto ocurre con frecuencia por debajo de nuestra percepción consciente.

¿Alguna vez has tenido una conversación en la que luego dices: «¿Por qué le dije *eso* horrible a la persona que amo?». Es que tu botón fue presionado. Quizás más de uno.

¿Alguna vez has cerrado la puerta de un golpe? ¿Echado una maldición por lo bajo? ¿Arrojado un plato? ¿Pateado al perro? Tu botón ha sido presionado.

Como hemos dicho, esto nos ocurre a todos. Ocurre con rapidez y por debajo de nuestra percepción consciente. Dicho eso, el que comience en el reino inconsciente no significa que tenga que quedarse ahí. Pero es casi imposible de evitar.

La guía de Erin y Greg para la presión de los botones

Presionar los botones de otra persona es bastante fácil. Erin y yo lo sabemos porque lo hacíamos todo el tiempo. Así es como se daban algunas de nuestras conversaciones en el mundo real:

Greg acaba de entrar de la cochera después de un largo día de trabajo. Ve que Erin está atareada y ofrece ayuda.

—Querida, parece que estás muy ocupada con tus tareas. ¿Hay algo en lo que pueda ayudarte?

Erin ha estado ocupada sin descanso todo el día y ahora está tratando de serenar niños revoltosos, preparando una rica cena y cargando el lavaplatos. Oye a Greg hablándole, pero la palabra que más oye es *tus*.

De alguna manera, muy en lo profundo, uno o dos botones han sido presionados. Sus sentimientos traducen de la siguiente manera lo que Greg está diciendo: *Las tareas de la casa son tu trabajo. Yo tengo cosas más importantes que hacer.*

Entonces Erin reacciona a Greg de la siguiente manera.

—Gracias, pero sé que tienes cosas más importantes que hacer, yo puedo hacerme cargo de todo esto.

Greg queda desconcertado. Perplejo. ¡Muchos botones activos! Se había acercado a Erin con amor, ofreciéndose a ayudarla. Pero ¿cómo respondió ella? Francamente, Greg sentía que ella había reaccionado de forma exagerada.

Entonces Greg reacciona a Erin.

—¡Relájate un poco! Solo estaba tratando de ayudarte. ¡No tienes por qué responderme mal!

Damas y caballeros, ¡ya se dispararon! Como te lo imaginarás, esta interacción puso en movimiento una espiral relacional que pronto puede parecer una calesita.

Entonces ¿qué está ocurriendo en realidad aquí?

Cuando nuestros botones son presionados, sentimos algo, y no suele gustarnos lo que sentimos. De modo que hacemos algo para tratar de alejar el sentimiento. Esa es nuestra reacción, y casi siempre es una respuesta instintiva. Rara vez le prestamos atención. ¡Reaccionamos! Se parece a lo siguiente:

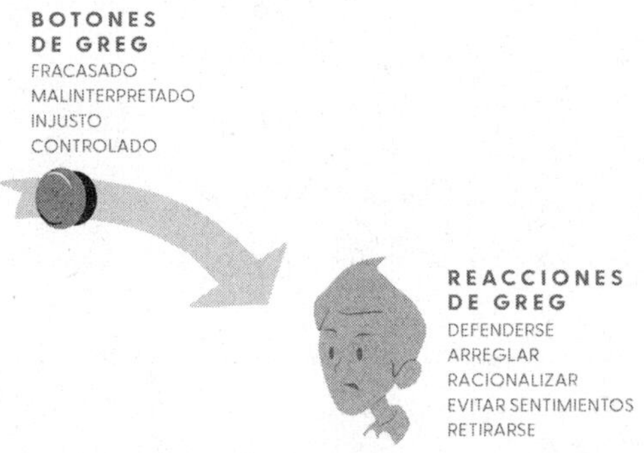

Los botones de Greg son puntos débiles que se perciben como heridas. Algunas de ellas se experimentan como sentirse fracasado, sentirse mal interpretado, sentir que las cosas son injustas, sentirse controlado.

¿Qué sucede cuando uno o más de sus botones son presionados? Se le cierra el corazón (¿recuerdas las cochinillas de la humedad del capítulo 3?) y reacciona. Las personas suelen reaccionar con una de las tres maneras siguientes:

- Pelea (comienzan a discutir)
- Huida (huyen del conflicto)
- Congelamiento (se paralizan de miedo)

En el caso de Greg, cuando cualquiera de esos botones se ve presionado, su reacción instintiva natural será defenderse, intentar arreglar, racionalizar, intentar evitar los sentimientos y/o retirarse. Todas estas reacciones son un intento de hacer desaparecer los sentimientos desagradables.

De la misma manera, Erin tiene sus propios botones de encendido. A ella tampoco le gustan esos sentimientos.

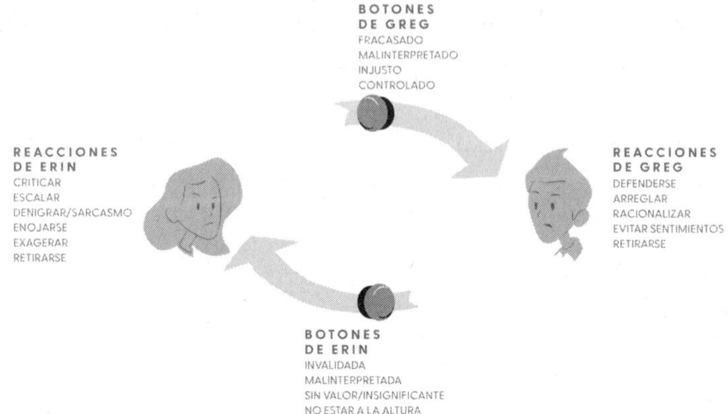

Como a Greg, y a todos nosotros, cuando cualquiera de sus botones es presionado, Erin típicamente reaccionará en alguna de sus formas practicadas, con rapidez y sin pensarlo mucho. Ella también quiere que esos sentimientos desaparezcan.

A lo largo de los años, hemos descubierto que lo que ocurre a continuación es a la vez extraño y predecible. No importa quién es el primero en tener un botón presionado y reaccionar, si están en cualquier lugar cerca de su cónyuge, casi siempre se presionará un botón del otro. Lo llamamos el Ciclo Reactivo y es algo así:

CICLO REACTIVO

Este ciclo de botón encendido, reacción, botón encendido, reacción, puede ampliarse rápida e intensamente. ¿Recuerdas la calesita? Todos detestamos lo que se siente.

¿Qué hace la gente para detener esa locura? Cuando se presionan los botones de Greg ¿dónde enfocará naturalmente su energía y su atención?

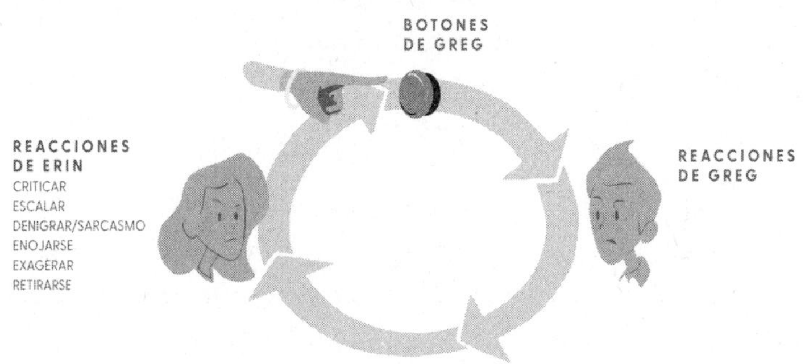

Greg intentará conseguir que Erin se detenga o cambie sus reacciones. Tiene sentido, pero esa estrategia perjudica a todos. ¿Cuánto poder y control tiene Greg sobre la libre voluntad de Erin? ¡Ninguno! Para que Erin cambie su comportamiento, Greg tiene que descubrir cómo convencerla de actuar de otra manera. Como resultado, ella solía sentirse invalidada, juzgada, criticada y no querida.

Y para empeorar las cosas, si Greg tiene éxito en manipular y/o controlar a Erin para que actúe de otra manera (incluso si es mejor para ella, en definitiva), Greg se habrá convertido en manipulador y controlador para llegar a eso. Esa no es la manera en que Dios nos trata cuando usamos mal nuestra libertad. Sabemos que Greg en realidad quiere conformarse más a la imagen de nuestro Señor. De manera que ese no es el hombre que Greg quiere ser, y tampoco el hombre que Dios lo llamó para ser.

Para detener la locura

Entonces, ¿qué podemos hacer para romper de manera efectiva y justa este ciclo? ¿Dónde radica nuestro poder y nuestra responsabilidad?

Recuerda, como adulto en pleno funcionamiento, Greg es responsable de Greg. Cómo se comporte, independientemente de lo que le ocurra, es en definitiva de lo que será responsable frente a Dios. De manera que, en el Ciclo Reactivo, Greg es responsable de cómo se siente (sus botones de encendido) y de lo que hace (sus reacciones).

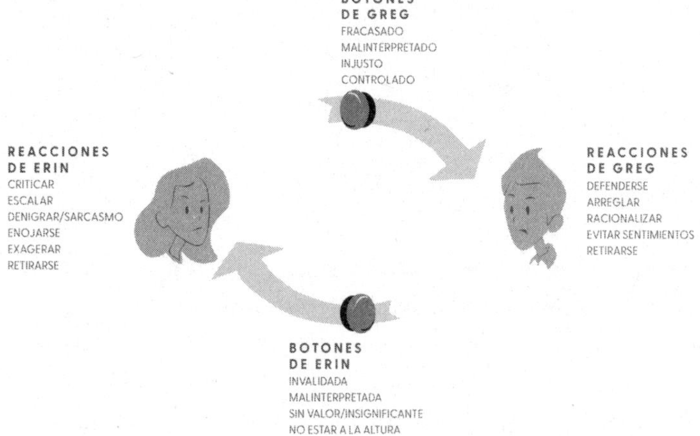

La buena noticia es que allí es donde también reside su poder. Hemos encontrado que solo hace falta una persona para detener la espiral reactiva. Y tanto Greg como Erin pueden hacerlo sin la cooperación del otro. ¡Eso sí que es tener poder!

Entonces, ¿qué puede hacer Greg? Crear *espacio*.

Cuando alentamos a las personas a crear espacio y luego les preguntamos qué queremos decir, suelen pensar que estamos hablando de espacio entre ellos y sus cónyuges. Aunque reconocemos que eso a veces es útil, no es lo que queremos decir aquí.

Estamos hablando de crear espacio entre tus botones de encendido y tus reacciones. Eso es lo que rompe el ciclo. Allí es donde radica tu poder.

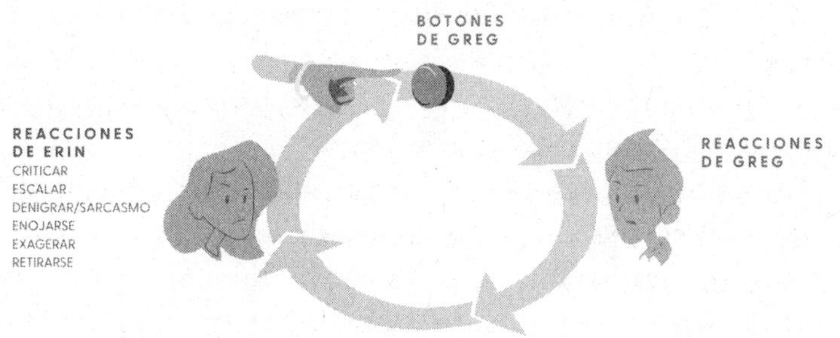

¿Ves? El Ciclo Reactivo solo puede continuar si ambas personas están implicadas, muy parecido al juego de tirar de la cuerda. Si dos personas sostienen la cuerda, tirándola en direcciones opuestas, y alguna de ellas suelta la cuerda, el juego se termina. En el Ciclo Reactivo, si cualquiera de los dos no reacciona, el ciclo se termina. Erin no puede continuar con Greg si Greg no juega. Puede quedarse molesta, pero el ciclo entre ellos se termina.

Ahora, hablando en forma realista, no reaccionar, ¡requiere una fuerza sobrehumana! Exige un nivel poderoso de autocontrol. De hecho, cuando Greg logra reunir el autocontrol necesario para no reaccionar, puede ser que se aleje tensando los músculos, diciéndose a sí mismo: *Qué macho eres. Cualquier hombre normal hubiera reaccionado a su esposa cuando ella dijo eso, pero tú no lo hiciste. ¡Bien hecho!*

Erin es igualmente capaz de ejercer ese autocontrol y poder para detener esa locura. Ambos se benefician cuando alguno detiene el ciclo. El Ciclo Reactivo es una espiral inútil para todos los involucrados.

Cuando generes algo de espacio entre tus botones de encendido y tus reacciones, hazle saber a tu pareja que no te estás retirando.

Que te estás tomando un tiempo para poder volver a abrir tu corazón, y que intentarás terminar la discusión ni bien puedas.

Tomarse un tiempo no es lo mismo que retirarse. Retirarse de la interacción es un «vuelo» de huida extremadamente mortal. El retiro de larga duración lleva a la distancia emocional. Pero pedir un tiempo es una estrategia para manejarse, destinada a prepararse para volver y reanudar la conversación.

Las investigaciones sobre el matrimonio indican que puedes necesitar alrededor de veinte minutos para calmarte una vez que tus botones hayan sido presionados. Nuestra regla es que la persona que pide el tiempo debe ser la persona que reinicia la conversación.

Los botones de encendido son reales, y no podemos adivinar cuándo serán presionados. El Ciclo Reactivo también es real. Una vez que se presionan los botones de una persona, lo típico es que circulen por las reacciones emocionales potencialmente dañinas que pueden destruir un matrimonio. Y aunque uno no puede borrar ni librarse de los propios botones de encendido, se puede tratar con ellos de una manera saludable al discernir cuando son presionados y aprendiendo a evitar que descarguen una lluvia de ira e insultos sobre la persona que amas y la relación que tanto te importa.

¿Qué hacer en lugar de eso?

Queda claro que es mejor detener el ciclo que continuarlo. Pero muchos se preocupan porque les parece que estamos alentando a su cónyuge —que ya tiende a evadir— a que se aleje todavía más y que, además, sea elogiado por eso.

Por fortuna, nada puede estar más lejos de la verdad. Sin duda, es mejor no quedar atrapado en un Ciclo Reactivo porque allí todos resultan heridos. Pero, aunque solo creando espacio se detiene la locura, eso no te lleva a un nivel personal o relacional mejor. Lo que hagas en el espacio es lo que determina si las cosas avanzan hacia un mejor lugar.

Volvamos por un momento a nuestro diagrama de un matrimonio saludable.

MODELO DE MATRIMONIO SALUDABLE

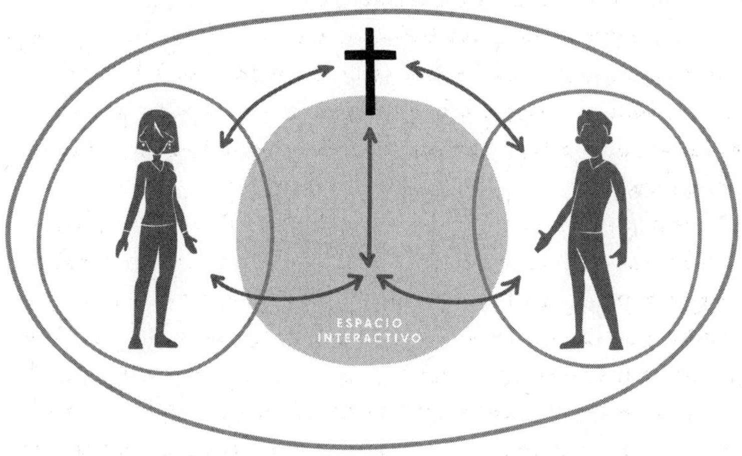

El Ciclo Reactivo ocurre en el Espacio Interactivo y resulta en una interacción ineficaz y desagradable entre los cónyuges. Cuando cualquiera de los dos rompe ese ciclo, interrumpe la interacción y pisa temporariamente fuera del círculo interno. Dado que tanto su responsabilidad como su poder reside en sus círculos personales, allí es donde deben prestar atención.

La persona que rompe el círculo suele tener sentimientos fuertes y desagradables (botón de encendido presionado) y estar tentada a cerrar su corazón y reaccionar de manera lamentable y no semejante a Cristo. Pero pudo resistir y ahora tiene la oportunidad de reconectarse con Dios, abrir su corazón, y cuidar bien de sí mismo antes de hacer o decir alguna otra cosa. Aquí es donde se vuelve útil el Ciclo del Cuidado descripto en el capítulo anterior. Y una vez que esa persona se siente reabierta y bien cuidada y se ha reconectado con Dios, puede volver a entrar en el círculo interno y volver a comprometerse con su cónyuge de una manera respetuosa y amorosa.

Entendemos que todavía no te hemos dado herramientas claras y sólidas e instrucciones sobre cómo reanudar la conversación en forma segura y efectiva, ¡pero ya casi llegamos!

En los próximos tres capítulos compartiremos tres principios y herramientas importantes. Primero, presentaremos cómo crear el medioambiente matrimonial seguro para permitir que tu matrimonio prospere. Segundo, te mostraremos cómo hablar de manera segura y efectiva sobre temas cargados de emociones para que ambos se sientan comprendidos y cuidados. Y tercero, describiremos cómo tratar con las diferencias y resolver los conflictos para que siempre termines con un resultado donde todos ganen.

Cómo hacer que el conflicto trabaje para ti

No importa cómo tus padres cómo hayan manejado (o no manejado) los conflictos, puedes crear un nuevo legado para *tu* matrimonio y *tu* familia. Tienes la oportunidad de usar el conflicto con tu pareja —esos momentos en que se sienten heridos, desconcertados, frustrados, dolidos, confundidos, enojados y desalentados uno con el otro—, para estar más unidos entre sí.

No te estamos adornando las cosas con lenguaje evasivo, ni es un discurso de venta. Esta es la forma en que llevamos adelante nuestros matrimonios, y así es como ayudamos a las parejas a manejar los conflictos inevitables que habrá en sus relaciones, simplemente porque son diferentes.

Lamentablemente, muchas parejas no ven el valor potencial del conflicto a causa de las experiencias negativas del pasado. Tal vez no vieron ejemplos de conflictos saludables mientras crecían, o no han podido manejar los desacuerdos con éxito a lo largo de su matrimonio. Pero cuando tú y tu cónyuge aprendan a manejar sus conflictos de una manera saludable, ambos se sentirán seguros. Estarán más dispuestos a abrir su corazón y revelar quiénes son en realidad. Crearán un matrimonio donde ser dos personas diferentes no solo sea tolerable, sino muy apreciado. Esa es la verdadera intimidad.

El conflicto puede ser una puerta para ese tipo de intimidad, como lo expresó nuestro buen amigo y mentor de las relaciones, el doctor Gary J. Oliver: «El conflicto es el proceso por el que pasamos y el precio que pagamos por la intimidad. La intimidad siempre se consigue al precio de enfrentar nuestras diferencias y sentimientos negativos, escuchando, comprendiendo y resolviéndolos»[3].

Al hacer que el conflicto funciones para ti, ambos experimentarán más del amor y la sanidad que nunca experimentaron completamente cuando sus botones de encendido y sus reacciones los dominaban. Las parejas que aprenden la lección del manejo de conflictos encontrarán que los conflictos ayudan de muchas maneras. Pueden:

- Sacar los conflictos a la luz.
- Proveer una oportunidad para romper con viejos patrones ineficaces.
- Ayudarte a apreciar mejor las diferencias entre tú y tu pareja.
- Darte una oportunidad para cuidar y ser comprensivo con tu pareja.
- Humillarte (Santiago 4:6 dice que Dios «da gracia a los humildes»).
- Darte gran perspectiva sobre tus cuestiones personales, en especial aquellas que traes contigo al matrimonio. Todos las

tenemos, y se presentan repetidamente en nuestra manera de ver, de reaccionar y en la perspectiva que tenemos de nuestro cónyuge y nuestras situaciones.

- Ayudarte a ser una persona más saludable y, en definitiva, un esposo o esposa más saludable.
- Ayudarte a aprender cómo anticipar y resolver futuros conflictos.
- Acercarlos el uno al otro a medida que escuchan, comprenden y se validan mutuamente.
- Elevarte a niveles mayores de satisfacción matrimonial cada vez que logras manejar bien los conflictos.
- Ser la única razón para la asombrosa experiencia de «sexo de reconciliación»[4].

Ejercicios para el manejo de tus botones de encendido y tu ciclo reactivo

No reacciones

La clave para romper el Ciclo Reactivo es crear un espacio entre tu botón de encendido y tu reacción, esto significa: *¡no reacciones!* Se necesita autocontrol para detener el ciclo, y si tu mecanismo se ha activado, puedes sentir que requiere fuerza sobrehumana, ¡pero puedes hacerlo! Desarrollar este nivel de autocontrol se puede sentir como una de las cosas más empoderadoras que puedes hacer. El ciclo solo puede continuar si ambas personas participan, de manera que puedes detenerlo tú solo eligiendo no reaccionar. A lo mejor tengas que respirar hondo y dar un paso atrás. Lo antes posible, entra al Círculo del Cuidado, cuida bien de ti mismo, y trata de entender qué está pasando para que puedas abrir tu corazón y mantenerlo abierto mientras sigues siendo fiel a la persona para la que Dios te creó.

Pide un tiempo

Si te alejas sin decirle a tu cónyuge lo que estás haciendo, puede parecer que te retiras, y es probable que él o ella te siga por la casa. Yo (Greg) digo a Erin algo así: «Te amo y quiero escucharte, pero en este momento estoy cerrado, y soy incapaz de escucharte. Estoy haciendo una breve pausa, pero volveré para continuar la discusión». Observa que no estoy pidiéndole permiso a Erin. En lugar de eso, le hago saber que necesito un tiempo, pero volveré. Hemos establecido una regla: cualquiera que pida un tiempo debe tener la iniciativa de volver a juntarnos para terminar la conversación. La diferencia es que nuestro corazón estará abierto, y estaremos en mejores condiciones de escuchar.

¿Qué hay de ti? Habla con tu cónyuge acerca de lo que puedes decir en ese momento y que le ayudará a entender que estás pidiendo una pausa, pero no te estás retirando. Tal vez puede ser una frase especial acordada como «Código rojo» o una señal (por ejemplo, la señal de pausa que hacen los jugadores de básquetbol). Puede ser una palabra graciosa como *ornitorrinco*. Cualquier cosa que se te ocurra, asegúrate de que el sentido sea que estás pidiendo una pausa pero que volverás.

Acepta tus sentimientos y sigue adelante

Los sentimientos poderosos que tú y tu pareja experimentan no deben ser juzgados como buenos o malos, correctos o equivocados. Más bien, deben verse como proveedores de información valiosa que ambos necesitan. Cuando aparecen esos sentimientos poderosos, trátalos con curiosidad con el propósito de obtener información valiosa sobre ti y sobre tu pareja. Dedica algunos minutos a analizar los botones de encendido de cada uno y sus reacciones. Recuerda que tu meta no es juzgar ni arreglar, sino simplemente comprender y cuidar.

Estudia tus reacciones

¿Alguna vez te ha sorprendido la forma en que puedes reaccionar cuando presionan un botón de encendido? Queremos que estudies esas reacciones. Las reacciones no ocurren por accidente. Tus reacciones están destinadas a obtener cierto resultado. En esencia, las reacciones operan como estrategias, incluso si son estrategias mayormente inconscientes. ¿Qué resultado estás tratando de obtener a través de cada reacción? ¿Qué deseos subyacentes te motivan a usar esa estrategia como medio para obtener tu «deseo»?

¿Cómo obtuviste tus ideas sobre cómo manejar los conflictos? ¿Fue de observar a tus padres, de ver a algún otro, o simplemente un momento de inspiración creativa? ¿Con qué consistencia o éxito tus reacciones obtienen los resultados deseados?

Mapea tu Ciclo Reactivo

Mostramos cómo una conversación entre Greg y Erin se salió de control cuando cada uno presionó los botones del otro.

Observa de cerca sobre cómo reacciona cada uno en tu pareja. Escribe algunos ejemplos de sus ciclos reactivos cuando se presionan diferentes botones de encendido. Haz un mapa y compártelo con tu cónyuge. Luego consideren y discutan maneras posibles en que cada uno pueda demostrar cuidado por el otro cuando sus botones hayan sido presionados.

SÉPTIMA MENTIRA

HARÉ QUE ME AMES

La intimidad y la conexión se dan cuando ambos cónyuges se abren el uno al otro y practican las mejores técnicas de crecimiento de la intimidad.

La educación primero.

Segundo la carrera.

Tercero el matrimonio y la familia.

Becky y Randy crecieron a cientos de millas de distancia uno del otro en familias que no podían ser más diferentes, pero ambos recibieron el mismo mensaje de sus padres: en lugar de enamorarse y casarse en su adolescencia o juventud, primero debían enfocarse en estudiar mucho y trabajar duro para establecerse financieramente. Entonces, y solo entonces, podían dar lugar al amor y sus muchas alegrías y obligaciones.

El mensaje caló hondo y ambos cumplieron básicamente las instrucciones. A pesar de que cada uno anhelaba en silencio el día en que conocieran a esa persona especial, completaron sus estudios de grado y sus licenciaturas en sus campos, y obtuvieron trabajos bien pagos que los encaminaron hacia carreras estables y lucrativas.

Ahora era el momento de tomarse en serio el romance y las

relaciones. Se conocieron en un encuentro social en el área de Houston pensado para profesionales solteros, alrededor de los treinta, con movilidad ascendente.

Becky trabajaba como anestesióloga en un hospital local, mientras que Randy era ingeniero gerente de una firma internacional. Ambos tenían apartamentos caros, lindos coches y placares llenos de indumentaria deportiva que seguía sin usar debido a su agenda abultada. Se intercambiaron tarjetas laborales y dijeron que se mantendrían en contacto. Becky no esperaba que ocurriera gran cosa, de manera que se sorprendió cuando Randy la llamó dos días después para invitarla a cenar. Aceptó amablemente, pero pasarían dos semanas antes de que ambos pudieran encontrar una noche libre para su primera cita.

Cuando al fin se reunieron, pasaron una gran velada. Disfrutaban uno del otro y tenían mucho en común. Además de la ética de trabajo que ambos habían heredado de sus padres, ambos se habían entregado a Cristo, aunque ninguno había tenido mucho éxito en encontrar una iglesia que les gustara. Esa primera noche decidieron que comenzarían a verse durante la semana. Con el tiempo agregaron un compromiso regular los fines de semana para visitar iglesias en las que pudieran encajar.

Ambos se enamoraron de una iglesia que visitaron no denominacional de unos quinientos miembros, y fue allí donde se casaron después de casi tres años de salir juntos. Ella tenía treinta y tres y él, treinta y seis.

Ahora, después de años de poner primero la educación, segundo la carrera y tercero las relaciones, Becky y Randy al fin están en condiciones de hacer del amor una prioridad.

¿Esto es todo?

Durante los tres años siguientes, recibieron un hijo y una hija en su gran casa nueva. La vida era buena, y muy atareada con el trabajo y los niños, pero Randy y Becky compartían un compromiso con su crecimiento espiritual individual. Ella se unió a un estudio bíblico para mujeres que se reunían todos los sábados en la iglesia, y él se integró a un grupo de hombres que se reunían temprano todos los miércoles para un desayuno compartido. Sus carreras continuaban aportándoles rédito, Randy obtuvo un gran ascenso en su firma de ingeniería. Los niños eran saludables y felices. Randy y Becky también continuaban disfrutando una relación sexual buena.

Pero los dos notaron algo curioso cuando llegaron a conocer a los miembros de sus grupos pequeños. Tres de las mujeres del grupo de Becky dijeron que estaban felizmente casadas y con frecuencia compartían detalles acerca de sus relaciones. Pero las otras tres hablaban menos cuando surgía el tema del matrimonio, y confiaron al grupo que estaban insatisfechas con la falta de verdadera intimidad en sus relaciones.

—Es como si fuéramos dos barcos que pasaran en medio de la noche —dijo una de las mujeres, quien afirmaba sentirse «estancada» en su relación con su cónyuge.

Un sábado, conduciendo a casa después de su estudio bíblico, Becky repasó mentalmente las cosas que las mujeres de grupo habían dicho. Sus matrimonios parecían calzar en uno de los dos campos. Estaban las que disfrutaban relaciones significativas con sus esposos, pasaban tiempo juntos solos, tenían conversaciones profundas sobre sus sentimientos y pensamientos, y compartían buenas conexiones con Dios y entre ellos.

Luego, estaban las que describían sus relaciones con sus esposos como compañeros de cuarto o colegas del trabajo. Cuando llegó a su casa, Becky se había convencido cada vez más que ella y su esposo vivían como las del segundo grupo. Lo sabía hacía tiempo, pero había estado escondiendo sus verdaderos sentimientos, tanto de su esposo como de sí misma.

Randy observó un escenario similar en su grupo. Mientras dos de los hombres hacían bromas acerca de su vida sexual saludable con sus esposas, los otros tres hombres eran más reticentes, y uno de ellos admitió que él y su esposa no habían tenido sexo durante varios meses.

—Siento como si Jane y yo fuéramos coadministradores del negocio familiar —dijo uno de ellos—, no amigos ni amantes.

Ese comentario golpeó a Randy, cuya relación con Becky hacía tiempo que tenía menos de romance y más de una relación laboral enfocada en el manejo de los niños, la casa y sus carreras.

Para cuando Randy y Becky celebraron su quinto aniversario de bodas, su pasión parecía enfriarse mientras las presiones del trabajo y la familia continuaban levantando temperatura. Los dos expresaban su frustración de manera diferente, pero había un tema similar en sus quejas.

—Esperé esta relación toda mi vida —dijo Becky a las mujeres de su grupo—, ahora me estoy preguntando si *esto* es todo lo que hay.

Por otra parte, Randy, ahora tenía algo en común con un par de los hombres de su grupo.

—Nos hemos vuelto tan desconectados que ¡ya casi no tenemos sexo! —confesó a los hombres un miércoles por la mañana. Becky había comenzado a rechazar sus insinuaciones hacía dos semanas.

Tanto Becky como Randy habían esperado años la plenitud que prometía el matrimonio, y aunque estaban agradecidos por el acompañamiento y contentos, en general, con la relación, algo faltaba. Ambos querían más ahora: algo más profundo, significativo y satisfactorio.

—Tengo reuniones de trabajo con gente todo el tiempo —dijo Randy, quien había observado que su matrimonio se había vuelto más funcional que floreciente—. No quiero ese tipo de relación en casa.

Becky sentía lo mismo.

—Tengo conversaciones significativas todo el día con mis colegas y pacientes —dijo a las mujeres de su grupo—. ¿Pero en casa? Casi nada.

Conocimos a Becky y Randy en uno de nuestros talleres, donde hemos conocido muchas parejas, a lo largo de los años, que están luchando por experimentar más intimidad y conexión en sus matrimonios. Esas parejas usan lenguaje similar para expresarnos su frustración, diciendo que se sienten más como colegas laborales, compañeros de cuarto, amigos, cohabitantes de la casa o incluso «amigos sin beneficios» más que esposos y esposas que se aman.

Muchas parejas no hablan mucho acerca de estos temas entre ellos, aunque muchas lo han intentado. Algunas parejas temen que compartir honestamente sus sentimientos solo empeore las cosas, o incluso ponga en riesgo la supervivencia de la relación. «Mejor mantenerse en silencio y esperar lo mejor», los oímos decir.

—Si me mantengo superficialmente tranquila, las cosas están en calma —dijo una de las mujeres del grupo de Becky—. Pero si agito las aguas por hablar de los anhelos profundos insatisfechos de mi corazón, las cosas solo se volverán más dolorosas.

Diseñados para la intimidad

Como afirmamos al comienzo de este libro y venimos reiterando, creemos que los seres humanos fuimos creados para la intimidad. Cuando Dios nos hizo a cada uno de nosotros, nos diseñó para tener relaciones íntimas y solícitas. Cada uno de nosotros anhelamos estar realmente conectados y cercanos a otros, pero no todos nosotros experimentamos este tipo de conexión profunda con otra persona. Algunos hombres y mujeres dicen que desean este tipo de intimidad, aunque no estén dispuestos a arriesgar la vulnerabilidad emocional requerida para que eso ocurra. Otros admiten que en realidad no saben qué es lo que están buscando.

En el capítulo 2 ofrecimos una definición simple: en el fondo, la verdadera intimidad es el viaje para llegar a conocer en profundidad a alguien con el tiempo. Bíblicamente, es la idea de «conocer y ser conocido».

- *Conocer* significa dedicar tiempo y estar presente para comprometerse con el duro trabajo requerido para entender a tu pareja desde adentro hacia afuera.
- *Ser conocido* significa estar abierto, ser honesto, vulnerable y darle a otra persona las llaves que abren lo más profundo de tu corazón, lo que significa permitir que tu cónyuge en verdad te conozca.

Este tipo de conexión no es algo que ocurre siempre entre dos personas, al menos no de inmediato. Lleva tiempo desarrollarlo. Y en sus formas más significativas y satisfactorias, no ocurre por accidente o por sí solo. Una relación que se desarrolla en profundidad ocurre mejor cuando dos personas intencionadamente hacen de conocerse su permanente prioridad. Las Escrituras nos dan un cuadro de este proceso al describir el crecimiento de nuestro amor por Dios: «Ahora vemos de manera indirecta y velada, como en un espejo; pero entonces veremos cara a cara. Ahora conozco de manera imperfecta, pero entonces conoceré tal y como soy conocido» (1 Corintios 13:12, NVI).

Tu relación con tu pareja debería ser un reflejo de tu relación con tu Creador: creciendo en honestidad y vulnerabilidad con el tiempo. Los consejeros matrimoniales discuten si dos seres humanos pueden alguna vez ser plenamente conocidos el uno por el otro, pero hemos visto parejas que se acercan mucho a ese tipo de transparencia en la relación. A fin de cuentas, sin embargo, el éxito no se trata tanto de conocer *por completo* a tu cónyuge, sino de *desear* conocerlo cada vez más mientras se *procura* llegar a conocerlo. Como resultado, mientras crecen y aprenden de la vida y comparten esas experiencias entre sí, su amistad crece y su intimidad y conexión se profundizan.

Como hemos visto, las experiencias individuales de Becky y Randy en su relación y en sus conversaciones con sus grupos pequeños los tienen preocupados acerca del nivel de intimidad real en su matrimonio.

—Algunas parejas nunca parecen conectarse en realidad, o en algún momento perdieron la conexión —dijo Randy. Y tiene razón.

Esta búsqueda de mayor intimidad y conexión explica por qué un número que parece interminable de «expertos» en relaciones ofrecen consejo en línea para quienes buscan un tipo de unión más profunda con sus parejas. Busquen en Google las palabras *aumentar la intimidad* y verán lo que queremos significar.

Randy encontró un artículo en una página web que apeló a su corazón de ingeniero: «Tres maneras científicamente demostradas para aumentar la intimidad». Becky encontró un artículo diferente en línea que apeló a su sentimiento de estar saturada de trabajo y sobre exigida: «Ocho maneras de aumentar la intimidad en cinco minutos o menos».

Todos queremos intimidad emocional, y como verás pronto, tenemos algunas ideas únicas acerca de cómo cultivar ese tipo de intimidad. Pero nos preocupa que los «expertos», autores y consejeros en línea adopten la séptima mentira sobre el amor, la cual nos dice que podemos conseguir verdadera proximidad y conexión simplemente aprendiendo y aplicando las mejores técnicas para aumentar la intimidad, y/o con solo abrirnos. O como muchas figuras de la cultura pop han expresado esta popular séptima mentira sobre el amor: «Haré que me ames».

Un dilema predecible

Si los expertos matrimoniales en línea no se ponen de acuerdo sobre cómo lograr una verdadera conexión emocional satisfactoria, los comerciantes están más que contentos con ocupar ese vacío. Su mensaje acerca de la verdadera intimidad y conexión matrimonial es que puede conseguirse por medio de la aplicación regular de los adecuados productos románticos:

- Tarjetas de felicitaciones para conmemorar aniversarios y otros hitos románticos
- Flores, golosinas y otros regalos rojos con forma de corazón
- Ropa interior sexy para ella (¡y cada vez más para él!)
- El perfume correcto para ella y la crema para después de afeitarse para él
- La decoración *feng-shui* para el dormitorio
- Cenas en los restaurantes perfectos
- Pasar la noche en hermosos portales
- Asistencia a gimnasios para perder rollitos antiestéticos y aumentar el tipo de músculos que hacen desmayar a las mujeres
- Drogas que aumentan químicamente el amor (o por lo menos la lujuria)

Si un ingenioso emprendedor inventara una píldora o una inyección que garantizara un surgimiento rápido del romance y la intimidad, es probable que hubiera muchos compradores desesperados.

Pero ¿en realidad pueden esos productos y otros esfuerzos aumentar esa intimidad y conexión en tu matrimonio? Durante décadas esta pregunta se ha expresado en el mundo de la música popular. Por un lado, están las canciones populares que afirman que una parte puede forzar el afecto de la otra. Este es el caso allá por 1968 cuando Diana Ross y los Supremes se unieron a los Temptations para su gran éxito «I'm Gonna Make You Love Me» (Haré que me ames). Los Jayhawks presentaron un argumento similar con su canción con el mismo título, presentado en el programa de TV *Dawson's Creek*, prometiendo que el amor podía durar para siempre, que una pareja podía mantenerse unida por «un millón de años»[1]. Del lado opuesto de la discusión, artistas como Adele, George Michael, Bonnie Raitt, y decenas de otros han grabado o presentado canciones que llegan a la conclusión opuesta: «No puedo hacer que me ames», la cual incluye la fuerte afirmación: «No puedes hacer que tu corazón sienta algo que no quiere sentir».

Aunque siempre hemos apreciado la música de los Supremes y de Temptations, no estamos tan seguros en cuanto a su teología del amor. Creemos que nos ubicaremos del lado de Bonnie Raitt y compañía esta vez. Si bien es muy lindo cantar acerca de cómo una persona puede hacer que otra sienta un amor más profundo, nuestra experiencia muestra que la verdad está más del lado opuesto. Aunque sea triste, creemos que es más correcto reconocer que no podemos hacer que otra persona nos ame con más profundidad.

En el amor y en la fe, los seres humanos expresan su libre albedrío. No se puede obligar a alguien a que experimente verdaderas emociones. No se puede forzar la intimidad.

Pero hay buenas noticias. Nuestras décadas de experiencia con hombres y mujeres han decantado una enorme joya de sabiduría. Aunque no se pueden forzar los lazos matrimoniales haciendo que alguien te ame, dos personas sí pueden hacer algo poderoso juntos para aumentar mucho las probabilidades de hacer que la intimidad y la conexión florezcan y se profundicen. En un momento te diremos nuestro secreto, pero primero, ¡otra prueba!

Autoevaluación de la intimidad y la conexión

¿Qué grado de intimidad tienes con tu cónyuge? ¿Cuán íntimo quisieras ser? ¿Qué estás haciendo tú para ayudar a que ambos crezcan en intimidad juntos? Evalúa tu propio cociente de intimidad respondiendo las cinco preguntas siguientes.

1. En una escala de 1 a 10, ¿cómo describirías el nivel de intimidad y conexión en tu matrimonio en este momento?

1	2	3	4	5	6	7	8	9	10
Desconectado									Muy intimo

2. En una escala del 1 al 10, ¿cómo describirías tu propio nivel de apertura a una intimidad y conexión más profundas con tu pareja en este momento?

1	2	3	4	5	6	7	8	9	10
Cerrado									Abierto

3. En una escala del 1 al 10, ¿Cómo describirías el nivel de apertura de tu pareja a profundizar la intimidad y la conexión contigo en este momento?

1	2	3	4	5	6	7	8	9	10
Cerrado									Abierto

4. ¿Sientes que tu relación es tan segura como para poder revelarle a tu pareja tus sentimientos más profundos?

1	2	3	4	5	6	7	8	9	10
Insegura									Segura

5. ¿Tu pareja siente que la relación es tan segura como para poder revelarte sus sentimientos más profundos?

1	2	3	4	5	6	7	8	9	10
Insegura									Segura

SÉPTIMA VERDAD SOBRE EL AMOR

Protección y seguridad son ingredientes necesarios
para crear un ambiente marital ideal.
A medida que tú y tu cónyuge comiencen a sentirse
seguros en todo sentido, se relajarán, abrirán su corazón,
y estarán genuinamente disponibles para conectarse.

La solución

No puedes hacer que tu pareja te ame. Lamento decirte, Supremes, ¡no pueden forzar la intimidad! ¡Lástima, Temptations!

Esto es lo que puedes hacer: crear un espacio seguro y confiable donde dos personas puedan crecer en conexión y afecto. El matrimonio provee la experiencia óptima para cumplir uno de los deseos más profundos de nuestro corazón: ser aceptados y conectados sin condición. Esto significa desarrollar una verdadera amistad donde conocemos y somos conocidos en profundidad.

La verdad es que, incluso bajo las mejores circunstancias, abrirse lo suficiente como para ser íntimo siempre es arriesgado. Ya sea el riesgo de ser juzgado, criticado, traicionado, abandonado, humillado, tomado con indiferencia —o una variedad casi interminable de maneras de ser herido—, permitir que alguien en realidad nos conozca es peligroso.

De hecho, es probable que la decisión más arriesgada que alguien puede hacer es preocuparse por otro de verdad. Tan pronto como te importe, todo importa. Es mucho más seguro mantenerse distante y ser indiferente. El problema es que, desde la zona libre de riesgo de la separación física y emocional, nuestro anhelo de tener intimidad y conexión ¡nunca se puede satisfacer! Entonces, ¿cuál es la solución?

Dado que la esencia de la satisfacción en la intimidad es en realidad una conexión de «corazón abierto a corazón abierto», la mayor parte de las personas que conocemos intentan superar ese dilema con una de dos estrategias: aprenden a usar herramientas y técnicas para intentar crear más intimidad y conexión, o bien, encuentran maneras de estar más abiertos. Consideramos que ambos enfoques son innecesariamente difíciles, insatisfactorios y hasta ineficaces.

La alternativa es a la vez simple y profunda, pero rara vez es identificada como la principal estrategia y meta principal para crear intimidad. Recomendamos poner el máximo de esfuerzo y energía ¡en hacer que tu matrimonio sea seguro y confiable! La intimidad puede florecer cuando las personas se sienten seguras, de manera que tu objetivo no debería ser conseguir intimidad, o lograr abrirte, sino crear el tipo de ambiente afectivo que sea seguro y confiable donde pueda prosperar la proximidad emocional.

Es probable que hayas visto publicidades de compañías que dicen: «La seguridad es lo primero». Tienes que aplicar ese lema a tu matrimonio. Si quieres experimentar mayor intimidad, procura que la seguridad sea lo primero.

Si quieres que tu amor sea más profundo, dedícate a que la seguridad sea una prioridad.

Una vez más, los principios que gobiernan nuestra relación con Dios también gobiernan nuestra vida afectiva. Como escribió Juan en su epístola: «En esa clase de amor no hay temor, porque el amor perfecto expulsa todo temor. Si tenemos miedo es por temor al castigo, y esto muestra que no hemos experimentado plenamente el perfecto amor de Dios» (1 Juan 4:18). El amor perfecto se sentirá como el lugar más seguro del mundo.

Entonces, ¿qué queremos decir cuando afirmamos que la seguridad y la confianza son requisitos previos para la intimidad y el amor profundo? Es sencillo. Queremos decir que los hombres y las mujeres tienen mayores probabilidades de confiar y abrir su corazón el uno al otro cuando saben que su corazón va a ser bien cuidado. Este tipo de cuidado seguro y confiable se muestra cuando dos personas pueden hacer los siguientes comentarios acerca de su relación.

- «Sé que mi pareja se preocupa por mí».
- «Mis sentimientos, pensamientos, preocupaciones y temores son importantes para mi pareja».
- «Nos honramos el uno al otro, tanto cuando estamos juntos como cuando estamos separados».
- «Permitimos nuestras diferencias personales, las valoramos y las celebramos».
- «Cada uno de nosotros hace su parte cada día para construir confianza en nuestra relación».
- «Estamos muy unidos pero cada uno de nosotros puede tener su espacio si lo desea o lo necesita».
- «Aunque a veces expresamos enojo uno hacia el otro, nuestro enojo no está fuera de control ni es dañino».
- «Aunque a veces podemos herir al otro, nunca es intencional, y buscamos el perdón y la sanidad después de cualquier arrebato involuntario».
- «Cuando hablamos y compartimos sentimientos acerca de temas complicados, no me siento juzgado. Más bien me siento comprendido o cuidado».
- «En verdad nos sentimos como compañeros que caminamos juntos en el viaje de la vida, no como compañeros de cuarto, de trabajo o de combate».
- «Sé que puedo ser abierto, honesto y vulnerable con mi cónyuge porque mis pensamientos, sentimientos y comentarios serán comprendidos y tratados con respeto».

¿Por qué la seguridad y la confianza son esenciales?

¿Por qué son tan importantes esas condiciones? ¿Por qué decimos que son un requisito previo para la intimidad? ¿Por qué prometemos que, si creas un espacio seguro y confiable, florecerá la intimidad y la conexión?

Es porque el corazón es el centro de nuestra vida y de nuestras relaciones. Cuando nuestro corazón se siente seguro, se abre naturalmente. Pero cuando nuestro corazón siente temor o se ve amenazado, se cierra. Piensa de nuevo en la cochinilla de la humedad que mencionamos en el capítulo 3. Necesitas mucha buena suerte si quieres tener una buena conversación cuando uno o ambos se han cerrado como una cochinilla de la humedad.

Cuando una persona experimenta temor, esa emoción pone en movimiento una cadena de reacciones. Como mínimo, el miedo genera precaución. En el peor de los casos, el miedo puede cerrar el corazón. Cualquiera de las dos condiciones puede impedir una conexión satisfactoria con tu cónyuge.

Compara el efecto residual de este temor con el efecto a largo plazo de la seguridad. Cuando una persona se siente segura, se pone en movimiento una cadena de reacciones completamente diferente: más confianza, mayor apertura, más honestidad introspectiva, y vulnerabilidad más sincera.

Sigamos adelante para mostrarte cómo se relacionan estas condiciones con nuestro modelo de matrimonio saludable. Primero, definiremos los conceptos de seguridad y confianza, y luego te mostraremos cómo se ajustan a nuestro modelo.

Definimos seguridad como la confianza de que puedes contar con que tu cónyuge estará contigo y ahí para ti en las buenas y en las malas para proteger todo lo que es valioso y vulnerable en la relación, y que tu pareja sabe que puede contar con que tú harás lo mismo. ¿Te suena familiar?

MODELO DE MATRIMONIO SALUDABLE

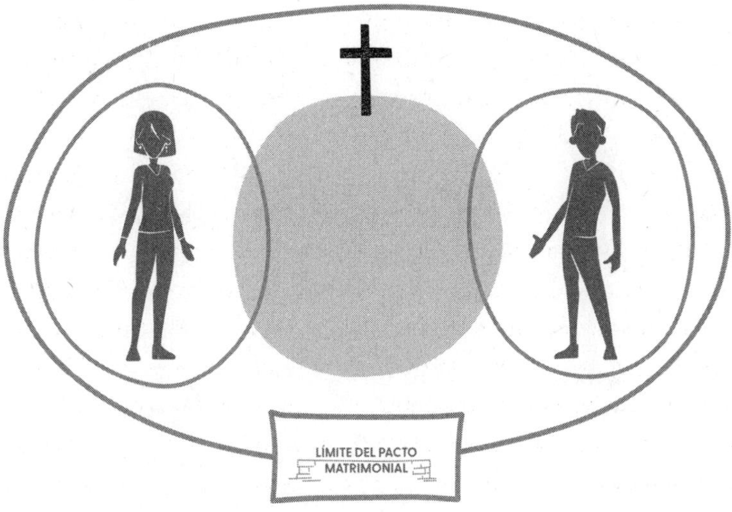

El círculo exterior de nuestro modelo representa nuestra promesa/voto de proteger la integridad y el bienestar de la relación. El principal propósito de ese pacto es crear un ambiente seguro para que ambas personas vivan en su interior.

La seguridad pone las cosas en otro nivel. Definimos la seguridad como el sentimiento de ser amado y aceptado sin condición como persona imperfecta en el proceso de sanar y crecer. Esto incluye saber que voy a ser respetado y protegido física, mental, espiritual *y* emocionalmente. Además de saber que puedo contar con que mi pareja protegerá nuestra relación; la seguridad viene de saber que puedo contar con mi cónyuge porque estará conmigo y para mí *como persona*.

MODELO DE MATRIMONIO SALUDABLE

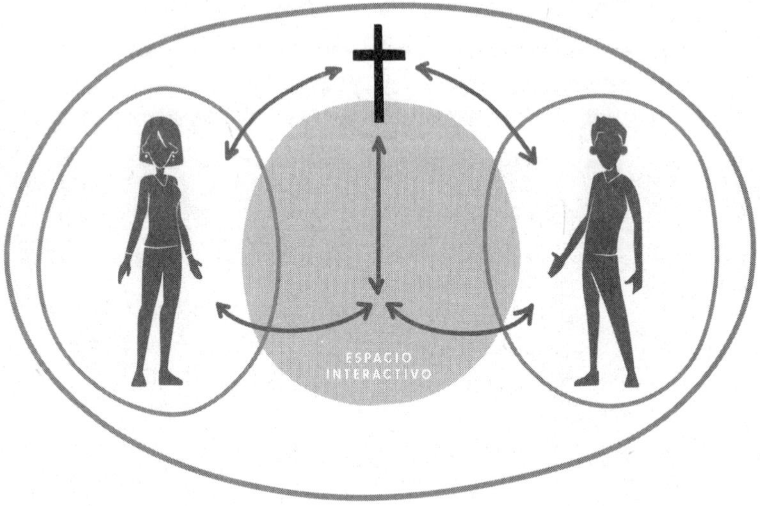

Esto incluye saber que puedo entrar y salir del círculo interior y permitir que se me conozca profundamente, ¡sin temor! No tengo que ser cohibido, estar cuidándome la espalda (o cualquier otra cosa para el caso), y puedo ser quien soy, con verrugas, arrugas y todo. Una vez más, esta es la esencia del amor y la aceptación incondicionales.

¿Es tu matrimonio un espacio seguro?

Piensa por un momento en el nivel de seguridad de tu matrimonio. ¿Es tu matrimonio un espacio seguro?

- Puedes sentirte seguro emocionalmente (ambos creen que su corazón está seguro en manos del otro, y ambos pueden ser honestos y vulnerables uno con el otro).

- Puedes sentirte seguro físicamente (ninguno de los dos teme ser golpeado, cacheteado, que se falte el respeto a su cuerpo de alguna manera o que sea comprometido en momentos o formas no deseadas).

- Puedes sentirte seguro mentalmente (sabiendo que puedes compartir pensamientos e ideas sin temor a ser humillado o ridiculizado aunque sea una idea o un comentario poco elaborado).

- Puedes sentirte seguro espiritualmente (pudiendo orar juntos en forma sincera, compartir creencias y su viaje de crecimiento espiritual único, e incluso estar abiertos juntos ante la presencia de Dios).

Piensa en tu matrimonio mientras te haces las siguientes preguntas. Estas son algunas de las preguntas que les pedimos a las parejas que respondan en nuestros talleres.

- ¿Hay momentos en que te sientes inseguro en tu matrimonio, ya sea física o emocionalmente?
- ¿Alguna vez te has sentido amenazado físicamente?
- ¿Alguna vez has sentido que tu cónyuge despreció tus emociones o las puso en tu contra?

Piensa en lo que está ocurriendo entre ustedes dos cuando comienzan a aflorar esos sentimientos de inseguridad.

- ¿Puedes recordar lo que ocurre entre ustedes, o qué afirmaciones producen que comiences a sentir inseguridad?
- ¿Hay conductas o prácticas que realiza tu cónyuge que te hacen sentir inseguro en la relación?

La siguiente puede ser una pregunta todavía más difícil e importante que responder.

- ¿Llevas a cabo conductas o prácticas que hacen que tu cónyuge se sienta inseguro en la relación?

Dedica un tiempo a luchar con esa pregunta. Haz un recorrido por el espacio de tu memoria y fíjate si tus conductas pasadas han creado una atmósfera insegura para tu pareja.

- ¿Alguna vez has estado en una conversación en la que percibiste que tu pareja se cerró, retrocedió o se retiró? ¿Algo que hiciste pudo haber contribuido a que ocurriera eso?
- ¿Alguna vez te has cerrado, retrocedido o retirado de un intercambio con tu pareja?

Hacemos todas esas preguntas porque la seguridad puede ser una cualidad difícil de alcanzar. Muchas parejas no la aprecian hasta que desaparece, pero entonces no pueden entender dónde se ha ido ni cómo recuperarla.

Sospechamos que la mayor parte de las personas que lean este libro nunca han pensado o nunca han articulado con claridad lo que los hace sentirse intranquilos o cautelosos y, por lo tanto, cerrarse. Pero si ustedes dos en verdad quieren descubrir cómo crear un espacio seguro en su relación para desarrollar una proximidad y una conexión más satisfactoria, necesitarán comenzar a entender esto y comunicárselo el uno al otro.

En el caso del matrimonio de Randy y Becky, la seguridad nunca fue una prioridad. Ambos la descuidaron. Ambos expresaban palabras frías y desconsideradas. Ambos cometían actos insensibles. No eran malas personas, por momentos eran un poco insensibles y egocéntricos después de tantos años de haber vivido solos. Sus palabras y acciones descuidadas hicieron que cada uno se sintiera cauteloso frente al otro y que cerraran poco a poco su corazón.

Ahora lo comprenden, y quieren saber qué pueden hacer para que su matrimonio sea el espacio más seguro posible. En situaciones así, alentamos a las parejas a seguir nuestras dos reglas para tener conversaciones seguras.

Dos reglas para tener conversaciones seguras

Escuchar

Para muchas parejas, las conversaciones son una fuente importante de miedo y actitud defensiva. Conversaciones que comienzan suaves, pero terminan explosivas pueden asustar a una o a las dos partes de la pareja e impedir que quieran hablar. ¿Alguna vez has tenido las siguientes conductas durante alguna conversación con tu cónyuge?

- Discutir o defenderte, en lugar de escuchar
- Reírte o burlarte de algo que dijo tu pareja
- Permitir que las distracciones (tu teléfono móvil, la televisión, tus propios pensamientos) te impidieran escuchar y comprender las palabras de tu pareja
- Apurar la conversación porque sentías que tenías cosas más importantes para hacer
- Resucitar viejos problemas de hace un año o una década anterior

Estos trucos retóricos imposibilitan las conversaciones seguras. Después de todo, no estás en un grupo de debate o un mitin político. ¡Estás hablando con tu amado compañero de vida!

Practica escuchar en lugar de responder. Demuestra que has escuchado diciéndole a tu pareja: «Esto es lo que escuché que decías». Haz que tu meta sea entender, no explicar ni defenderte.

Esfuérzate por estar emocionalmente presente con tu cónyuge para que pueda sentir que en verdad lo estás escuchando en lugar de intentar cambiar o criticar lo que siente.

Elegir el escenario adecuado

A menudo, las conversaciones de las parejas se salen de control porque no se dan de una manera o en un ambiente que ambos sientan cómodo y seguro. A lo mejor tú te sientes seguro al discutir temas profundos mientras trotas o cocinas, pero puede que tu pareja necesite sentarse frente a ti y mirarte a los ojos para poder sentir conexión.

Recomendamos que ambos hablen sobre cómo hablar, poniendo el foco en un ambiente que les dé la mayor oportunidad para tener una conversación exitosa. Aprendimos esto por el camino difícil, iniciando conversaciones con nuestras esposas que muy rápido se fueron a pique porque no preparamos adecuadamente un ambiente en el que ambos nos sintiéramos cómodos. La disposición, el ambiente y la hora del día son componentes fundamentales para las conversaciones exitosas. Ambos pueden aumentar enormemente su competencia conversacional estableciendo el escenario para tener discusiones seguras y significativas.

Hablen entre ustedes sobre estas importantes preocupaciones ambientales:

- ¿Qué factores hacen que cada uno se sienta más cómodo cuando hablan de cosas importantes? Si pudieras diseñar un escenario perfecto para una conversación segura e íntima, ¿cómo sería? ¿Cómo difiere, si es que difiere, del diseño de tu cónyuge?

- ¿Cuál escenario es el mejor para tener una conversación? ¿En la cocina durante la cena o afuera en un restaurante? ¿En la sala de estar o en el dormitorio? ¿O prefieren salir afuera, en el jardín del frente o en un banco del parque? ¿O son como algunas parejas que prefieren conversar mientras conducen en el coche? ¿Qué hora del día es mejor para ti? Uno puede ser un madrugador y el otro un noctámbulo, pero los dos aún pueden encontrar una manera de acordar un buen momento para tener una conversación importante.

- ¿Qué duración? Algunas conversaciones son como las flores: fragantes por un momento, pero pronto se marchitan. Antes de iniciar una conversación negocien un marco temporal. ¿Será una sencilla conversación de diez minutos sobre asuntos rutinarios, o se tratará de una discusión más desafiante de dos horas sobre un asunto importante y problemático? Traten de averiguarlo antes y renegocien en el camino si lo necesitan.

- ¿Cómo manejarán las opiniones disidentes? Averigüen cómo se siente cada uno cuando el otro expresa desacuerdo o puntos de vista negativos. No es necesario que estén de acuerdo en todo, pero algunas personas no saben cómo disentir de manera agradable. Otorguen espacio el uno al otro para expresar puntos de vista diferentes, sin temor al juicio o la represalia.

Las conversaciones que terminan mal por lo general comenzaron mal, pero si ambos aprenden a negociar estos asuntos del lugar, el horario y los objetivos, tu tasa de conversaciones exitosas alcanzará un nivel superior.

Cómo construir confianza

Pueden ser los mejores conversadores del mundo, pero si su relación no descansa sobre un sólido fundamento de confianza, su seguridad se verá en peligro. Los problemas relacionados con la confianza son comunes y pueden ser muy complicados.

Pero si tu meta es la seguridad, te esforzarás por ganar y recuperar la confianza de tu pareja, porque la confianza entre los seres humanos nunca se gana de una vez por todas. Todos somos capaces de volvernos no confiables en algún momento. Por lo tanto, en lugar de intentar que tu cónyuge confíe en ti, te alentamos a que tu meta sea ser tú mismo lo más digno de confianza posible.

Entonces, ¿qué es ser confiable, y por qué es tan fácil perder la confianza? Cuando eres confiable demuestras con todo lo que dices y haces que entiendes por completo lo valiosa y vulnerable que es la otra persona. Cada ser humano es un hijo del Dios Altísimo y por lo tanto tiene valor incalculable. Al mismo tiempo, como todas las cosas de mucho valor, la gente puede ser dañada y subestimada con facilidad. Eres confiable en la medida que todo ese valor y vulnerabilidad se refleja en lo que haces y dices. En la medida que pierdas de vista esa realidad, incluso por un momento, eres menos confiable.

Esto fue un gran *descubrimiento* para mí (Bob). Yo solía pedirle y esperar que Jenni confiara en mí. Después de todo, yo me preocupaba por ella y ella sabía que mi corazón y mi intención eran buenos. En mi inconsciente, yo pensaba que cuanto más tiempo estuviéramos juntos, más crecería esa confianza y terminaría siendo un hecho.

Dios me hizo ver que, como ser humano imperfecto, estoy predispuesto a ser egocéntrico. Por ejemplo, si por alguna rara coincidencia de las circunstancias, Jenni y yo nos apretáramos los dedos con la puerta simultáneamente, yo me enfocaría más en mi dedo que en el de Jenni. En ese momento pensaría más en mí que en ella. No es que no me importe, ¡pero yo *siento* mi dolor! Cada vez que pienso más en mí que en ella, no soy totalmente confiable para Jenni, y soy capaz de herirla sin darme cuenta.

Ella es demasiado valiosa para mí como para aceptar eso, ni

por accidente. Pero siendo un simple mortal, sé que es posible. Por eso, ya no le pido a Jenni que confíe en mí. Quiero que siempre esté protegida y segura. En lugar de tratar de *conseguir que ella* confíe, concentro todo mi esfuerzo en *ser* confiable. Cuento con Jenni para que discierna con cuidado lo seguro que soy para ella en determinado momento. De hecho, la amo tanto que prefiero que ella se equivoque en el sentido de reaccionar en exceso para mantenerse segura a que reaccione poco y pueda resultar herida.

Con esa actitud, ¿crees que ella me percibe como más o menos seguro que antes? Te lo aseguro, es un punto de inflexión.

Pensamos en la confianza como una casa grande y sólida que ofrece la estructura y la seguridad que el amor necesita para crecer. La confianza se convierte en un refugio en el que ambos pueden relajarse mientras se abren y comparten íntimamente la vida. Piensa en la confianza como en un santuario relacional, un puerto seguro, o un sillón mullido y cómodo por el que anhelas volver al hogar.

¿Por qué es tan importante la confianza? Abrirse a otra persona y compartir sus más profundos anhelos, preocupaciones y secretos siempre implica un elemento de riesgo. ¿Saldrás herido o herida? ¿Quedarás en ridículo? ¿Serás rechazado? Si no sientes que tu corazón está en buenas manos, no se lo confiarás a otro.

La confianza es una calle de doble sentido. Te recomendamos proponerte ser confiable y demostrar tu confiabilidad a través de tu conducta y tu cuidado. También te recomendamos que, antes de permitir el acceso a tus partes valiosas y vulnerables, esperes a que tu pareja sea confiable para ti.

Si la confianza se ha roto por infidelidad emocional y/o sexual, la seguridad está en riesgo. La fractura de la confianza que resulta de la infidelidad es difícil de superar, pero se puede lograr con compromiso, gracia, amor y la misericordia de Dios. Requiere una gran cantidad de esfuerzo y determinación, pero hemos visto cientos de parejas trabajar juntos con el Señor para resucitar un gran matrimonio de la devastación de una infidelidad.

Aprender a amar

Randy y Becky dedicaron décadas a prepararse para sus exitosas carreras. En el último año, se han dedicado con la misma pasión a construir un matrimonio exitoso.

Han hecho algunos cambios interesantes en su vida diaria. Por un lado, ahora le dan prioridad a separar tiempo para estar uno con el otro en lugar de estar esperando una ventana de tiempo en algún lugar de sus agendas apretadas. Tienen veladas fuera de casa semanalmente y los fines de semana visten juntos esa indumentaria deportiva que descansaba en sus placares durante tanto tiempo.

Le dedican un mínimo de diez minutos al día a conversar entre ellos sin agendas ni distracciones. Suelen hacerlo ni bien regresan del trabajo y se cambian de ropa. Se relajan de las actividades del día en la amorosa presencia del otro, se ponen serios cuando lo necesitan y ríen a carcajadas juntos cuando el momento los sorprende.

Durante una serie de conversaciones más largas los fines de semana, han hablado sobre lo que significa la seguridad para cada uno de ellos. Analizaron lo que los hace sentir seguros e inseguros. Esas conversaciones revolucionaron la manera en que se hablan y se tratan el uno al otro.

Las mujeres del estudio bíblico de Becky y los hombres de grupo de Randy pueden ver que el matrimonio ha cambiado. Pueden asegurar que ya no están estancados.

Ejercicios para que la seguridad sea lo primero

Muchos esposos y esposas desean sinceramente que su matrimonio sea un espacio seguro en todos los aspectos (físico, mental, espiritual y emocional), pero algunos sencillamente no saben cómo. A continuación, hay ejercicios para crear un ambiente seguro donde pueda florecer la intimidad.

Reflexionar y debatir

Hicimos algunas preguntas importantes en este capítulo acerca de la seguridad y la intimidad. Comienza por dedicar un tiempo a mirarte en el espejo mientras respondes las tres siguientes preguntas. Luego, después de que ambos hayan dado las mejores respuestas, siéntense y comparen las notas.

¿Qué hago o no hago para que mi pareja se sienta segura en nuestro matrimonio?

¿Qué hago o no hago que me hace sentir menos seguro en nuestro matrimonio?

¿Qué puedo hacer para que mi matrimonio sea más seguro para mi pareja y para mí?

Hacer un plan de acción de seguridad

Elabora un plan para convertir tus respuestas a las preguntas en dos o tres acciones específicas que puedas comenzar a realizar de inmediato para aumentar el nivel de seguridad de tu matrimonio.

Hablar sobre el temor como lo opuesto a la seguridad

En este capítulo hablamos sobre cómo nos diseñó Dios para ser abiertos y tener intimidad. Ese es nuestro escenario ideal preestablecido y requiere la menor cantidad de energía para mantenerse. Pero cuando nos sentimos inseguros, nos cerramos y nos volvemos cautelosos y desconectados.

Numerosos hombres y mujeres invierten mucha energía en tratar de lograr apertura e intimidad en su matrimonio. Algunos intentan forzarla. Pero como hemos visto, generar intimidad es un subproducto de la confianza y la seguridad. Hay básicamente dos direcciones en que pueden ir las relaciones:

1. Hacia una mayor seguridad y confianza → Apertura → Intimidad y conexión
2. Hacia menor seguridad → Cierre → Distancia y desconexión

Hablen juntos sobre la dirección que han tomado las cosas en el pasado y la dirección que quieren que tomen hacia el futuro. Comparen notas acerca de los momentos en que han estado menos seguros y se han cerrado, y acerca de los momentos en que se han sentido seguros y abiertos. ¿Cómo se sintieron interiormente esas experiencias? ¿Cómo afectaron su relación?

Reconocer las propias conductas

Con frecuencia, la seguridad se reduce a las conductas. Una palabra o una acción particular puede hacer que un corazón se cierre. Mira detenidamente la siguiente lista y señala cualquier conducta en que hayas incurrido. Comprométete a cambiar tus acciones y a buscar perdón por no hacer de la seguridad una prioridad en el pasado.

Formúlate las siguientes preguntas sobre la seguridad:

1. ¿Qué hago o no hago que hace que mi pareja se sienta menos segura en nuestro matrimonio? Haz una tilde junto a cualquiera de las conductas en que hayas incurrido. Haz un signo más junto a aquellas conductas en las que incurres con regularidad.
   - Arranques de ira
   - Amenazas (de violencia, de abandono, de divorcio, con las finanzas, etcétera)
   - Ignorar temas

- Retirarte (no enfrentar los temas en el momento ni más tarde)
- Humor sarcástico (no tener en cuenta los sentimientos del otro)
- Afirmar o implicar que «Tus sentimientos están equivocados, son irrelevantes son o estúpidos»
- Criticar

2. ¿Qué hago o no hago que me hace sentir menos seguro en nuestro matrimonio? Haz una tilde junto a cualquiera de las conductas en que hayas incurrido. Haz un signo más junto a las conductas en las que incurres con regularidad.
   - Tengo límites débiles o ningún límite para reforzar.
   - Ignoro, juzgo, descarto o critico mis propios sentimientos.
   - Me mantengo en una conversación/discusión aunque me sienta inseguro, lo cual solo me hace sentir peor.
   - Ignoro o no enfrento temas sobre los que tengo preocupaciones o sentimientos.
   - No controlo mi ira.
   - Debilito la confianza por no cumplir mis promesas o compromisos.

3. ¿Qué puedo hacer para que mi matrimonio se sienta seguro para mí y para mi cónyuge? Piensa en algo que puedas sugerir.

OCTAVA MENTIRA

«¡TU AMOR ME ESTÁ VOLVIENDO LOCO!»

Algunas emociones, en especial cuando se expresan con intensidad, son peligrosas y no son nada confiables.

Geoff creció en un hogar donde las emociones se mantenían bajo estricto control. Los sentimientos se repartieron en pequeñas dosis; de lo contrario la gente podría sentirse abrumada por lo que sus padres llamaban «emocionalismo descontrolado».

Expresar demasiado agradecimiento espontáneo por un gran regalo de cumpleaños se consideraba «impropio».

Mostrar demasiado dolor en un funeral por un familiar cercano se tildaba de «débil».

Incluso reírse demasiado de una broma graciosa se podía considerar «fuera de control».

Pero Geoff tenía muchos sentimientos fuertes y en realidad, estaba más cómodo con ellos que sus padres, de manera que a menudo se sentía reprimido por su familia. Le gustaban los sentimientos de amor y pasión y anhelaba tener mayor libertad de expresión emocional con la mujer que llegara a ser su esposa. Cumplió con creces sus expectativas cuando se enamoró perdidamente de Michelle, quien había crecido en una familia donde dominaba el «todo vale» emocional.

Nunca se sabía cómo iría a aparecer el padre de Michelle cualquier día particular. ¿Sería el bromista sociable? ¿El viejo gruñón que se quejaba de los últimos titulares de las noticias? O ¿estaría «descansando» y «no podía ver a nadie en ese momento»?

Geoff no le prestaba mucha atención al padre de Michelle, pero sí apreciaba lo vital que se veía Michelle. Era una apasionada por todo. Comparada con su familia, ¡era increíblemente interesante y luminosa! Podía estallar en lágrimas muchas veces durante una buena película romántica. Y a veces, cuando Geoff le había dicho algo amable y cariñoso, sonreía ampliamente y decía: «¡Eso es lo más dulce que me han dicho hasta ahora!». Michelle también lloraba durante los servicios de adoración en la iglesia. Geoff pensaba que eso era mejor que el frío luteranismo de su juventud.

Geoff no podía creer su buena suerte de haber encontrado a alguien que experimentaba todo, incluso su amor por él, con sentimientos tan profundos. Su romance evolucionó rápido, se casaron y pronto estuvieron ocupados formando una familia.

Pero un mes después de la boda, Geoff ya se sentía preocupado por la combustibilidad de Michelle. Algunos días eran como el 4 de julio, con fuegos artificiales explotando aquí y allá. Otros días eran más como un día de lluvia, con los ojos de Michelle llenos de lágrimas por alguna tristeza que le pesaba en el corazón.

Las cosas se pusieron todavía más exageradas cuando ella estuvo embarazada de su primer hijo. Las cosas no se calmaron durante sus otros *cuatro* embarazos, todas niñas.

Con el tiempo, Geoff comenzó a sentir que se estaba ahogando en una casa que desbordaba emocionalidad femenina. Las emociones de Michelle dominaban el ánimo de toda la casa. Pero para Michelle, el matrimonio era un desierto emocional. Sentía que Geoff era distante, ajeno, o un «constipado emocional». Le dijo a una amiga íntima que creía que Geoff era autista. Nunca podía entender por qué jamás estaba con ella emocionalmente en las subidas y bajadas normales de la vida.

Cuando vinieron a uno de nuestros talleres, Michelle hablaba y lloraba detallando sus muchas pruebas y dificultades. Geoff se mantuvo en silencio a menos que le hiciéramos una pregunta. Sus ojos tenían la mirada de un soldado que había sobrevivido a las incursiones en Iraq pero que había regresado a casa con un trastorno de estrés postraumático (PTSD por su sigla en inglés).

Llevaban doce años casados, y la mayor parte de la última década había sido un callejón sin salida cada vez más frustrante entre lo que él veía como un caos emocional y lo que ella veía como la falta de interés y cuidado por parte de él.

Eso explica por qué Geoff aceptó la octava mentira sobre el amor «¡Tu amor me está volviendo loco!». La esencia de esta mentira es simple: una de las partes cree que las emociones de la otra parte son desestabilizantes y destructivas para la relación y considera que la mejor manera de arreglar las cosas es controlar, reprimir o eliminar los propios sentimientos.

Así es como lo explicó Geoff en el taller matrimonial:

—Siento que las poderosas emociones de Michelle tienen que ser contenidas o superadas de alguna manera si queremos que nuestro matrimonio sobreviva.

Pero antes de que Geoff siquiera hubiera terminado su frase, Michelle interrumpió entre sollozos diciendo:

—¿Qué clase de amor es si no se puede sentir nada? —preguntó, y se quejó de que sus sentimientos eran juzgados, despreciados y considerados «estúpidos».

Sentimientos y desmadres

Tanto Michelle como Geoff son personas emocionales, pero su turbulenta relación muestra que ninguna persona experimenta o actúa sobre sus emociones exactamente de la misma manera. Experimentan las emociones de formas tan diferentes que Michelle, con frecuencia, llega a la conclusión de que Geoff carece de emociones. Pero eso no es justo. Como suele ocurrir en matrimonios como el de ellos, la parte más callada y reservada de la pareja suele tener sentimientos profundos, pero es cautelosa para expresarlos en un entorno emocionalmente tan volátil.

Cuando estaban saliendo, Geoff se sentía atraído por la complejidad y la profundidad de las emociones de Michelle. Ella se sentía atraída por lo que veía como la estabilidad de Geoff. En esos primeros días ella le repetía:

—Tú eres mi roca.

Y a él le gustaba.

Pero después de varios años, Geoff teme por el daño que las emociones desenfrenadas y los constantes arrebatos estén provocando a su matrimonio y a su familia. Le habían enseñado a desconfiar de las emociones fuertes, y ahora está mucho más inclinado a estar de acuerdo con eso.

Mientras tanto, Michelle ya no se refiere a Geoff como su roca. En lugar de eso, lo describe a sus dos amigas más íntimas como «un paño frío sobre mi corazón», o como si no tuviera más sentimientos que un «bloque errático». La comparación con el gran bloque o roca es doblemente preocupante para Geoff, a quien le molesta que le digan que no tiene sentimientos y también lucha por controlar su peso.

Desde la perspectiva de Geoff, los problemas en su matrimonio provienen no de su falta de expresividad emocional, sino de lo que considera los excesos emocionales de Michelle y su incapacidad o falta de interés por dominar sus estallidos.

—Esas emociones nos están haciendo trizas —dice—. Me están destruyendo a mí y están destruyéndonos a nosotros.

Cuando vemos parejas como Geoff y Michelle, es triste ver la destrucción que han causado sus diferentes visiones de los sentimientos, su desconexión emocional y sus periódicas explosiones. Sobre la base de su crianza, no es de sorprender que Geoff sintiera que las emociones de Michelle son peligrosas, y explica su fuerte deseo de bajar el volumen y la temperatura de su relación. Geoff cree que es mejor para ambos ser distantes y poco emocionales que peligrosamente emocionales e inestables.

Habiendo crecido conteniendo sus emociones, Geoff ha usado esa capacidad para su beneficio en el trabajo. En las reuniones importantes donde otros ejecutivos de la compañía a veces impiden el avance con sus diatribas y arrebatos, Geoff era admirado como el adulto calmo y maduro de la sala.

—Tú eres nuestro timón en la tormenta —le dijo un colega después de una junta particularmente exaltada. Esas experiencias en el trabajo convencieron todavía más a Geoff que algún tipo de control emocional con Michelle traería los mismos beneficios en casa.

Pudimos ver por nosotros mismos cuán poderosas eran las emociones de Michelle. Sus comentarios eran bastante ruidosos, y las lágrimas le salían con facilidad. Era clara su propia frustración con Geoff, y una vez hasta tuvimos que pedirle que no atacara a Geoff por su supuesta falta de sentimientos. Era perfectamente claro lo que sentía Michelle por la ausencia emocional de Geoff.

En un momento, le preguntamos a Geoff cómo se sentía cuando Michelle se frustraba tanto con él. Comenzó a sollozar y tuvo que tomarse un minuto o dos para recuperar el control de sí mismo antes de poder hablar.

—Duele —dijo, secándose las lágrimas—. Duele tanto.

Pudimos ver por qué Geoff aceptó la octava mentira sobre el amor. El amor de Michele *estaba* volviéndolo loco. Hubo momentos en que Geoff llegó a fantasear sobre alguna píldora milagrosa, un procedimiento médico, o una sesión de orientación que pudiera reducir, estabilizar y eliminar las emociones de Michelle.

OCTAVA VERDAD SOBRE EL AMOR

Dios creó las emociones a propósito y con un propósito.
Los sentimientos, en su esencia, son datos moralmente neutros.
Están diseñados para informarte a ti y a tu
cónyuge lo que desean, necesitan y creen.

Más que un sentimiento

Estas reacciones son entendibles, y Geoff no está solo. Muchos cónyuges, con frecuencia hombres, sienten que son víctimas de emociones extragrandes. Pero ¿es la contención y el control la mejor y única solución? ¿Necesitamos castrar a nuestros cónyuges para que sean menos difíciles o amenazadores?

Creemos que no es así. La expresión emocional puede ser muy destructiva, pero procurar reducir las emociones o hacerlas desaparecer por completo no es la respuesta. La vida sencillamente no sería vida sin ellas. Por lo menos no la vida humana.

El hecho es que Dios creó las emociones. Tiene un gran propósito con nuestros sentimientos complicados. Nuestras emociones son una valiosa fuente de percepción e información para nuestro corazón. Por diseño, las emociones son informantes. Nos abren una ventana a lo que está pasando en nuestro interior. No son solo valiosas, son esenciales.

Jesús experimentó emociones poderosas. En el versículo más corto de la Biblia, Juan nos dice: «Jesús lloró» (Juan 11:35, NVI). Si se mira este corto versículo en su contexto, se puede ver que Jesús está sufriendo por la muerte reciente de su amigo Lázaro.

Más tarde en el mismo capítulo de Juan, Jesús realiza uno de sus muchos milagros al levantar a Lázaro de la muerte. Lo fascinante de todo esto es que Jesús lamentó muchísimo la muerte de su amigo, a pesar de que sabía que pronto lo resucitaría de la muerte.

Por lo visto, Jesús no pensaba que sus emociones intensas fueran una pérdida de tiempo. ¡Es obvio que amaba a Lázaro profundamente! Sentir y expresar su profundo dolor era una evidencia de eso. Jesús a lo mejor estaba llorando no solo por Lázaro, sino también por toda la gente que había sido golpeada por el dolor. En ambos casos, vemos a los sentimientos y su expresión como una afirmación de la humanidad de Jesús y de la nuestra.

El rey David también era un hombre de sentimientos fuertes. En el Salmo 30, David describe los sentimientos positivos y negativos que tiene, dependiendo de si percibe que Dios está presente o ausente:

> *Cuando me sentí seguro, exclamé:*
> *«Jamás caeré».*
> *Tú, SEÑOR, en tu buena voluntad,*
> *me exaltaste como monte poderoso;*
> *pero cuando escondiste tu rostro,*
> *yo quedé angustiado.*
> SALMO 30:6-7, NVI

Pero cuando David mira atrás y recuerda por todo lo que ha pasado, concluye con una nota más positiva:

> *Tú cambiaste mi duelo en alegre danza;*
> *me quitaste la ropa de luto y me vestiste de alegría.*
> SALMO 30:11

Expresa sentimientos similares cuando dice:

Si por la noche hay llanto,
*   por la mañana habrá gritos de alegría.*
SALMO 30:5, NVI

A menudo, Geoff se ve incapaz de entender por qué Michelle reacciona como lo hace y de manera tan fuerte. Considera que algunos de sus arranques son falsos porque parecen no tener ninguna relación con la realidad externa. Piensa que son reacciones exageradas a escenarios que imagina en su cabeza.

Pero nosotros le damos a las emociones más crédito que eso. Son increíblemente importantes porque son una gran fuente de datos de nuestro corazón. Dios creó las emociones para informarnos la condición de nuestro corazón, en realidad revelan el estado del corazón de una persona mucho mejor que otros indicadores. Esa es una de las razones por las que decimos que las emociones son moralmente neutrales y deben ser escuchadas en lugar de juzgadas.

Geoff creció pensando que hay emociones «buenas» que podemos disfrutar y emociones «malas» que es mejor ocultar. Sus experiencias con Michelle solo han fortalecido su comprensión de las buenas y las malas emociones. Las buenas son aquellas que lo hacen sentir bien y no le explotan en la cara. Las malas lo hacen cerrarse interiormente y huir en busca de la salida.

De hecho, muchas personas concuerdan con la política de Geoff de declarar a algunas emociones buenas y a otras malas, o por lo menos inconvenientes. Quién no ha oído decir:

«¡Relájate! Deja de llorar».

«¡Tienes que superarlo!».

«Eres demasiado sentimental».

«No tienes ningún motivo para ponerte loco».

Tenemos buenas noticias para Geoff. Las emociones no son

buenas ni malas. Reconocemos que algunas emociones pueden tener un impacto destructivo, pero eso no es culpa de las emociones en sí mismas. La destrucción tiene más que ver con cómo usamos nuestras emociones contra otros o cómo permitimos que alimenten conductas autodestructivas.

En nuestros talleres con parejas que luchan con las emociones (las propias y las de sus parejas), intentamos ayudarlas a entender mejor el diseño y el propósito de Dios para las emociones. Con esa comprensión, les ayudamos a aprender maneras de interpretar, gestionar y utilizar esos indicadores esenciales para asegurar que las personas, y sus relaciones, estén bien cuidadas.

Como le dijimos a Geoff:

—Geoff, una de tus tareas, y va a ser una difícil, es escuchar el corazón de Michelle y tener en cuenta lo que ella siente, sin hacerte responsable de sus sentimientos. Tienes que equilibrar eso con cuidar lo que tú también sientes. Ambos importan, y el corazón de ambos importa. De manera que, esa tarea puede incluir establecer algunos límites saludables o reglas básicas para asegurarse que ninguno salga herido.

»Esto puede parecer imposible o inconcebible ahora, pero tu tarea a largo plazo es aprender a estar siempre presente con Michelle y, por lo tanto, presente con sus emociones, sin importar si parecen ser sentimientos "buenos" o "malos". Esto le permitirá a ella saber que te importa, porque te importan sus sentimientos. No tienes por qué sentir lo mismo que ella ni hacer todo lo que ella quiera. Por lo general, cuando alguien ve que sus sentimientos le importan a otro, se siente amado, ¡incluso cuando sus sentimientos parecen irracionales! Y como dijimos hace un momento, tampoco requiere aceptar ni consentir las conductas dañinas.

Parejas como Geoff y Michelle necesitan comprender que ser uno en el matrimonio no significa que ambos cónyuges deban sentir lo mismo. Eso jamás ocurrirá. Más bien, la unión implica unidad de propósito, unidad en el amor del uno por el otro. No significa similitud ni uniformidad emocional.

Lograr ese tipo de unidad no es fácil, en especial cuando algunas parejas parecen estancadas porque no saben qué hacer con sus muchas emociones. ¿Qué hace Geoff cuando Michelle está dolida? Se asusta y huye. Esos sentimientos le parecen peligrosos a él. No porque no le importen, sino porque lo ponen loco. ¿Qué hace Michelle cuando Geoff huye a toda velocidad? Admitió frente a nosotros que levanta la voz aún más fuerte. A veces lo sigue por la casa para que la escuche alto y claro.

Su falta de aprecio por el diseño y los propósitos de Dios, combinado con dos estilos emocionales diferentes y la completa falta de estrategia y habilidades emocionales, ha generado su entorno emocional inestable y peligroso. Ambos están convencidos de que su pareja no está sintiendo las cosas de manera correcta o apropiada, y ambos trabajan horas extras para cambiar la forma en que la otra persona siente y expresa sus emociones.

Lo que les pedimos a estas parejas emocionalmente traumatizadas es simple: no huyan. No se escondan. No traten de eliminar ni manipular los sentimientos de su cónyuge. Más bien, trabajen juntos para crear una manera segura y eficaz de entender, cuidar y hacer buen uso de una de las principales fuentes de datos relacionales de Dios.

Eso fue lo que le dijimos a Geoff, quien de inmediato nos preguntó:

—¿Cómo le hacemos para que esos sentimientos sean más manejables? ¡A mí me gustaría mucho poder hacer lo que dicen!

Tenemos la respuesta que Geoff y muchas otras parejas necesitan. La llamamos Charlas de Corazón, y es una de las herramientas matrimoniales más poderosas que damos a las parejas con las que trabajamos.

Pero primero ¡otra evaluación!

Evaluación de la salud emocional de tu relación

1. Considero que los sentimientos intensos y/o desagradables son negativos, malos o equivocados.

1	2	3	4	5	6	7	8	9	10
Nunca				A veces				Siempre	

2. Comprendo y acepto los sentimientos de mi pareja.

1	2	3	4	5	6	7	8	9	10
Nunca				A veces				Siempre	

3. Mi pareja comprende y acepta mis sentimientos.

1	2	3	4	5	6	7	8	9	10
Nunca				A veces				Siempre	

4. Cuando ambos experimentamos sentimientos fuertes, creo que debo elegir entre cuidar mis sentimientos o cuidar los de él/ella.

1	2	3	4	5	6	7	8	9	10
Nunca				A veces				Siempre	

5. Veo los sentimientos como el principal elemento de la comunicación para crear cercanía íntima y conexión.

1	2	3	4	5	6	7	8	9	10
Nunca				A veces				Siempre	

Hablar de corazón a corazón

Esta es nuestra receta para combatir la octava mentira sobre el amor. En lugar de volverse locos el uno al otro, Michelle y Geoff necesitan tener una conversación buena y larga del tipo corazón a corazón y en profundidad, la cual a lo mejor no han tenido en una década o más. Llamamos a esa conversación especial Charlas de Corazón. Solíamos llamarla Comunicación Emocional. Hay muchas versiones de este estilo de comunicación dando vueltas, y cada una de ellas tiene un nombre diferente, pero hemos trabajado durante años para pulir nuestro enfoque y hemos creado el formato más simple y fácil de usar que conocemos. No importa cómo lo llamemos, Michelle y Geoff lo necesitan con desesperación.

La estructura y las metas de las Charlas de Corazón son simples, pero su puesta en práctica le resulta difícil a algunas parejas debido a viejos hábitos de comunicación obstinados a los que se han acostumbrado. El principal objetivo de una Charla de Corazón es que cada persona sea capaz de compartir cómo se siente acerca de algo y termine sintiéndose muy comprendida, aceptada y cuidada.

Por una diversidad de razones, el resultado que indicamos arriba puede parecer difícil cuando hay fuertes sentimientos presentes. Como en el caso de Michelle y Geoff, muchas parejas tienen diferentes estilos emocionales, tienen distintas visiones sobre el valor de ciertas emociones, y carecen de un método probado de comunicación que podría ayudarlo al éxito relacional. Cuando se molestan, ambos hablan y nadie escucha en realidad. Las Charlas de Corazón proveen una solución a todos estos desafíos.

El punto básico de las Charlas de Corazón es que uno de los dos hable acerca de algo que tiene en el corazón mientras que el otro escucha e intenta comprender. Eso es todo. Una persona comparte, la otra procura enfatizar y «captar» lo que su pareja siente. Recuerda, las emociones subyacentes tienen que ser la clave del foco de ambos para que cada persona acabe sintiéndose escuchada y cuidada. Cuando se hace bien, la pareja termina sintiéndose cercana y conectada. Y es absolutamente esencial turnarse para que ninguno de los dos se sienta descuidado o eclipsado por el otro.

Suena sencillo ¿verdad? Pero para Geoff y Michelle ese tipo de intercambio profundo había desaparecido hacía tiempo. Seguían hablando. La mayoría de los matrimonios lo hace. Pero la mayor parte de lo que conversan las parejas no es una Charla de Corazón. Cuando no estamos discutiendo, la mayor parte del tiempo tenemos conversaciones sobre el trabajo, sobre la logística doméstica y sobre lo que hace falta hacer.

Aclararemos lo que queremos decir con Charlas de Corazón comparando con un par de otras formas de conversación comunes que las parejas llevan a cabo todos los días.

Charla de Corazón y Charla de Trabajo

La conversación es esencial en un matrimonio exitoso. Hemos descripto la conversación como la argamasa que sostiene unido el matrimonio, o como el elemento vital que fluye a través de una relación exitosa. Ahora echemos un vistazo a los dos tipos de comunicación que ayudan a construir una relación: Charla de Corazón y Charla de Trabajo.

En realidad, hay muchos tipos válidos de comunicación, cada uno lleva a un objetivo diferente. Por ejemplo, el debate es un estilo de comunicación poderoso que muchos usan, y algunos han sido entrenados en eso y hasta lo usan en competiciones. El debate suele lleva al objetivo de intentar ganar o persuadir, lo cual en buenas manos se puede usar para lograr cosas grandes.

Aun así, el debate rara vez puede ser la clave para desarrollar un gran matrimonio.

Otro tipo de conversación común es uno al que llamaremos charla breve. Todos lo conocemos, pero para algunos es charla sin sentido. Nosotros entendemos que la charla breve está diseñada para tener una conexión con otro. Hablar sobre el estado del tiempo, o algo parecido, puede ayudar a cerrar la brecha entre tú y yo y hacer que ocurra una conexión básica.

Con los años, hemos observado que las parejas que tienen matrimonios florecientes son hábiles en su uso de dos estilos muy específicos de comunicación. Uno de ellos es el que llamamos Charla de Trabajo, el cual está destinado a hacer que las cosas funcionen. Para que nuestra vida funcione, hay un despliegue interminable de logística que requiere atención. Cosas como:

«Querida, ¿cómo vamos a sacar tu coche de la cochera?».

«Querido, ¿crees que este fin de semana tendrás tiempo para ayudarme a ordenar el placar de la sala?».

Además, hay problemas, diferencias y numerosos otros desafíos que ocurren a menudo. Las Charlas de Trabajo son el método ideal para superar asuntos o conflictos de este tipo. Cuando se practica bien, resulta en una sensación satisfactoria de logro. Analizaremos las Charlas de Trabajo en el próximo capítulo.

Las Charlas de Corazón son un asunto totalmente diferente. Las Charlas de Corazón no tienen que ver con logística, planes o ponerse al día. No tienen que ver con resolver asuntos o manejar las diferencias. Tienen que ver con compartir la parte más profunda de ti con otra persona. Como afirmamos previamente, el elemento de las Charlas de Corazón son los sentimientos; la meta de las Charlas de Corazón es la cercanía y la intimidad. Cuando la practicamos bien, lleva a una experiencia profunda de conexión y vínculo emocional.

Si su meta como pareja es ser grandes compañeros de negocio, las Charlas de Corazón son optativas. Si su meta es sentirse genuinamente íntimos y conectados como pareja, las Charlas de Corazón son el tipo más importante de conversación que pueden tener como cónyuges. Cuando todo está tranquilo y relajado, las Charlas de Corazón se dan sin mucho esfuerzo. Pero nuestra experiencia revela que cuando entran en escena sentimientos fuertes, solemos necesitar un poco de ayuda. Te mostraremos lo fundamental para que, cuando lo necesites, tengas una hoja de ruta que te asegure el éxito.

Reglas de ruta: Compartir, cuidar y comprender

Cuando se debaten asuntos del corazón, alentamos a las parejas a recordar que la seguridad es lo primero. No olvides la advertencia de Proverbios 4:23 de cuidar tu corazón sobre todas las cosas. Estas conversaciones pueden convertirse en algunas de las conexiones más significativas, las cuales crean un lazo afectivo en tu matrimonio, aunque compartir cómo te sientes acerca de algo crea vulnerabilidad instantánea. Si un cónyuge se siente herido como resultado de abrirse, la probabilidad de que vuelva a querer ese tipo de conversaciones se reduce drásticamente.

Es por eso que nuestro modelo simplificado de comunicación emocional es un proceso de tres pasos que toma en cuenta esa vulnerabilidad. Nuestro proceso se basa en el acrónimo UCI que la mayoría de las personas asocia con la unidad de cuidados intensivos de un hospital, donde a los pacientes altamente vulnerables se les da el grado más alto de atención y cuidado. Como estarás discutiendo asuntos del corazón, queremos que construyas tu propia UCI matrimonial, con un compromiso mutuo de asegurar que ambos procedan con enorme cuidado y respeto.

Con eso en mente, el primer paso es que uno de ustedes dos inicie la conversación. Eso puede ser porque tienes sentimientos que querrías que tu cónyuge comprenda y se preocupe por cuidar, o puede ser porque sientes que tu cónyuge tiene sentimientos a los que querrías tener en cuenta y cuidar, si tu cónyuge tiene interés en compartir. En el primer caso podría sonar algo como: «Me está pasando algo que me gustaría hablar contigo. ¿Estás dispuesta/o a tener una Charla de Corazón?».

Observa, preguntar si la persona está disponible es algo esencial para el cuidado de ambos. Si tu cónyuge no está en un lugar que pueda atender bien a tu corazón, serías un tonto descuidado en abrirlo allí. Respetarte a ti mismo requiere ser reflexivo y cuidadoso sobre cuándo y con quién te abres.

Además, si tu cónyuge no está en un buen lugar para escuchar, intentar forzarlo a hacerlo no es respetuoso tampoco. En este escenario, debes percibir que tu cónyuge está experimentando emociones fuertes, y querrás que sepa que lo has notado y que te importa mucho. Ese inicio puede sonar algo así como: «Tesoro, veo que estás experimentando emociones fuertes. Si quieres hablar, estoy completamente disponible para una Charla de Corazón».

Para que esto siga siendo respetuoso, tienes que estar preparado para la respuesta «No» o «Ahora no».

Esto debería ir seguido de la respuesta «Bien, si cambias de idea y decides que quieres hablar, házmelo saber».

En cualquier caso, cuando comienzas una Charla de Corazón tienes que ser claro sobre quién será el que hable y quién será el que escuche. Una vez establecido eso, están en condiciones de comenzar.

Una de las bondades de nuestro modelo es que hemos reducido los pasos a solo tres, y son exactamente los mismos pasos tanto para el que habla como para el que escucha, con una mínima diferencia.

Paso 1: Identificar los sentimientos
Paso 2: Cuidar los sentimientos
Paso 3: Comprender los sentimientos

Cada participante debe dar los tres pasos. La única diferencia es que quien habla pone el foco en sus sentimientos, mientras que quien escucha pone el foco en los sentimientos de quien habla. Una vez que el que habla se siente escuchado, comprendido y cuidado, se cambian los roles y proceden así hasta que ambos se sientan escuchados, comprendidos y cuidados. Es así de simple. Ahora agreguemos algunos detalles para que en realidad puedan hacer funcionar esto.

En la Charla de Corazón ideal, el primero en hablar comparte algo que está sintiendo. Se puede dar algo de contexto (lo que ocurrió, lo que oyó, etcétera) pero se pone el foco en lo que *sientes*.

Por ejemplo, así es como Michelle podría comenzar una Charla de Corazón acerca de un almuerzo con su mejor amiga: «Me siento muy feliz y agradecida de que mi amiga y yo tuvimos un tiempo maravilloso juntas, pero estoy triste porque su hijo le está trayendo muchos problemas».

Si Geoff comienza siendo quien escucha, intenta resumir lo que escuchó decir a Michelle, y pone el foco en lo que ella siente. Debe ser tentativo, permitiendo que Michelle determine si él escuchó adecuadamente su corazón: «Lo que te escucho decir es que estás contenta y, a la vez, triste por la conversación en el almuerzo, ¿correcto?».

Ella puede hacerle saber a Geoff que la entendió correctamente, y ofrecer alguna aclaración, o solo decir que sí y seguir adelante. Recomendamos que quien hable comparta segmentos cortos de lo que siente para no abrumar a quien escucha y hacer difícil para su cónyuge recordar las partes importantes. Ya sea en el tiempo final acordado (a veces a la gente le gusta decidir de entrada la duración de este paso) o cuando quien habla haya dicho lo que tiene en su corazón, ambos cónyuges intercambiarán roles y repetirán el proceso. Después de tener la luz verde de Geoff, Michelle comparte más detalles sobre su experiencia y sus sentimientos.

Las cosas hubieran resultado diferentes si Geoff hubiera tratado de transformar esta Charla de Corazón en una Charla de Trabajo. Por ejemplo, podría haber respondido a la tristeza de Michelle por el hijo de su amiga, recomendándole algo así: «Bueno, a lo mejor le podemos presentar el consejero que ayudó mucho a nuestro hijo».

¡Detente Geoff! Michelle está tratando de hablar de su corazón. No respondas poniéndote en tu papel de ingeniero y tratando de resolver el problema. Escucha el corazón de Michelle. Trata de comprender lo que ella está diciendo de la amiga y su hijo. Esa es tu prioridad aquí. Es tu única misión. Tu tarea es sentir, no resolver. Recuerda que la meta de la Charla de Corazón es sentirse cerca y conectado, no resolver o arreglar nada. Si hace falta una solución para algo, después de que ambos se hayan sentido escuchados y cuidados podrán pasar a la Charla de Trabajo, la cual detallaremos en el próximo capítulo. Esa es la herramienta para resolver cosas.

Las cosas hubieran resultado diferente si Michelle hubiera comenzado mal diciendo: «Siento qué eres la persona más estúpida del universo». Es cierto que su afirmación comienza con la palabra importante *siento*. Pero ella no está hablando allí de sus sentimientos, sino recitando una persistente queja o crítica a Geoff. Michelle olvida que la Charla de Corazón es su oportunidad para hablar sobre *sus experiencias y sentimientos*, no para quejarse de las muchas presuntas faltas de Geoff. Cuando la gente intenta estas conmutaciones en nuestros talleres, los frenamos, les indicamos que comiencen otra vez, y les pedimos que hablen de sus propios sentimientos.

Si Geoff se convierte en un campeón de las Charlas de Corazón, evitará por completo cualquier esfuerzo por alejarlo de su único objetivo: entender el corazón de Michelle. No responderá expresando su opinión ni ofreciendo un juicio. Eso podría tirar abajo toda la Charla de Corazón.

—Recuerda, Geoff, no se trata de ti —le decimos—. Se trata de ella y sus sentimientos. Quieres que ella sepa que te importa lo suficiente cómo se siente como para tomarte el tiempo de conocerla emocionalmente.

Aquí ofrecemos una tabla que resume los puntos básicos de las Charlas de Corazón y quién hace qué:

CHARLA DE CORAZÓN

Este estilo de comunicación puede parecer un poco extraño o incómodo al comienzo, pero con algo de práctica eso cambia en realidad. El beneficio es que ambos terminan sintiéndose escuchados, comprendidos y cuidados. Si necesitas pasar a la Charla de Trabajo, en el capítulo siguiente enseñamos «Los siete pasos para que todos ganen». Pero es de mucha ayuda tener primero una Charla de Corazón. Puedes haber oído la antigua expresión: «A la gente no le importa lo que sabes hasta que saben que les importas». Resolver asuntos es mucho más fácil cuando a ninguna de las partes le preocupa que lo que sientan no importe.

Como hacer que las Charlas de Corazón funcionen para ti

Después de numerosos intentos fallidos con las Charlas de Corazón, Jenni y yo (Bob) al fin tuvimos éxito. Yo estaba capacitado y entrenado en el uso de esta herramienta con clientes, pero parecía no poder hacerla funcionar en casa con la persona que más me importaba, mi esposa. Jenni fue la que tuvo la idea que nos permitió personalizar nuestro enfoque a las Charlas de Corazón que configuró nuestro primer avance personal.

A sugerencia de ella empacamos nuestras computadoras portátiles a las 6:45 el miércoles por la tarde y nos dirigimos a la biblioteca local para la primera de nuestras Charlas de Corazón regulares. Las charlas comenzaban puntualmente a las 7 p. m.; y nos permitíamos dos horas para lo que considerábamos nuestra inversión semanal para tratar de sanar nuestro matrimonio. En ese momento nuestra relación se sentía profundamente rota.

Te preguntarás por qué empacábamos las cosas e íbamos a la biblioteca para hablar. La respuesta superficial es sencilla: a nosotros nos funcionaba bien. La triste respuesta subyacente es que ¡no estábamos seguros en casa! En ese tiempo al fin aceptamos que carecíamos de autocontrol. Descubrimos que era más seguro tener nuestras conversaciones en algún lugar público para que fuera menos probable caer en tácticas que estropearan las conversaciones, como levantar la voz el uno al otro o una serie de otras cosas que nos permitíamos decir o hacer. Nuestros arranques y comentarios desagradables nunca ayudaban a nuestras conversaciones, de modo que tuvimos que buscar un espacio neutral donde las presiones externas ayudaran a evitar que nos dijéramos cosas que luego lamentáramos haber dicho.

Claro que podríamos haber ido a un Starbucks. En realidad, lo intentamos, pero era demasiado pequeño y encerrado. Nuestra biblioteca tenía mucho lugar, y allí no se puede levantar la voz. Apreciábamos ese ambiente, y el temor a hacer una escena pública y que tuvieran que echarnos de la biblioteca nos ayudaba en los momentos en que estábamos tentados a perder la tranquilidad y el respeto.

¿Por qué las computadoras portátiles? Por fin entendimos que el síndrome de déficit de atención (ADD por su sigla en inglés) de Jenni le hacía difícil y frustrante expresarse cabalmente con afirmaciones cortas de ida-y-vuelta. Tuvimos que personalizar las Charlas de Corazón para que funcionara con nosotros. Mientras ella hablaba, yo usaba mi computadora para tomar notas haciendo el esfuerzo de no interrumpir y hacerla descarrilar. Hubo un par de ocasiones en que ella estuvo bastante alterada y yo escribí tres páginas de notas. ¡Pero funcionó! Y ella se sintió escuchada, comprendida y cuidada.

Hubo algunas ocasiones en las que Jenni tocó uno de mis botones de encendido y yo tuve que pedir una pausa. Después de dar unas vueltas por la biblioteca, respirando hondo, orando y practicando mi Círculo del Cuidado, pude regresar y continuar la conversación con seguridad.

Ya no necesitamos ir a la biblioteca. Hemos podido desarrollar mucho autocontrol y estamos totalmente comprometidos con mantener nuestra «Unidad de Cuidados Intensivos» familiar. Hoy cada uno de nosotros cuida bien su corazón y el precioso corazón del otro, pero si tú necesitas la biblioteca, ¡adelante!

Pero ¿recomiendo yo que todas las parejas marchen a la biblioteca para sus Charlas de Corazón, o que todos los esposos pidan una pausa cuando la conversación se rompe? Claro que no. Estoy intentando mostrarte lo que funcionó para nosotros para que puedas encontrar algo que funcione igual de bien para ti. Utiliza nuestro modelo como un marco para asegurarte que los puntos básicos estén cubiertos. Pero siéntete libre de personalizarlo para que el modelo se adapte a ti y a tu matrimonio.

Hablar para conectarse

Geoff y Michelle están aprendiendo a hablar entre ellos de nuevo. Dedican por lo menos diez minutos cada noche a hablar sobre asuntos familiares y logística, y una o dos veces al día se ponen en contacto uno con el otro. También han agendado una noche por semana para realizar una Charla de Corazón, en la que toman turnos para hablar. En una buena noche cada uno comparte por lo menos un hecho importante de su corazón mientras que el otro se esfuerza por comprender.

Los arranques de Michelle no han desaparecido por completo, pero son mucho menos frecuentes, y ella responde mejor a Geoff cuando él le señala que sus comentarios son hirientes o lo asustan. Y Geoff todavía huye en busca de la salida de tanto en tanto, pero siempre se asegura de volver a Michelle con un corazón abierto y lo antes posible. Está trabajando duro para convertirse en un campeón de las Charlas de Corazón, y la perspectiva es alentadora. Hay muchas menos explosiones en su hogar y muchos más momentos de amoroso cuidado y compasión.

—Francamente —nos dijo Geoff—, ¡nos sentimos mucho mejor!

Ejercicios de Charlas de Corazón

Hagan una ronda de práctica de Charla de Corazón

Se puede practicar las Charlas de Corazón con cualquier tema que se quiera discutir. A las parejas como Michelle y Geoff, las instamos a comenzar con temas menores. Se pueden abordar los sentimientos más grandes y complicados una vez que domines las Charlas de Corazón.

Elige un tema entretenido, como tu salida de noche ideal, las vacaciones soñadas, algo de tu lista de cosas pendientes. Por ejemplo, pensemos en las vacaciones soñadas. Tomen turnos para describir en detalle dónde irían (clima cálido o frío, un país en particular, la época del año, etcétera) y lo que harían (relajarse en la playa, esquiar en una de las pistas más difíciles, visitar la Tierra Santa, etcétera). Practica escuchar y repetir lo que oyes decir a tu cónyuge, en especial las emociones.

Recuerda tu misión: estás intentando crear una conexión de corazón a corazón. Este no es el momento para la Charla de Trabajo, la cual implica discutir el presupuesto, el cuidado de los niños, o los plazos. La meta es entender y cuidar, no resolver ni arreglar nada. Si es necesario, eso viene después.

Si las cosas no van bien durante tu primera Charla de Corazón, haz un alto y reinicia. A lo mejor, puedes encaminarte de nuevo de inmediato, pero en algunos casos es posible que necesites esperar un día o dos antes de intentarlo de nuevo. Utiliza lo que ocurrió en la primera sesión para ayudarte a tener éxito en el segundo esfuerzo. De hecho, puedes utilizar tu intento fallido de la primera Charla del Corazón como una poderosa herramienta de aprendizaje para ayudarte a tener mayor habilidad y, en definitiva, el éxito. El crecimiento y el aprendizaje convierten un aparente fracaso en un activo valioso, de manera que relájate y haz lo mejor que puedas.

Repasa tu Charla de Corazón

La comunicación efectiva va más allá de las palabras de tu cónyuge, llega al corazón y a los sentimientos detrás de sus palabras. ¿Has descuidado validar los sentimientos de tu cónyuge en el pasado? ¿Cómo crees que eso hizo sentir a tu cónyuge? Si tu cónyuge te dice que se siente descuidado, no saltes de la silla para marcharte, más bien escucha para ver qué puedes aprender.

Vuélvete mejor y más exitoso en tus conversaciones discutiendo sobre la discusión. ¿Qué pueden hacer ambos de manera diferente para mejorar su habilidad para escuchar desde su corazón el corazón y los sentimientos de tu cónyuge? Practica bien la Charla de Corazón y podrás lograr un cambio positivo y significativo en la calidad de la comunicación entre ustedes, y las conversaciones pueden convertirse en una rica fuente de comunicación y satisfacción.

Etiqueta los temas difíciles

La mayoría de las parejas mantiene Charlas de Trabajo exitosas y conversaciones breves a lo largo del día. En general, no nos damos crédito por esos éxitos porque rara vez les prestamos atención. Por lo tanto, haz una pausa y celebra las muchas buenas charlas que has tenido.

Los momentos que en realidad tienden a atraer nuestra atención son los enormes fracasos conversacionales que dejan una o más personas incómodas o heridas. Para muchos de nosotros, es más probable que las conversaciones desagradables ocurran cuando discutimos temas específicos o cuando estamos bajo presión. ¿Qué temas tiendes a comunicar bien y qué temas tienen más probabilidades de generar dificultades? ¿Qué podrían hacer ambos de manera diferente para estar mejor preparados para el éxito en las conversaciones sobre temas o circunstancias difíciles?

Habla palabras de vida

En este capítulo hemos hablado sobre conversaciones difíciles, pero nuestras palabras también pueden comunicar vida en nuestras relaciones. Esto requiere que primero reconozcamos las cosas que consideramos valiosas y preciosas en nuestra pareja. ¿Qué cosas has identificado? ¿Cómo has intentado comunicar vida a tu pareja reconociendo su valor? ¿Cuáles son algunas de las nuevas maneras para demostrar el valor que ves en tu cónyuge?

Pídele al Señor en oración que te permita ver a tu cónyuge a través de sus ojos, que puedas ver lo que él valora y sentir lo que él siente. Toma nota de lo que ves diferente cuando miras a través de los ojos del Señor frente a lo que sueles ver si miras a través de tus propios ojos. Comparte esos descubrimientos con tu cónyuge y celebren.

Comprende tus botones de encendido

Hablamos sobre los botones de encendido en el capítulo 6, como parte de tu Ciclo Reactivo. Intenta explorar los orígenes de algunos de tus botones de encendido. No pongas el foco en el matrimonio, sino en las experiencias y lecciones de vida que tuviste antes del matrimonio y que determinaron quién eres ahora.

Los miedos son botones que con frecuencia son el resultado de mensajes negativos escritos en las «tablas de corazones humanos» (2 Corintios 3:3, LBLA). ¿Puedes identificar algunos de los mensajes negativos de tu pasado? ¿De dónde provienen? ¿Qué dice el Señor sobre ti y esos mensajes hoy?

Usa las Charlas de Corazón como tu principal método de comunicación cuando analices las respuestas a esas preguntas.

NOVENA MENTIRA

ALGO SE GANA Y ALGO SE PIERDE

*Dado que los cónyuges son diferentes y el conflicto es inevitable,
el compromiso es esencial para que ninguno de los dos se sienta engañado.*

—¡Fíjate hacia dónde vas! —rugió Matt mientras se volvía para enfrentar a la persona que lo había chocado.

—¡Ehhh! Tú eres quien se detuvo de golpe —dijo la bonita estudiante con su propia dosis de furia.

El primer encuentro de Matt y Janet les despertó interés a la vez que el enojo inicial.

—Sí —dijo Matt más tarde a un compañero en el vestuario de fútbol—. Se veía muy graciosa, tan furiosa y atrevida. Muy guapa también. Alta, cabello largo rubio y ojos azules que me quemaban.

En otro vestuario del otro lado del campus, Janet también estaba relatando a su compañera de equipo el encuentro con Matt.

—¡Es altísimo! Juega en la defensa en fútbol y parecía creer que yo debía reconocerlo y saber su nombre. Le hice saber que me estaba perdiendo un montón de jugadas porque yo misma iba camino a un partido de vóley de visitante. No me sorprendió que él tampoco supiera mi nombre.

—Entonces —preguntó la amiga—, ¿lo verás otra vez?

—Sí, me invitó a salir con él el domingo por la tarde, el único momento que los dos estamos libre de entrenamiento y partidos.

Durante los dos años siguientes, Matt y Janet siguieron saliendo en forma exclusiva y descubrieron que compartían un enfoque común para la resolución de conflictos: luchar hasta que gane el mejor. Habían llegado a esa conclusión por sus experiencias mientras crecían.

Matt amaba el fútbol y había aprendido temprano el valor de la fuerza. Su padre había sido un jugador profesional y era entrenador del equipo universitario cuando Matt era niño.

—Recuerdo estar en el vestuario de niño mirando desde abajo todos esos tipos fuertes —dijo Matt a Janet—. Me protegían por ser hijo del entrenador, pero a primera vista el trato entre ellos parecía despiadado. Muchos puñetazos y bofetadas. Se gritaban entre ellos con palabras duras y torpes. Aun así, yo aprendí que la mayor parte de esa conducta era en broma y no significaba que estuvieran molestos entre ellos. Se abrazaban y alentaban mientras salían corriendo a la cancha, recargados y dispuestos a dar lo mejor. A mí me parecía muy bueno, y quería ser tal como ellos.

El padre de Matt, el entrenador John Lawson, era de la vieja escuela. Los golpes no eran más que parte del juego, a veces incluso señal de coraje. Los entrenadores en los laterales de la cancha determinaban si un jugador herido se veía bien, lo que significaba que aún podía mantenerse en pie, y lo enviaban de inmediato de regreso al juego. Su padre creía que, en las palabras de famoso entrenador Vince Lombardi: «Ganar no es todo, ¡es lo único!».

—Y así era en casa también —le dijo Matt a Janet—. Cuando papá y mamá no estaban de acuerdo, peleaban. Nunca se golpearon, pero se gritaban el uno al otro y se decían cosas hirientes. Por pura determinación, papá solía salirse con la suya. Pero mamá tenía sus propias formas, más sutiles, de defenderse. En cualquier caso, solían terminar como esas discusiones acaloradas en el vestuario, con abrazos y expresiones de afirmación.

»Aun así, mis hermanos y yo nos alejábamos de la pelea ni bien comenzaba y esperábamos que terminara pronto. Yo odiaba esa situación. Podía ponerse tan inestable que yo temía que un día alguno de los dos se pusiera tan loco como para golpear al otro, o que papá nos dejara. Pero eso nunca ocurrió. Siguen casados, de manera que parece ser que funcionó.

»Nosotros también lo podemos hacer funcionar. Cada parte dice las cosas sobre cualquier tema, y gana el mejor. Los dos somos relativamente inteligentes, y los dos somos duros, ¡por lo menos cabezadura! Podemos pelear un poco hasta resolverlo, y luego nos besamos ¡y hacemos las paces! Esa es mi parte preferida.

—Suena un poco aterrador —contestó Janet—, pero lo entiendo.

»Como saben, soy hija única y mis padres se divorciaron cuando yo tenía alrededor de seis años. Mi mamá se puso a estudiar, cuidaba de mí, y consiguió trabajo en una firma grande. Trabajó duro para insertarse en ese ambiente enrarecido de la gestión empresarial. Así, aunque yo no presencié peleas en mi propia casa, escuchaba todo acerca de su lucha por ganarse un lugar en el trabajo. Nunca retrocedía cuando sentía que le habían hecho una injusticia o cuando se veía desafiada a probar su fuerza. A veces, en casa, lloraba un poco y parecía desanimada por un rato. Pero siempre se recuperaba. Ella es mi heroína. ¡Una mujer determinada a ganar!

»Yo soy como ella —continuó diciendo Janet—, esa actitud de "yo puedo hacerlo" es la que más manifiesto en los deportes. Soy muy competitiva y me encanta rematar con un toque imposible de devolver. Cuando fallo, me hierve la sangre hasta que logro entrar en ritmo otra vez.

Charlas como esa continuaron durante los restantes años en la universidad y las pequeñas peleas se mantuvieron pequeñas, lo que sumaba a la creencia de que ser fuerte y ganar en las discusiones compensaba la incomodidad esporádica de tener que admitir una derrota. Y al final, siempre terminaban con un beso y las paces.

Pero las cosas cambiaron cuando Janet y Matt se casaron. El fútbol y el vóley quedaron en un estante de la cochera, y las discusiones adquirieron más peso que ganar partidos o quién decidía dónde irían a cenar. Las pequeñas peleas se hicieron cada vez más grandes. Se levantaban la voz y lanzaban palabras hirientes. Y ahora sus dos hijos presenciaban patrones dañinos usados supuestamente para reconciliar diferencias.

La relación entre Matt y Janet estaba sometida a muchas de las presiones que experimentan los matrimonios hoy: ambos padres con trabajos exigentes, la crianza de los niños, gastos inesperados, mantener la apariencia de éxito, el cultivo de redes sociales, y las implicancias físicas de vivir sin márgenes. Además de todas esas presiones, Matt y Janet tenían el estrés adicional de crecientes asuntos sin resolver. Hasta el momento, habían preservado la imagen de estar manejando exitosamente todas esas presiones con la habilidad de personas fuertes y exitosas.

Pero problemas internos se cocían a fuego lento en cada uno de ellos. Cada tema terminaba con uno de los dos saliéndose con la suya, lo cual significaba que el otro añadía más dolor y resentimiento a su pila de pérdidas. E incluso cuando llegaban a un acuerdo, sentían que era una pérdida pero con otro nombre.

Hubo una discusión en particular que desbarató toda ilusión de que pelear era una elección viable para resolver desacuerdos.

—¿De quién es el coche que está en la cochera? —preguntó

Janet cuando regresó del trabajo. Esperaba ver alguno de los niños pero no a Matt. El coche de Matt no estaba a la vista de manera que supuso que todavía no había regresado.

—¡Hola! —dijo Matt con entusiasmo mientras le daba un gran abrazo.

—¿Hola? —dijo ella en tono cuestionador—. Entonces ¿quién está aquí y por qué está su automóvil en la cochera?

Antes de que Matt pudiera responder, Janet se soltó de un empujón y dijo:

—¡No me digas que lo hiciste!

—No explotes —dijo Matt levantando las manos en un gesto de advertencia—. Hice un buen negocio, conseguí una buena permuta por mi coche viejo.

Matt sabía lo que se venía y se puso en guardia para una pelea.

—¡Habíamos decidido *no* comprar un coche nuevo ahora! ¡Lo teníamos resuelto! ¡Estuviste de acuerdo!

La reacción combativa de Matt no se hizo esperar y explotó la furia de Janet por haber sido ignorada. Las voces subieron de tono y las afirmaciones venenosas de Janet aterrizaban en el blanco esperado. Matt tomó a Janet de los brazos apretándola con fuerza mientras lanzaba amenazas tan cerca de su cara que acababa escupiéndole las mejillas. Ella le arañó la cara y le gritó que la soltara.

—¡Paren! —gritó su hija—. *¡Paren!*

Al comienzo ni siquiera escucharon a su hija adolescente que estaba en la puerta de la cocina. La niña les gritó de nuevo que se detuvieran y saltó sobre la espalda de su padre. Matt soltó de inmediato a Janet y se arrodilló frente a su hija, quien ahora estaba acurrucada en el suelo. Janet se arrojó del otro lado de su hija, y los tres comenzaron a sollozar.

Después de esa terrible pelea, Matt y Janet buscaron ayuda. Con un poco de asistencia, hicieron una tregua para dejar de pelear y dejar de negar el daño que las peleas estaban haciendo en ellos y en sus hijas. Por fin pudieron ver la mentira que habían aceptado y comenzaron a encontrar una salida.

Dependiendo de su estilo relacional particular, las parejas combativas a menudo terminan en una de tres relaciones disfuncionales:

Relaciones de conflicto elevado

Las peleas son un rasgo habitual de la vida matrimonial de esas parejas. Las consecuencias son nefastas: una cuenta creciente de heridas y cicatrices emocionales; la erosión de la sensación de seguridad y confianza en la relación; y sentimientos de miedo y terror de pasar por más conflictos combativos.

Relaciones de persecución y abandono

En estos casos, el cónyuge que persigue quiere seguir peleando hasta «resolver», y se siente frustrado y bloqueado cuando no hay batallas. Mientras tanto, el cónyuge que se retira se siente perseguido, amenazado e incluso atrapado.

Relaciones de abandono/abandono

Cuando ambos cónyuges tienden a evitar el conflicto, o después de demasiadas peleas destructivas ambas partes de la pareja se alejan una de otra y del conflicto, buscando alivio del dolor en la desconexión y el distanciamiento. Esto se parece más a una silenciosa «guerra fría».

Autoevaluación: ¿Cómo funciona tu equipo?

Es hora de un chequeo del equipo. Responde las siguientes preguntas para ver cómo funciona tu equipo matrimonial. La meta es hacer una breve autoevaluación, no para criticarte a ti ni a tu cónyuge. Esta es una oportunidad para conocerte mejor a ti mismo y a tu cónyuge e identificar dónde hay nuevas posibilidades.

1. ¿Cómo manejaban tus padres (o padrastro o madrastra)
   los conflictos? ¿Cuál era su estilo relacional particular?
   • Relaciones de conflicto elevado
   • Relaciones de persecución y abandono
   • Relaciones de abandono/abandono

   ¿Qué impacto tuvo en ti esa manera de manejar
   los conflictos mientras crecías? ¿Cómo influyó
   en la manera en que manejas los conflictos en tu
   matrimonio?

2. ¿Cómo afectó tu relación matrimonial la mentalidad
   tipo Vince Lombardi de «Ganar no lo es todo. ¡Es
   lo único!»? ¿Cuál es el costo relacional de tratar de
   «ganar» las discusiones en tu matrimonio?

3. En una escala del 1 al 10, señala el grado de acuerdo o
   desacuerdo con las siguientes afirmaciones:
   • En un matrimonio, una solución «ganar-ganar» siempre
     es mejor que una «ganar-perder».
   • Como cada persona es única y diferente, el conflicto es
     natural e inevitable.

- Los hombres y las mujeres necesitan pelear por lo que creen y quieren en su matrimonio.
- Es mejor para nosotros pelear por los asuntos importantes que evitarlos por completo.
- Como pelear es natural, y nos queremos el uno al otro, necesitamos recordar que hay que «luchar limpio».
- Como las peleas producen ganadores y perdedores, el matrimonio implica que cada uno ganará algunas peleas y perderá otras. Aceptar eso es una parte necesaria de la vida matrimonial.
- Como las peleas producen distancia emocional, siempre debemos hacer las paces después, o terminaremos separados.

4. ¿Cómo definirías «lucha limpia»? ¿Cuáles son algunas de las reglas que usan en tu matrimonio para pelear de manera justa? Explica.

5. ¿Qué suele ocurrir cuando tú y tu cónyuge intentan tomar una decisión?
   - En general, yo me salgo con la mía.
   - Mi cónyuge suele salirse con la suya.
   - Llegamos a un arreglo.
   - Encontramos una solución con la que ambos nos sentimos bien.

Matt y Janet: Vivir la mentira

Matt y Janet han adoptado una serie de ideas básicas sobre el amor y el matrimonio. Estamos totalmente de acuerdo con una de sus ideas, pero las demás son mentiras peligrosas que están destruyendo su matrimonio.

En primer lugar, se aferraron a una idea que tiene mucho sentido: como todos somos diferentes y únicos, el conflicto es natural e inevitable. Estamos 100% de acuerdo. Esta verdad tiene evidencia propia y está confirmada por nuestra experiencia diaria en el mundo.

Pero nos preocupan algunas de sus otras ideas sobre la resolución de conflictos:

- Como el conflicto es natural, hombres y mujeres necesitan pelear por lo que creen y quieren en su matrimonio.

- Como pelear es natural y nos amamos el uno al otro, necesitamos «pelear limpio».

- Como las peleas generan ganadores y perdedores, el matrimonio implica que cada uno de nosotros ganará algunas veces y perderá otras. Ese acuerdo es una parte necesaria de la vida matrimonial, como lo dijeron los Rolling Stones hace décadas: no siempre se puede conseguir lo que se quiere.

- Es mejor que peleemos por las cosas importantes que las evitemos por completo.

- Y como las peleas pueden producir distancia emocional, siempre debemos hacer las paces después, de lo contrario terminaremos separados.

Reconocemos que muchas de esas ideas parecen completamente razonables, pero en seguida te mostraremos los problemas que tienen. Ahora, ¿de dónde sacan ideas como esas las personas como Matt y Janet? Como hemos demostrado a lo largo del libro, se nos viene enseñando todo eso en cada vuelta de esquina. Un lugar es la cultura pop, la cual por décadas viene instalando canciones sobre pelear y hacer las paces.

El ídolo adolescente de los sesenta, Bobby Vinton sonaba arrepentido cuando cantaba «Let's Kiss and Make Up» (Vamos a besarnos y hacer las paces).

Mary J. Blige recuperó el tema en su «Kiss and Make Up» (Besar y hacer las paces) del 2014: «Discutimos, pero no nos romperá»[1].

La canción del 2008 de Katy Perry titulada «Hot N Cold» (Caliente y frío) expresa sentimientos similares: «Peleamos. Cortamos. Nos besamos. Hacemos las paces»[2].

Las películas muestran una versión un poco más oscura de los combates íntimos, ninguna tan oscura como la película *The War of the Roses* (*La guerra de los Rose*) de 1989. Michael Douglas y Kathleen Turner interpretan a Oliver y Barbara Rose, quienes se conocen en una subasta en Nantucket, se enamoran, tienen dos hijos y se hacen fabulosamente ricos. Sin embargo, comienzan a aparecer grandes fallas en los cimientos de su matrimonio, y con la ayuda de abogados combativos, Oliver y Barbara resuelven a puñetazos la posesión de su descomunal mansión.

La película termina con una lucha final demoledora. Tanto Oliver como Bárbara reclaman la posesión de un enorme candelabro, pero mientras pelean por esa posesión simbólica, el candelabro cae al suelo y se hace trizas. Oliver y Barbara caen con él, muriendo juntos entre los trozos de metal roto y las esquirlas de vidrio. Y aunque las batallas de Oliver y Barbara Rose pueden parecer exageradamente dramáticas, las peleas entre hombres y mujeres *pueden* ser mortales: «Más de la mitad de las muertes de mujeres estadounidenses están relacionadas con violencia por parte de su pareja íntima», informó *The Atlantic* en un artículo del 2017[3]. Un estudio del 2005 del Departamento de Justicia de Estados Unidos de América también afirmó que los integrantes de la familia cometieron 3,5 millones de crímenes violentos contra otros miembros de la familia entre 1998 y 2002, un 49% de esos delitos fueron cometidos contra cónyuges, hiriendo mayoritariamente a la parte femenina de la pareja[4].

Matt y Janet no llegaron tan lejos, pero han experimentado su cuota de batallas campales y arreglos a desgano. Están heridos y quieren dejar de hacerse daño el uno al otro. Pelear hiere, incluso cuando los oponentes intentan pelear limpio. Y cuantas más peleas tiene una pareja, más pueden distanciarse entre sí. Es por eso que trabajamos con las parejas para encontrar una manera mejor.

NOVENA VERDAD SOBRE EL AMOR

Por designio de Dios, el matrimonio es un deporte de equipo. Cuando se está en el mismo equipo, todo el equipo gana, o todo el equipo pierde. No hay tal cosa como un resultado de ganador y perdedor en el matrimonio.

Adoptar la verdad

Todo el mundo está de acuerdo: ¡los hombres y las mujeres muchas veces están en desacuerdo!

Es un hecho. Los conflictos en el matrimonio son naturales e inevitables. Somos diferentes, y nuestras diferencias chocarán entre sí. Pero ese no es el fin de la historia. En realidad, el conflicto es uno de los juegos favoritos del Enemigo para arruinar un matrimonio, y la pelea es su herramienta. Esta es la razón.

En el momento en que tú y tu cónyuge se ponen en guardia como adversarios, ya están perdidos. El único adversario real del matrimonio es Satanás mismo. Él los quiere muertos. Quiere la destrucción de tu matrimonio y tu familia. Pero si puede conseguir que a pesar de ser el verdadero adversario le saques los ojos de encima, y en lugar de eso veas a tu pareja como el enemigo, ¡ya te tiene atrapado! Has hecho una jugada que te llevó directo a sus manos.

Como ves, Dios creó el matrimonio en esencia como un equipo deportivo. Por lo tanto, funciona con las mismas reglas que un equipo. Se gana como equipo o se pierde como equipo. En realidad, no hay tal cosa como un resultado de ganar y perder en el matrimonio, ¡nunca! Es pura ilusión salida del infierno. Es por eso que las Escrituras afirman: «Si una familia está dividida contra sí misma, esa familia no puede mantenerse en pie» (Marcos 3:25, NVI).

Las luchas internas en el equipo solo lo destruyen y le impiden el éxito. Enfrentan a los compañeros de equipo unos contra otros cuando deberían tirar juntos hacia el mismo lado. Es por eso que rechazamos por completo la idea de lucha limpia. Una pelea es una pelea, limpia o no. La pelea ocurre entre oponentes. Cuando compañeros de equipo pelean, en ese momento se convierten en adversarios.

La mentira sobre el matrimonio que hemos creído es que a veces uno gana mientras el otro pierde, y que con el tiempo se emparejan. La verdad es que si uno pierde ¡ambos pierden! Se gana juntos o se pierde juntos. Satanás no quiere que sepamos eso, porque una vez que vemos esa sencilla verdad, la recordamos y funcionamos según ella, Satanás nos pierde.

No puedes evitar el conflicto, pero tienes que evitar pelear si quieres que tu matrimonio sobreviva y florezca. Las peleas *son* evitables, y recomendamos evitarlas siempre que se pueda. Es una forma horrible de resolver conflictos que puede dejar heridas y cicatrices profundas, y asegura que nunca ganes en realidad.

Pero una vez que las parejas encuentran una manera saludable de encarar los conflictos matrimoniales como compañeros de equipo y amigos, esos episodios en realidad pueden ayudar a que su amor y su intimidad crezcan. La gente necesita un matrimonio donde puedan hacer el amor, no la guerra. Es por eso que la investigación que hizo Greg para *Enfoque a la Familia* donde analizaba lo que hace a un buen matrimonio, encontró que el manejo saludable de los conflictos era una característica esencial de los matrimonios prósperos.

A las parejas como Matt y Janet, quienes experimentan continuos combates explosivos, los alentamos a que superen las peleas y encuentren una manera mejor de enfrentar los conflictos. Eso requiere nada menos que un cambio de paradigma que adopte estas tres verdades esenciales:

1. Los conflictos son reales porque las diferencias en la pareja son reales (y buenas). El conflicto es real porque las diferencias entre cónyuges son reales (y eso es bueno). Estas diferencias son importantes y no se pueden pasar por alto ni esconder bajo la alfombra. Dios nos hace a cada uno y a todos únicos, y luego nuestra crianza familiar singular y las experiencias de vida diversas nos enseñan diferentes lecciones acerca de lo que es importante.

Cuando las parejas pelean, esas diferencias suelen estar en la raíz del conflicto. Pero pelear por diferencias personales rara vez ayuda, y a menudo, hiere. Eso es porque Dios creó a cada uno de ustedes con un propósito, y sus diferencias son importantes para él, y están destinadas a ser de utilidad y valor para tu equipo.

Todos los grandes equipos están compuestos por compañeros con diversas fortalezas y debilidades. Pero, como ocurre con todos los seres humanos, no tienen exactamente las mismas fuerzas y debilidades. Esas diferencias les permiten prosperar en ciertos roles mejor que en otros. Los equipos campeones aprenden a aprovechar las fuerzas de cada uno y a cubrir las debilidades de los otros, permitiéndoles sacar lo mejor de cada uno y tener éxito como equipo.

La misma verdad aplica para tu matrimonio. ¿Recuerdas cuando las diferencias de tu pareja te resultaban atractivas y fascinantes? Por detrás de esa atractiva fascinación está el valor, a menudo invisible, de una perspectiva diferente, habilidades y aptitudes que tú no tienes personalmente. Percepciones y sensibilidades que tú no tienes y puedes necesitar; diferentes experiencias y conocimientos; y mucho más. Lo único que observas al principio es la fascinante singularidad. En cambio, los compañeros de equipo inteligentes están constantemente buscando cómo capitalizar los dones dados por Dios de aquellos con quienes juegan.

2. Los buenos cónyuges no son enemigos. Son miembros del mismo equipo y deben trabajar juntos como uno solo. Una vez que se reúnen los compañeros de equipo, necesitan trabajar bien juntos. Tiene que haber una meta común para la cual están unidos. Cuando tienen clara la meta y se encaminan en la misma dirección, pueden lograr cosas asombrosas. Recuerda, como analizamos en un capítulo anterior, la unidad está en el centro de la unión. En cambio, cuando se trabaja en desacuerdo, se logra poco, y se tiende a dar vueltas en círculos.

3. Los asuntos conflictivos tienen que abordarse pero no con peleas. De ninguna manera estamos defendiendo evitar los conflictos reales que ocurren naturalmente en un matrimonio. Tienen que ser encarados y manejados con habilidad.

Más bien, te alentamos a hacer de tu matrimonio una zona libre de guerra. Esto significa que los combates como adversarios no serán un método aceptable para el enfrentar los problemas y los desafíos. Como amantes y amigos, nos comprometemos a actuar con amor y respeto, incluso cuando los asuntos presionen nuestros botones y enciendan nuestros temores.

Queremos que nuestro equipo tenga éxito, y ahora nos queda

claro que, si cualquiera de los dos se retira de alguna interacción sintiendo que ha perdido, eso significa que el equipo —es decir todos— ha perdido. Por lo tanto, con pleno reconocimiento de nuestra condición de compañeros de equipo, nos comprometemos a protegernos el uno al otro y al equipo adoptando una política de «sin perdedores». Dicho en forma simple, eso significa que no aceptaremos que alguno de los dos se aleje sintiéndose mal sobre cómo terminaron las cosas y cuál fue el resultado.

Los siete pasos para que todos ganen

Puedes pasar toda tu vida de matrimonio peleando o tratando de llegar a arreglos, pero ¿por qué habrías de hacerlo cuando hay una alternativa mucho mejor? Te desafiamos a elevar la vara: a buscar soluciones con las que ambos se *sientan* bien. A eso nos referimos con lo de «todos ganan». Por cierto, este es el método de comunicación al que nos referimos con Charlas de Trabajo en el último capítulo. Greg te guiará a través de «Los siete pasos para que todos ganen», y dará un ejemplo de cómo funcionó esta herramienta para él y Erin.

«Tu madre me advirtió de esto antes de que nos casáramos». Estas no son las palabras que quieres escuchar de tu esposa durante una discusión, ¡en especial después de casi veintitrés años de matrimonio!

Según cuentan, de niño yo me destacaba por meter a mis padres en debates largos y arduos. No es que tratara de ser irrespetuoso, pero cuando algo no tenía sentido para mí, cuando no estaba de acuerdo con ellos o me parecía que estaban equivocados, tranquilamente involucraba a mis pobres padres en discusiones interminables. Desde una temprana edad aprendí que podía ganar alguno de esos intercambios maratónicos por cansancio. Al final, mis padres simplemente se daban por vencidos o renunciaban por puro agotamiento. ¡Era un pequeño demonio en eso!

Por desgracia, para Erin, traje ese estilo de relación directamente a nuestro matrimonio. Estoy seguro de que Erin y mis padres se sintieron identificados en esto durante los primeros años de nuestra unión: ¡desgracia compartida, menos sentida!

Aunque me gustaría pensar que con la edad y la madurez ese tipo de interacciones ha disminuido, hace poco me descubrí en el medio de uno de esos arduos debates con Erin.

Un domingo por la noche, Erin nos encontró a Garrison, nuestro hijo adolescente de catorce años, y a mí absortos en un partido de domingo de la NFL (Liga Nacional de Fútbol, por su sigla en inglés) abajo en el sótano —¡la madriguera para hombres! Fue una batalla épica entre dos equipos de elite que llegó hasta los últimos minutos.

—¿Todavía están mirando fútbol? —preguntó Erin a Garrison, sorprendida—. Pensé que tenías tarea de literatura para mañana.

—La voy a hacer —se defendió Garrison—. El partido ya casi termina.

—¡Son casi las diez! —continuó Erin—. ¡Sube de inmediato y haz tu tarea!

—Pero mamá —suplicó Garrison—, faltan solo tres minutos y el partido va empatado. Solo déjame terminar y luego haré mi tarea.

—N... O... —deletreó poco a poco Erin su respuesta final a Garrison—. Sube a tu cuarto A... HO... RA.

Derrotado, Garrison subió las escaleras pisando fuerte en protesta.

—Estás siendo un poco dura con el chico —comenté despreocupado—. Solo faltaban unos minutos.

Y ese fue el momento preciso en que la batalla de poder pasó de Erin contra Garrison a Erin contra Greg.

—¿Qué dijiste? —preguntó Erin, volviendo hacia mí la cabeza lentamente.

¡Ay!, pensé.

—Tu hijo está obsesionado con el fútbol —argumentó Erin—. Todo el fin de semana, lo único que hace es ver partidos de fútbol universitario y fútbol de la Liga Nacional. Es ¡un adicto!

No hace falta decir, esa acusación gatilló mis botones de encendido emocional, y terminamos en unas de esas deliberaciones agotadoras de dos horas que yo solía tener con mis padres. Yo sentía que Erin estaba siendo injusta al tildar a Garrison de *obsesionado* y *adicto* por mirar fútbol. En realidad, Erin solo estaba tratando de explicar que ella sentía que este aspecto de la vida del muchacho estaba fuera de equilibrio.

Mientras discutíamos sobre el hábito de Garrison de mirar fútbol, no nos gritábamos el uno al otro ni nos decíamos cosas hirientes. Sencillamente, agoté a Erin en el combate mental, y al final renunció. Gané por desgaste, simplemente le gané por cansancio.

Erin comenzó a subir las escaleras hacia nuestro dormitorio. Dio algunos pasos, se volvió para mirarme y dijo:

—Tu madre me advirtió de esto antes de que nos casáramos.

Y ese fue el final de nuestra «discusión».

Al día siguiente, después de una noche de poco dormir, ambos nos disculpamos y trazamos un plan en relación con el fútbol de los fines de semana para nuestro hijo con el que los dos nos sentimos bien. Así es como encontramos una solución para que todos ganen.

Paso 1: Adoptar la política de «Sin perdedores»

Incluso si en el principio aceptaron por completo la idea de que los dos ganan o los dos pierden, vale la pena que le recuerdes a tu cónyuge que en este momento están funcionando con el compromiso de que ambos ganen. Cuando Erin y yo comenzamos a hablar esa mañana, yo quería reiterarle que ambos estábamos en el mismo equipo:

—Antes de que comencemos a tratar de resolver esto, quiero asegurarme que sabes que no aceptaré ninguna solución aquí hasta que ambos nos sintamos bien con ella. Quiero que nuestro equipo gane y, por lo tanto, cómo te sientas va a importarme tanto como yo me sienta.

Aunque recelosa de mi tendencia a someterla a otra larga discusión, Erin asintió con la cabeza.

Paso 2. Charlar con el corazón sobre el asunto

Como hemos definido el todos ganan como una solución con la que ambos se sienten bien, sería difícil llegar a eso sin tomarse el tiempo para percibir cómo se siente cada uno. En el capítulo anterior dijimos que las Charlas de Corazón no están pensadas para solucionar problemas, sino como una herramienta para comprender y conectar. Usada en su forma más pura, eso es verdad. En el contexto de la resolución de problemas, puede asumir una doble tarea.

En este uso de las Charlas de Corazón, querrás cuidar cómo se siente tu cónyuge, pero también estás extrayendo información crítica. Si quiero encontrar una solución que ambos aceptemos con gusto, necesito saber con claridad cómo me siento para asegurarme de que eso es tenido en cuenta. Pero es importante saber cómo se siente Erin en realidad. En ese caso, cuantos más datos emocionales yo tenga, más fácil será encontrar opciones creativas que nos gusten a ambos. Sin eso, es más como disparar en la oscuridad y esperar dar en algún blanco.

—¿Qué te estaba pasando anoche, Erin? —le pregunté.

—Tu comentario de que estaba siendo "dura" con Garrison me hizo sentir como la mala de la película, la madre vieja y miserable que trata de arruinar la diversión de todo el mundo. A Garrison le cuesta mucho trabajo la literatura, y su calificación va en picada. Si baja demasiado, no podrá jugar al baloncesto para su escuela.

Me sentí sin apoyo y sola. Sentí que es solo responsabilidad mía preocuparme por sus calificaciones.

Traté de reproducir lo que escuchaba decir a Erin.

—Entonces no te sentiste apoyada por mí y piensas que las calificaciones de Garrison son responsabilidad solo tuya.

—Sí, exacto. ¿Y tú? —preguntó Erin—. ¿Qué pasaba contigo anoche?

—Mi madre solía hacer lo mismo conmigo cuando era adolescente —expliqué—. Se frustraba con mi padre y me echaba de la sala de estar, donde estaba el único televisor. Siempre me sentía no respetado cuando lo hacía. Anoche, Garrison y yo habíamos invertido varias horas en ese partido. De manera que cuando lo hiciste irse pocos minutos antes de terminar, me sentí privado de disfrutar el resultado final con mi hijo, y sentí que no me respetaban, que mi decisión de permitirle mirar el partido estaba mal a tus ojos. Que, en lugar de hablar sobre el asunto, simplemente lo echaste afuera.

—Entonces sentiste que les impedía terminar de mirar el partido juntos y no respetado porque le dije que se fuera sin consultarlo contigo primero.

—Sí —afirmé a Erin—, escuchaste muy bien.

Paso 3. Orar pidiendo unidad

Este poderoso paso cumple dos propósitos importantes. Primero, nunca queremos intentar superar nuestros desafíos sin el beneficio de la sabiduría y la guía del Señor. Tomé la mano de Erin y oramos: «Señor, no estamos juntos en esto. No estamos del mismo lado. Pero en verdad queremos tener unidad. Por favor, ayúdanos a encontrar una solución con la que ambos estemos conformes. Gracias por estar en medio nuestro».

Pero el maravilloso beneficio extra aquí es que tan pronto como oramos *juntos* pidiendo la ayuda de Dios, se restaura la unidad, incluso antes de encontrar una solución donde todos ganan. Observa que no estábamos juntos antes de esto: mis ideas contra las ideas de ella y mis sentimientos contra los sentimientos de ella. Ahora nos unimos y le pedimos a Dios que nos ayude a encontrar una solución que a los dos nos guste. A partir de ese momento, ambos en la pareja están trabajando juntos y con Dios, se ha restaurado la unidad. Ahora solo hace falta una solución.

Paso 4. Proponer diversas opciones

Este es el paso de trabajo. Usen cualquier método que puedan pensar para encontrar ideas y posibilidades con las que ambos acuerden. Hablen con gente que tenga temas similares, busquen ideas en línea, sean creativos. Lo más simple es tomar una hoja de papel y escribir las ideas de cada uno. No tengan miedo de proponer ideas «locas». Si alguna en verdad es loca, la pueden descartar después. Pero con frecuencia, son algunas de las ideas más locas las que resultan ser brillantes. (*Sabes, eso era loco, pero me hizo pensar en X*).

Si tienes una idea dando vueltas en la cabeza, sácala escribiéndola en la hoja de papel.

—¿Qué necesitas de mí para sentirte apoyada en cuanto a las calificaciones de Garrison? —pregunté.

—No quiero ser la única que le está preguntando si ha completado su tarea o si ha estudiado para la siguiente prueba —respondió Erin—. Quiero que seamos un equipo respecto a las calificaciones de Garrison en literatura.

—Absolutamente —dije en acuerdo—. Quiero que ambos lo ayudemos a tener éxito en la escuela.

—¿Y qué necesitas tú de mí? —preguntó Erin.

—Quiero sentirme incluido en cómo lo hacemos responsable —expliqué.

—Me parece bien —respondió Erin.

Paso 5. Evaluar las opciones y escoger una con la que ambos se sientan bien

Este paso es bastante obvio. Solo recuerden que no están buscando llegar a un acuerdo por compromiso, sino en continuar hasta que ambos sientan que han llegado a una solución donde todos ganan.

Mientras Erin y yo estábamos allí sentados, de repente se me ocurrió una idea.

—Qué tal si Garrison elige un partido de fútbol que en verdad quiere mirar y luego establecemos la regla de que no puede volver a mirar hasta que su tarea esté hecha. Siempre podemos grabar el partido si necesita tiempo o ayuda extra con su tarea o su preparación para la prueba.

—Me gusta la idea —replicó Erin—. Así también podremos hacer otras cosas como familia aparte de mirar fútbol.

Paso 6. Ponerlo a prueba

Este paso es fundamental. El que haya *sonado* a una solución del tipo todos ganan cuando hablaban no significa que así se sienta cuando se ponga a prueba.

Paso 7. Volver a revisar y, si fuera necesario, reelaborar

Este proceso es en realidad otro bucle de retroalimentación, como el Ciclo del Cuidado. De manera que, después de poner a prueba la idea, asegúrense de que ambos se sientan bien sobre cómo está funcionando. Si esa solución no está funcionando bien para los dos, retrocedan y vuelvan a afirmar su política de «sin perdedores». Charlen de corazón lo que se sintió bien y lo que no. Oren pidiendo ayuda adicional. Propongan nuevas ideas o modificaciones a lo que ya tenían. Decidan la nueva opción todos ganan. Prueben de nuevo, y reevalúen. No abandonen hasta que ambos estén satisfechos con el resultado.

Después de implementar la nueva regla con Garrison, sus calificaciones en literatura mejoraron. La parte más difícil de nuestro plan todos ganan fue el hecho de que hay fútbol universitario todo el día sábado y partidos de la Liga Nacional todo el día domingo, lunes a la noche y martes a la noche, ¡es como si la NFL estuviera tratando de conquistar el mundo! ¡Los Estados Unidos podrían ser invadidos por algún enemigo extranjero y nadie se daría cuenta porque todos estamos mirando fútbol! De manera que tenemos que seguir ajustando el plan para que Garrison y yo podamos mirar algunos otros partidos sin perder el equilibrio.

Una de las cosas que hacen que esto sea tan poderoso para los creyentes es que servimos a un Dios que busca la unidad. Dios vive en una relación trina unificada: Padre, Hijo y Espíritu Santo. No busca otra cosa que estar en unión con nosotros también y ayudarnos a estar en unión unos con otros. Requiere algo de fe poner esto a prueba, pero este proceso de siete pasos nos da una oportunidad dorada para ver cómo el Señor demuestra su compromiso con nosotros una y otra vez. Ha sido un gran constructor de fe para nosotros y muchos otros que han tenido el coraje de intentarlo. ¡Oramos por tu apoyo y esperamos tu éxito también!

Ejercicios en los que todos ganan

Adopten su propia política «sin perdedores»

Recuerden, en un matrimonio ambos están en el mismo equipo. Por lo tanto, ganan juntos o pierden juntos. No hay tal cosa como un resultado ganadores-perdedores porque están en el mismo equipo. Mientras se esfuerzan por encontrar soluciones del tipo todos ganan en su matrimonio, pongan en práctica Filipenses 2:4: «No se ocupen solo de sus propios intereses, sino también procuren interesarse en los demás». Comiencen por escribir su propia política «sin perdedores». Hagan que sea inaceptable que cualquiera de los dos se sienta como si hubiera perdido. Redefinan ganar como encontrar una solución que haga sentir bien a ambas partes. Por ejemplo: «Ya no aceptaremos ninguna solución hasta que ambos nos sintamos bien con ella. Queremos que nuestro equipo gane. Por lo tanto, lo que sientes tú me importa tanto como lo que yo siento».

Cuando articulan sus propias políticas «sin perdedores», al instante crean seguridad. Cuando las personas no tienen que preocuparse por su propia agenda, ni por defender su posición, no se sienten pisoteadas ni aprovechadas por otros, se relajan. Cuando ya no estás ansioso de que no se tengan en cuenta tus sentimientos e ideas, desaparece la preocupación y la reemplaza la esperanza. Cuando crees que tu cónyuge también quiere lo que es mejor para ti, tu corazón se abre, y eso allana el camino para la creatividad. Y la mejor manera de encontrar una solución beneficiosa para todos es cuando fluye la creatividad.

Prueben una ronda de práctica de todos ganan

Pueden practicar cómo encontrar soluciones tipo todos ganan en cualquier asunto que quieran debatir. A las parejas como Matt y Janet, las alentamos a comenzar con asuntos menores hasta que adquieran la habilidad de funcionar como equipo bajo una política de «sin perdedores».

Elijan un tema divertido como su lugar preferido para salir a cenar. Hagan turnos para describir en detalle la cita perfecta. ¿Será de unas horas o pasarán la noche afuera? ¿Dónde cenarían? ¿Qué harían (cena y película, caminata, asistir a un evento deportivo, a un concierto, una obra de teatro, un café, alguna otra cosa)? ¿Cómo terminarán la cita? Practiquen sus habilidades para las Charlas de Corazón: escuchar y repetir lo que oyeron decir a su pareja. Ahora planeen una cita de noche del tipo todos ganan tomando elementos de los aportes de ambos y combinándolos para llegar a una velada perfecta. Por último, anótenla en el calendario ¡y disfruten!

CONCLUSIÓN

JUNTEMOS TODAS LAS PIEZAS

A lo largo de este libro hemos analizado nueve de las mentiras más comunes que encontramos en nuestro trabajo con parejas. Estas falsedades influyen en la forma que la mayoría de nosotros pensamos y abordamos las relaciones matrimoniales. Por lo general, ninguno de nosotros se da cuenta siquiera que esas ideas nos han preparado para la frustración y la desilusión, e incluso hasta para el fracaso total.

A menudo, recibimos esas ideas de personas bien intencionadas que en verdad creen que son la clave para la felicidad matrimonial. Es raro que quienes nos alienten no quieran ayudarnos. Ambos, Greg y Bob, creímos e intentamos usar la mayoría de esas ideas solo para descubrir más tarde cómo tantos de nuestros dolores, heridas y desilusiones podían tener sus orígenes en una o más de estas estrategias equivocadas.

Estas creencias y estrategias relacionales se han infiltrado en nuestra cultura, y muchas incluso se han destacado en la iglesia. Es por eso que hemos expuesto malentendidos y enfoques desafortunados, para que puedas considerar si también son responsables de algunas de tus propias frustraciones y desilusiones. ¿Alguna de esas ideas ha contribuido con tu incapacidad para conseguir todo lo que tu corazón viene anhelando con tu cónyuge y para tu matrimonio?

Es importante erradicar las mentiras, pero a lo mejor también has encontrado las ideas y las herramientas en este libro que pueden dar vuelta el curso de tu relación. Cuando son usadas con habilidad, tienen el poder de encaminarte en un nuevo rumbo hacia el éxito y la satisfacción personal y marital.

De hecho, a lo largo de los años, hemos descubierto que mucho de lo que descubrimos en nuestro «laboratorio matrimonial» en realidad encaja en un modelo maravillosamente lógico y utilizable. No es de sorprender que el diagrama del modelo de matrimonio saludable provea una figura del marco matrimonial ideal, y creemos que refleja una descripción bella, y de una sencillez elegante del diseño preferido de Dios para el matrimonio. Todas las herramientas que hemos compartido aquí se pueden entender en este diagrama y estructura.

MODELO DE MATRIMONIO SALUDABLE

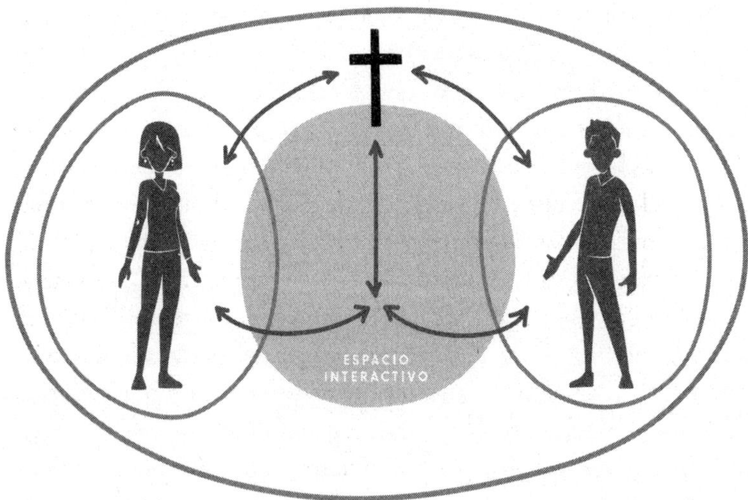

Lo que queremos hacer ahora es presentar un resumen de las principales piezas de este rompecabezas, mostrando de nuevo dónde encajan y cómo funcionan juntas. Y luego, proveeremos algunos consejos sobre cómo usarlos mejor. Recuerda, nuestra meta sigue siendo ayudarte a ti y a tu equipo (matrimonio, o matrimonio y familia) a ser fantásticamente efectivos y exitosos.

Nuestra esperanza es que cada uno tenga éxito y satisfacción personal mientras opera en el centro de su diseño y su llamado. Además, oramos que tus hijos y quienes te rodean puedan gozarse contigo de la relación que ha creado y disfruta. Y por último, oramos que ustedes y aquellos con los que se encuentren se sientan inspirados por el cuadro de lo que ustedes están demostrando, lo cual es posible para quienes caminan con Cristo y viven de acuerdo con su diseño para sus hijos. A fin de cuentas, ¡tu matrimonio crea un legado que es un genuino impacto del Reino y continúa por generaciones!

Ryan y Ashley

¿Recuerdan nuestros amigos, Ryan y Ashley? Queremos utilizar un poco más su historia para ayudarnos a demostrar el modelo en acción. Ellos, como cada uno de nosotros, son personas normales e imperfectas que tratan de encontrar su camino en medio de todo el ruido y las locuras. Crecieron en familias normales, nada perfectas, sujetas a las mismas enseñanzas culturales, y rodeados de personas bien intencionadas que deseaban ayudarlos a tener éxito.

Ambos trajeron su propio bagaje relacional y emocional al matrimonio, y su corazón recibió el impacto de este mundo caído mucho antes de conocerse. Pero a pesar de todo eso, ambos compartían el deseo de un gran matrimonio lleno de amor y mutua satisfacción y realización.

De seguro recuerdan que esquivaron una bala en su ceremonia de boda cuando alguien los ayudó a evitar el rito de la vela de la unidad. Pero vimos más adelante que adoptaron una buena dosis de la idea «tenemos que satisfacer el uno al otro todas nuestras necesidades». Con esa creencia codependiente instalada con firmeza, e incluso estimulada por el propio pastor, comenzaron juntos con grandes esperanzas de realizar todos sus sueños matrimoniales.

Lamentablemente, como la mayoría de nosotros, la relación con la que terminaron se quedó corta de aquella que su corazón anheló. Ryan se dedicó a hacer todo lo posible para crecer en su carrera y proveer para su familia, lo que con frecuencia lo hacía desatento.

Al comienzo, Ashley estaba entusiasmada con el viaje que había emprendido con su «señor Adecuado» y hacía todo lo que podía para ser también ella su «señora Adecuada». Pero la conexión y la realización que anhelaba siempre estaba fuera de su alcance. A medida que pasaba el tiempo, el sueño parecía escaparse cada vez más lejos.

Sabiendo que algo estaba mal, Ashley comenzó a expresarle sus sentimientos de desilusión y vacío a Ryan. Pero no importaba cómo respondiera Ryan, la situación solo parecía empeorar. De modo que Ashley prosiguió quejándose cada vez con mayor intensidad, orando débilmente para que hubiera alguna diferencia. En cierto punto, Ryan llegó a estar tan exasperado por lo que parecían nimiedades que finalmente levantó las manos en señal de derrota.

Así fue que terminaron en uno de nuestros talleres para matrimonios. La madre de Ashley descubrió que había problemas en el paraíso y había oído acerca del Programa Intensivo para Matrimonios de *Hope Restored*, en un programa radial de Enfoque a la Familia. Pasó la información de contacto a Ashley, quien se la dio a Ryan. Oraron sobre eso, sabiendo que estaban desesperados por ayuda. Al final, se sintieron guiados a asistir a los talleres del programa intensivo.

El Ciclo Reactivo

Al comienzo de los talleres les presentamos el Ciclo Reactivo. Por primera vez, ambos pudieron ver con claridad por qué su conflicto continuaba girando miserablemente sin importar lo que intentaran. Vieron cómo cada uno tenía botones de encendido del pasado que habían traído a su matrimonio. Ashley no era la causante de los miedos de Ryan al fracaso. Ryan había comenzado a desarrollar esa sensibilidad mucho antes de conocerse. Pero cuando Ashley expresaba su frustración y desilusión con Ryan y su matrimonio, ¡seguro presionaba ese botón!

De la misma manera, Ryan tampoco creó el miedo de Ashley a no estar a la altura. Pero cuando, a los ojos de Ashley, él parecía más comprometido con el trabajo y otras cosas lejos de ella, ¡presionó el botón!

Al estudiar su Ciclo Reactivo personal colgado en la pared frente a ellos, ambos pudieron ver algunas de las maneras en que estaban poniendo culpas injustamente, uno sobre el otro. También vieron cuán increíble desempoderadora e inútil era la culpa.

Veamos, entonces, dónde operan en nuestro modelo las partes de la relación de Ryan y Ashley.

CICLO REACTIVO

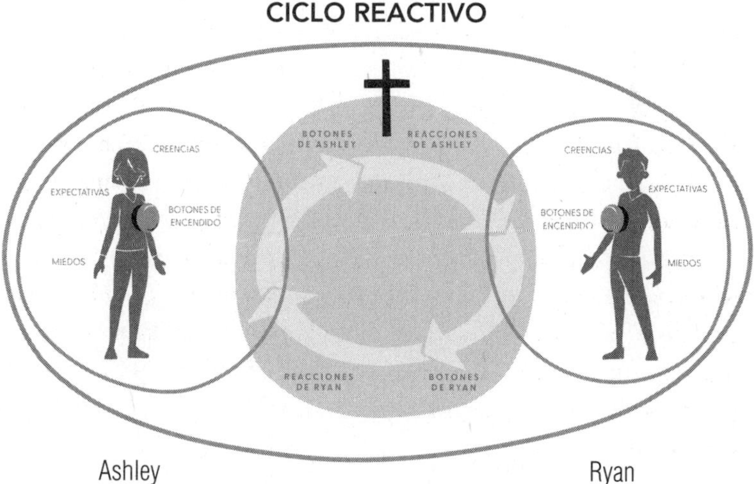

Ryan y Ashley habían experimentado heridas y desilusiones en la vida. Botones de encendido, miedos, creencias y expectativas nacen de nuestras experiencias de vida, nuestras interpretaciones de esas experiencias, y mucho de lo que se nos enseña en el camino. Al mirar el modelo, observen que todos esos elementos existen en el individuo.

Cuando dos personas interactúan, en especial cuando nuestro corazón está de por medio, nuestros miedos, creencias y expectativas suelen colisionar entre ellos de maneras conflictivas. Los sentimientos desagradables resultantes nos impulsan, en general, a reaccionar en un intento de eliminar, reducir o cambiar esas emociones. Pero a medida que reaccionamos para sentirnos mejor, solemos presionar los botones de la persona con la que interactuamos. Como resultado, esa persona ahora reacciona, lo que presiona otro botón de la primera persona, ¡y ya estamos metidos en la carrera del Ciclo Reactivo!

El primer gran descubrimiento que tuvieron tanto Ryan como Ashley en el taller matrimonial fue el hecho de que este ciclo predecible estaba constantemente en juego por debajo de sus conflictos. Por desgracia, este ciclo ahora se había convertido en el patrón más común de sus interacciones.

Fue de mucha ayuda que ellos pudieran ver la inutilidad de esa locura, pero al inicio no tenían la menor idea de cómo frenarla. Cuando supieron que cada uno tenía el poder para frenar el ciclo, sencillamente creando espacio entre sus botones personales y sus reacciones, se sintieron aliviados y fortalecidos. En lugar de reaccionar de manera inconsciente, podían resistir el tironeo emocional y elegir en cambio no reaccionar, independientemente de lo que el otro hiciera. La primera vez que Ryan lo intentó, se sorprendió de lo poderoso que se sentía el autocontrol, ¡ya que pudo con mucho ingenio esquivar lo que casi seguro hubiera sido un nuevo Ciclo Reactivo!

Pero por útil que fuera esta nueva perspectiva y habilidad, ¿ahora qué? El simple hecho de no reaccionar el uno al otro no determinaba una vida y un matrimonio mejor. Por fortuna, detener el Ciclo Reactivo no es el final, sino apenas el comienzo de la creación del matrimonio de sus sueños.

Seguro y confiable

Ryan y Ashley ahora estaban plenamente conscientes de la frecuencia de su ciclo de conflicto previamente inconsciente y habían aprendido a detenerlo. Pero comprendieron que querían algo más que solo dejar de reaccionar. El terapeuta del taller matrimonial había dedicado algunos minutos a hablar sobre la importancia fundamental de sentirse seguros y confiados. Ambos se sintieron cautivados por una nueva visión de lo que podía ser su relación. La forma en que se habían relacionado uno con el otro había creado un medio cada vez más inseguro y poco confiable. Juntos se comprometieron a cambiar eso.

De hecho, los dos se entusiasmaron con la perspectiva de vivir juntos de una manera que se sintiera increíblemente segura y confiable. ¿Cuán diferente sería? La sola idea de pensar en ello les permitió relajarse y suspiraron aliviados. Querían sentirse lo tan seguros y confiados como para estar cómodos siendo quienes habían sido creados para ser y ya no tener que estar tan en guardia uno con el otro.

De manera que comenzaron a asegurarse mutuamente que estaban comprometidos. Ryan se inclinó hacia adelante y miró a Ashley a los ojos mientras decía:

—Tesoro, quiero que sepas que todavía te amo profundamente, con todo mi corazón. Estoy muy agradecido por nuestra amistad y tú eres con quien quiero caminar en la vida. Ahora mismo quiero reafirmar mi intención el día que me casé contigo:

me comprometo a amarte en las buenas y en las malas, hasta que la muerte nos separe. ¡Jamás te dejaré ni te abandonaré!

Una cálida sonrisa apareció en los labios de Ashley mientras le corrían lágrimas por la cara. Se sintió extrañamente tomada por sorpresa por la seriedad del momento y decidió aligerar un poco el ambiente. Con una sonrisa juguetona miró a Ryan y dijo:

—¡Lo mismo yo, mi muchachote! —dijo mientras le guiñaba un ojo a Ryan y le soplaba un beso. Luego ambos se sonrieron y Ryan tomó la mano de Ashley y se la apretó suavemente.

Durante los siguientes minutos, cada uno puso en palabras un compromiso personal de trabajar para convertirse en una persona cada vez más confiable para el otro. Ashley describió cuánto deseaba prestar atención a los sentimientos de Ryan, de la manera que ahora veía que nunca antes había hecho. Escuchar a Ashley darle tanta importancia a sus sentimientos y experiencias hizo sentir a Ryan muy bien. Le agradeció por preocuparse así por él.

El cuadro de lo que se estaban disponiendo a crear juntos se iba haciendo cada vez más claro. Entonces Ryan dijo:

—¿Sabes? En realidad quiero que disfrutemos de estar relajados y seguros juntos. Sé que puedo ser bueno en eso. De hecho, no solo quiero respetar y cuidar tu corazón, ¡también quiero hacer un lugar seguro para todo tu ser: ¡cuerpo, mente, y espíritu!

Ryan añadió:

—Y si en realidad quiero que nos sintamos seguros y confiados juntos, veo que debo convertirme absolutamente en un hombre en quien yo también pueda confiar. Quiero que ambos disfrutemos lo mejor de mí. Por eso, Ashley, me comprometo a aprender a cuidarme bien de mí mismo de manera constante. Si estoy vacío, o incluso medio vacío, ninguno de los dos obtendrá lo mejor de mí. Con la ayuda de Dios, eso va a cambiar.

Ambos reconocieron que si todo lo que acababan de decir sería tenido en cuenta siempre por ambos, los cimientos de su matrimonio serían sólidos. Juntos se dispusieron a crear un entorno relacional ideal para que prosperare una conexión íntima. Una vez más se miraron el uno al otro y sonrieron.

Ciclo del Cuidado

Volviendo a su gráfico del Ciclo Reactivo, se les mostró a continuación que cuando alguno experimentara la presión de un botón de encendido y encontrara el suficiente autocontrol como para no reaccionar, podrían dar un paso atrás emocionalmente, poner el foco en su interior y utilizar el Ciclo del Cuidado. Detener el Ciclo Reactivo es ciertamente mucho mejor que seguir girando. Pero crear espacio por sí solo no hace avanzar a la persona o al matrimonio. En cambio, el Ciclo del Cuidado sí lo hace.

Esta herramienta permite que cada uno descubra primero lo que está ocurriendo en su interior, lo que podrían hacer en lo personal para sentirse atendidos y cuidados y para, entonces, dar los pasos necesarios para asegurar que eso ocurra.

CICLO DEL CUIDADO

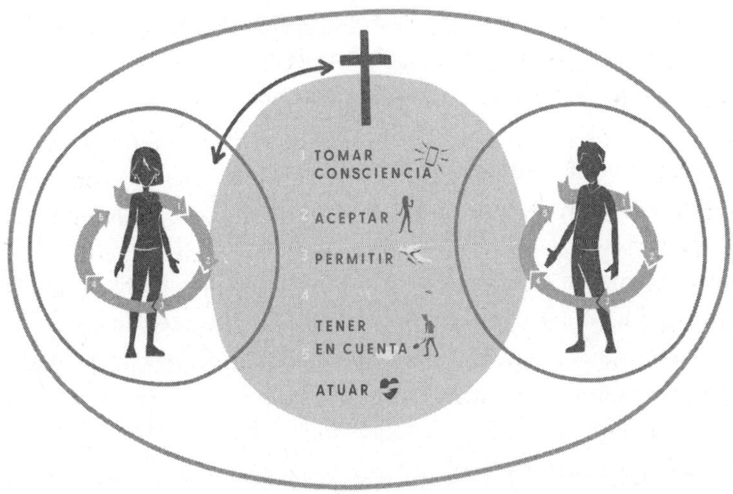

Por ejemplo, Ashley estaba entusiasmada de tener opciones que podría usar ahora para llegar a un mejor lugar, sin sentirse con tan poco poder y dependiente de Ryan. ¡Estaba harta de sentirse frustrada y enojada todo el tiempo! En el pasado, cada vez que Ryan se retiraba, independientemente de por qué lo hiciera, se sentía abandonada. Odiaba la mujer en la que se había convertido cuando la dominaban esos sentimientos, y quería volver a ser la esposa solícita, dedicada y la amiga que sabía que en realidad había sido creada para ser.

El Ciclo del Cuidado le proveyó una forma de lograrlo. Sabía que sus viejos hábitos de codependencia serían difíciles de cortar y que aprender a cuidar bien de sí misma llevaría tiempo. Pero estaba segura de que con práctica y un poco de paciencia, llegaría a dominarlo.

Ryan estaba encantado con los descubrimientos de Ashley y estaba seguro de que el Ciclo del Cuidado sería una verdadera bendición para ella. Pero en lo personal, vio que su mentalidad de cuidador tan arraigada también lo dejaba con frecuencia ignorado y desatendido. Ryan podía ver bien cómo dedicar tiempo a cuidar bien de sí mismo le permitiría tener todavía más para dar a Ashley y a otros. Asegurándose de estar siempre satisfecho, íntegro y saludable, podía ser mejor para todos, ¡incluido él mismo!

Sabía que, por momentos, cuidar de sí mismo, requeriría establecer límites amorosos. Ahora veía a Ashley de una manera completamente nueva, como una mujer *adulta* empoderada y bella, capaz de cuidar bien de su propio corazón. Ryan quería una relación íntima y conectada con Ashley, y estaba comprometido a amarla bien. No quería el papel de «ser el cuidador de ella». Vio que considerarla alguien con necesidad de ser cuidada, en realidad, llevaba sutilmente a tratarla como si fuera una niña emocional. Eso no era bueno para ninguno de los dos.

En el pasado, cuando aparecía la codependencia de Ashley, o

ella comenzaba a dudar de sí misma y su habilidad para ponerse en un lugar mejor, en general, buscaba a Ryan para que lo hiciera por ella. El lado «cuidador» codependiente de Ryan se ponía en marcha, y al final a ninguno de los dos les gustaba cómo funcionaba su relación.

En lugar de eso, Ryan ahora estaba aprendiendo a cuidar responsablemente de Ryan a la vez que se mantenía firme al lado de Ashley. No necesitaba elegir cuidar a uno más que al otro. Podía alentar a *Ashley* a cuidar de *Ashley*. Podía ser un gran amante y amigo, una fuente de asistencia y apoyo, sin sentirse responsable *por* ella. Con el tiempo, supo que podía aprender a resistir el tironeo codependiente y a cuidar bien de ambos con amabilidad y gracia.

La luz del matrimonio se había apagado tanto para Ryan como para Ashley. El Ciclo del Cuidado proveyó un ingrediente clave que faltaba en su matrimonio. Estaban entusiasmados por lo que pudieran proveer las otras herramientas, pero ambos sabían que el Ciclo del Cuidado mismo liberaría su relación para que pudieran lograr más de lo que anhelaban.

Charlas de Corazón

Ahora, desde un lugar centrado y personalmente empoderado de sentirse bien atendido y cuidado, Ryan o Ashley pueden decidir que hay algo que han aprendido que vale la pena compartir con el otro.

Eso puede incluir sentimientos que creen que sería bueno que su cónyuge conociera, o sentimientos que perciben que su cónyuge está experimentando y quisieran entender y cuidar. En ambos casos, las Charlas de Corazón son una herramienta ideal para tener una buena conversación de corazón a corazón. Iniciar una comunicación emocional es una movida poderosa hacia la intimidad, y es un paso esencial para construir un matrimonio conectado e íntimo satisfactorio y realizado.

Desde la posición centrada en el interior, de emplear el Ciclo de Cuidado, el paso siguiente de usar las Charlas de Corazón implica volver los ojos hacia el cónyuge y la relación. Funcionalmente, es dar un paso hacia el interior del círculo relacional central. Una vez ahí, puedes invitar a tu cónyuge a unirse a ti para un posible momento de amistad. Al compartir este tiempo y espacio juntos, profundizan su relación al conocerse el uno al otro de maneras nuevas.

CHARLA DE CORAZÓN

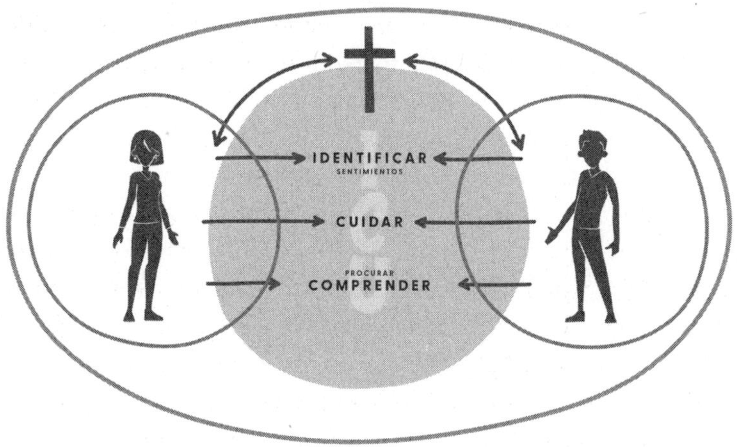

En el taller para matrimonios, Ryan y Ashley tuvieron algunas Charlas de Corazón asombrosas. Estaban muy agradecidos por tener una manera segura y confiable de abrirse y compartir algunos de sus sentimientos más vulnerables. Les resultaba muy novedoso que su corazón fuera escuchado, cuidado y validado. Ryan estaba emocionado de poder cuidar bien los sentimientos de Ashley incluso si él sentía diferente. Con las Charlas de Corazón, Ashley por fin pudo compartir lo que tenía en su corazón y al mismo tiempo cuidar los sentimientos de Ryan, sin la presión de tener que elegir entre los sentimientos de uno o el otro.

Esta herramienta demostró ser tan valiosa que estaban decididos a dominarla bien. Sabían que la práctica era fundamental. Se comprometieron juntos a dedicar un mínimo de cinco minutos cada día a practicar las Charlas de Corazón, incluso en cosas pequeñas, solo para acostumbrarse.

Con el paso de las semanas, esta forma de comunicarse se volvió una manera cada vez más cómoda y familiar para que la pareja conversara asuntos en cualquier momento en que hubiera emociones involucradas. En especial notaron que, en las oportunidades en que se presionaban algunos botones de encendido, era lindo sentirse confiado y habilidoso en comparación con sus viejos sentimientos de miedo y peligro. Esta herramienta ya les ha ayudado a evitar algunos botones que saben que en el pasado los hubieran mandado a pique.

El resultado del uso regular de las Charlas de corazón ha sido un incremento notable en el sentimiento de intimidad y conexión entre ellos. Siempre habían querido sentirse seguros y cómodos juntos, como ocurría al comienzo de su relación. Estos días el amor vuelve a fluir libremente. Y en los momentos en que aparecen temas que hacen encender botones en cada uno, están mucho menos preocupados porque se introduzca de nuevo una cuña entre ellos. Una vez que se asientan sus emociones crudas iniciales, cada uno sabe perfectamente qué hacer para reconectarse.

Hace poco, Ryan y Ashley tuvieron un pequeño choque. Ashley parecía haberse molestado cuando Ryan le informó que la fecha de entrega de un proyecto grande se aproximaba con prisa y necesitaría quedarse a trabajar hasta tarde las dos semanas siguientes. Como si eso no fuera poco, incluía la necesidad de cancelar una salida programada dos meses antes para asistir a un concierto con ella. Ryan lo sentía mucho y estaba apenado por esa realidad, se disculpó humildemente, y prometió compensarla.

Ashley manejó su desilusión con toda la gracia que pudo y no explotó ni reaccionó con torpeza. Ryan estaba impresionado, pero notó que de todas maneras él se sentía un poco alterado.

Pasado algo de tiempo y con sus emociones asentadas, Ryan usó el Ciclo del Cuidado para intentar comprender y cuidar lo que estaba ocurriendo en su interior. Con un poco de atención, y con asistencia divina, se dio con algunas grandes revelaciones acerca de sí mismo que nunca antes había visto del todo.

Se propuso cuidar de sí mismo de una nueva manera, una que se sentía mucho mejor que el estilo previo cuando se decía a sí mismo «¡Aguántalo y supéralo!». También sabía que sería muy valioso compartir con Ashley esta nueva perspectiva.

Así que cuando la encontró leyendo en la sala de estar, la interrumpió respetuosamente y le preguntó:

—Ashley, veo que estás leyendo, pero ¿me pregunto si podría conversar contigo unos minutos? Después de informarte sobre la situación en mi trabajo, noté que me sentía alterado y usé el Ciclo del Cuidado para analizarlo. Terminé con un par de sorpresas que me gustaría compartir contigo si estás dispuesta a una Charla de Corazón.

Ashley dejó a un lado el libro y dijo:

—Este es un muy buen momento. Me encantaría escuchar lo que te ocurrió.

Y así arrancaron. Ryan comenzó a compartir con Ashley sus recuerdos recientemente redescubiertos de algunas interacciones de su infancia con su abuelo. Por primera vez, pudo conectar los puntos de cómo su relación con su abuelo y la relación entre su abuela y su abuelo, habían contribuido a la intensidad de sus creencias sobre cómo debía ser él con su esposa y cómo debía su esposa sentirse como resultado. También pudo ver cómo transfería esas creencias a su relación con Ashley.

Sin reproducir aquí todos los detalles, la conversación fue significativa para Ryan y para Ashley. Ella pudo apreciar de una nueva manera el papel de cuidador de Ryan tan arraigado, y por qué los sentimientos de su esposo se volvían tan intensos cada vez que ella estaba contrariada. Ashley valoró mucho que Ryan le permitiera entrar en su corazón para poder conocerlo mejor. No hubo culpas, lo que hizo que toda la conversación fuera más fácil para ambos.

Ella también pudo compartir un poco por qué se sentía dolida por tener que cancelar la salida programada. No estaban seguros si podían hacer algo por eso, pero sí estaban agradecidos por tener un momento de comprensión y cuidado, de corazón a corazón. Habiendo expresado todos sus sentimientos, y sintiéndose ambos cuidados y validados, Ashley pudo hablar de su persistente desilusión. Y en lugar de solo aceptar ese resultado nada ideal, se preguntó en voz alta si tendrían otras opciones disponibles que les permitieran manejarse de una manera que los hiciera sentir mejor a ambos.

Charlas de Trabajo

Ahora, como hemos mostrado, las Charlas de Corazón son la herramienta para conectar corazón con corazón y llegar a conocerse mutuamente con mayor profundidad e intimidad. A veces las Charlas de Corazón son todo lo que se necesita. Pero otras veces, algo parece quedar sin resolver y requiere atención adicional. Las Charlas de Corazón no son la herramienta adecuada para hacer cosas y resolver conflictos y problemas. Para esa tarea las Charlas de Trabajo son la herramienta adecuada.

Como recordarán, las Charlas de Trabajo son el lugar donde recurrimos a nuestra política de «sin perdedores» y buscamos los resultados donde todos ganan. Cada vez que decidimos un curso de acción, comenzamos recordándonos que somos compañeros de equipo, no adversarios. ¡Nos negamos expresamente a ser peones del juego del Enemigo real, quien quiere que nos pongamos en guardia y comencemos a pelear!

La opción que recomendamos es nuestra herramienta de «Los siete pasos para que todos ganen».

SIETE PASOS PARA QUE TODOS GANEN

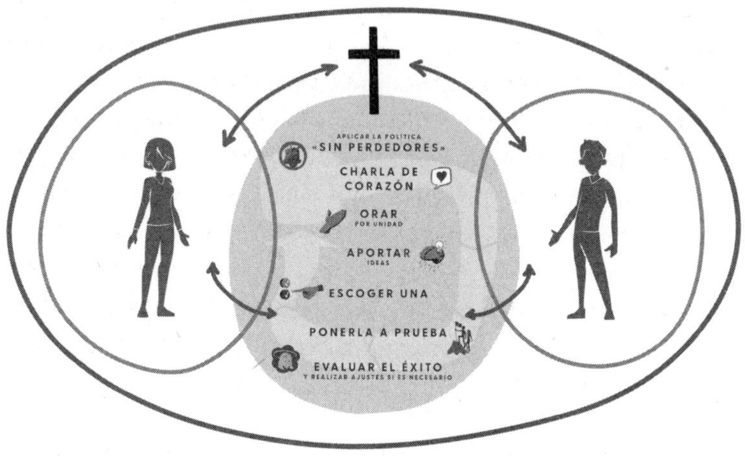

Idealmente, esto funciona como un sencillo ciclo de retroalimentación, lo que significa que comenzamos sabiendo que no nos conformaremos hasta que el Señor nos haya ayudado a encontrar una solución que nos guste a ambos. Seguimos dando los pasos hasta que arribamos a un resultado aceptable para ambos. Puede que al comienzo no tengamos idea alguna de lo que será un resultado donde todos ganen aquí ni de cómo podremos llegar a ese resultado dada la naturaleza de nuestras diferencias. Pero como personas de fe que servimos a un Dios que busca la unidad, sabemos que el Señor nos ayudará de alguna manera.

En relación con la dinámica frustrante de la cita para el concierto de Ryan y Ashley, podrían haber aceptado que las circunstancias de la vida les depararon una realidad que tenían que manejar. A veces la vida es así. Pero en este caso, antes de simplemente adaptarse, decidieron ver si había opciones que todavía no habían visto para que ambos pudieran sentirse mejor.

De hecho, después de tomarse el tiempo y escuchar con atención el corazón del otro, pidieron a Dios en oración que los ayudara a ver algo más allá de lo evidente, por si hubiera algo que habían pasado por alto. Tomaron un bloc de notas y enumeraron las circunstancias: fecha programada con las entradas compradas, fecha de entrega inminente, poco tiempo para trabajar. Luego, hicieron una lista con la forma que se sentían: los sentimientos sobre la fecha y su deseo de disfrutar ese tiempo juntos, la presión por el proyecto incompleto, el temor a no llegar a la fecha límite, y otros.

Una vez que todo estuvo expuesto frente a ellos, pasaron a aportar posibles opciones. Comenzaron con todas las posibilidades más obvias, pero luego intentaron ser creativos. Su compromiso era mantenerse dispuestos a no aceptar una solución a menos que ambos se sintieran bien con ella.

Todo ese proceso llevó una hora, pero al final ambos quedaron sorprendidos porque aparecieron una serie de pasos que les permitirían mantener la cita para el concierto sin poner en riesgo la habilidad de Ryan de cumplir con su trabajo. En este caso particular, descubrieron algunas responsabilidades familiares que Ryan estaba asumiendo y de las cuales Ashley estaba dispuesta a ocuparse por un tiempo para liberarle algo más de tiempo a Ryan.

Al final, ambos se sintieron muy bien con ese resultado. Pero más que eso, estaban muy animados por el proceso respetuoso y creativo que habían pasado para encontrar una solución donde todos ganan. En este caso, las circunstancias fueron bastante ligeras comparadas con otras situaciones que tuvieron que superar. Aun así, estaban entusiasmados de pensar que también podían aprender a usar esos mismos pasos para manejar situaciones más difíciles y complejas.

Más que la potencial alegría de la cita del concierto, estaban felices de operar como un equipo efectivo, como amigos y amantes. Comenzaron a ver que, con la ayuda de Dios, había pocas cosas que pudieran imaginar y que no pudieran manejar juntos. El miedo a tener que «soportar y conformarse», estaba desapareciendo.

Celebramos con Ryan y Ashley lo diferente que está funcionando su matrimonio y cuán esperanzados se sienten. Sabemos que hemos compartido algunos ejemplos relativamente benignos. Pero también sabemos que estas mismas estrategias y herramientas funcionan incluso en asuntos más desafiantes. ¿Cómo lo sabemos? Porque nosotros mismos las usamos.

Jenni y yo (Bob) hemos transformado nuestro matrimonio de uno donde solíamos luchar constantemente a uno que ambos amamos. Y nos gusta la dirección que ha tomado. No solo nos amamos profundamente el uno al otro, sino que actuamos así... ¡incluso cuando nuestros botones de encendido se ven presionados! Puede llevar algunos minutos darnos cuenta y volver a encaminarnos, pero en la actualidad lo resolvemos pronto. El miedo relacional ha abandonado nuestro matrimonio hace tiempo.

Y yo (Greg) tengo una relación asombrosa con Erin. Ambos tenemos sentimientos fuertes sobre muchas cosas. Periódicamente entramos en conflicto porque somos muy diferentes en muchos sentidos. Pero enfrentamos nuestras diferencias como amigos y con respeto. Nos negamos a funcionar como adversarios. No estamos dispuestos a permitir que el Enemigo haga lo que quiera con nosotros y nuestra familia.

Ambos (Greg y Bob) estamos muy seguros que nuestro Señor quiere que, como hijos suyos, seamos exitosos en nuestra vida y nuestro matrimonio. Cuando las manejamos bien, nuestras relaciones tienen el potencial no solo para ser de bendición, sino también para ser una fuente de esperanza y aliento sobre lo que es posible con Cristo en el timón. Funcionar en su diseño y su plan nos permite como parejas presentar la Buena Noticia de maneras asombrosas. Nuestros matrimonios, entonces, no solo crean un hermoso legado para nuestras familias, ¡también crean un legado para otras generaciones! Los matrimonios exitosos, centrados en Dios, ayudan a demostrar que lo que afirmamos los cristianos está a disposición de todos.

Oportunidad y visión

Esperamos que este libro te haya bendecido como individuo, alentado como pareja y equipado para que sus sueños matrimoniales se hagan realidad. Y si algo de eso es cierto, sentimos que tuvimos éxito... en parte. Pero para concluir este libro, quisiéramos explicar con claridad un motivo central subyacente que nos ayudó a inspirarnos para escribirlo.

Queremos que cada uno de ustedes pueda cumplir sus anhelos más profundos para el matrimonio y la familia. Pero en Enfoque a la Familia, buscamos además un resultado mucho mayor. Somos un ministerio comprometido a ver familias, comunidades y sociedades redimidas a través de Cristo en todo el mundo. Cada día nos presentamos a trabajar con los propósitos del Reino en mente.

Una de las situaciones culturales que estamos observando que se desarrolla ante nuestros ojos es, por desgracia, que la institución del matrimonio está descendiendo a un estado problemático de deshonra. Hoy en día oímos todo el tiempo que la gente se cuestiona si el matrimonio como lo conocemos históricamente, se ve como una institución obsoleta. Algunos se preguntan: «¿Acaso es relevante en nuestro mundo actual el matrimonio tradicional entre un hombre y una mujer?». Otros se preguntan: «¿Acaso es necesario el matrimonio en el mundo actual?», «¿No es igual de bueno que dos personas vivan juntas en una relación comprometida y amorosa?». Estamos seguros que con solo pensar un poco pueden encontrar suficientes versiones propias de este cambio cultural.

Estamos profundamente entristecidos de ver evidencias

continuas del deterioro social y estamos convencidos que para que nuestra cultura prospere y se mantenga saludable, los matrimonios dinámicos deben estar en el centro. Como seguidores de Cristo, creemos en la Biblia y estamos seguros que la institución tradicional de matrimonio es una piedra angular del plan y el diseño de Dios para el mundo. También creemos en Hebreos 13:4, que nos indica que el matrimonio debe ser honrado por todos.

Por lo tanto, trabajamos incansablemente con Hebreos 13:4 como nuestra meta, ¡que el matrimonio sea restaurado al lugar de honor que le corresponde! Estamos seguros de que, si podemos torcer la corriente en descenso, todos se beneficiarán. Sabemos que no estamos solos en nuestra preocupación y no estamos dispuestos a ver que las cosas que nos interesan se desplomen ante nuestros ojos.

Entonces, ¿qué tiene todo eso que ver contigo? ¿Dónde encajas tú y tu matrimonio?

Primero y principal, la afirmación fundamental del cristianismo es que una relación personal con Cristo hará una diferencia concreta en tu vida personal y en tu matrimonio.

Notarán que nuestro modelo de matrimonio saludable se basa en la idea central de que la salud y el bienestar de la persona es fundamental. Dado que nuestro Señor es esencial para la vida, el bienestar personal, y el propósito eterno, estamos comprometidos a ayudar a cada persona que encontramos a ser plena, íntegra y saludable, y conectada con la razón de su existencia. Cuanto más avanzamos en experimentar las bendiciones mencionadas arriba, más demostramos lo que afirmamos como cierto, como cuerpo de creyentes. Así es que comenzamos allí.

Luego, cuando conocemos un matrimonio de dos personas en el viaje de llegar a ser todo aquello para lo que fueron creados como individuos, ponemos la atención en ayudarlos crear un matrimonio grande y asombroso. Eso siempre será una relación entre dos personas imperfectas en un viaje juntas, porque todos nos quedamos cortos de ser perfectos. Pero este viaje imperfecto de personas imperfectas puede ser significativo, rico y placentero. Idealmente, incluirá una visión clara de los propósitos mayores de nuestro matrimonio, más allá de nuestra satisfacción personal. Dios quiere que usemos nuestro matrimonio para bendecir a otros. Dios no quiere que acaparemos sus bendiciones.

Por supuesto que no quiere matrimonios tipo «mar Muerto». El río Jordán es la única fuente grande de agua que fluye al mar Muerto, pero no tiene corriente alguna de salida. Toda esa agua dadora de vida del río Jordán desemboca en el mar Muerto, pero nada fluye de allí. Dios no quiere matrimonios tipo mar Muerto. Nos bendice para que podamos bendecir a otros. Hebreos 13:16 expresa: «No se olviden de hacer el bien ni de compartir lo que tienen con quienes pasan necesidad. Estos son los sacrificios que le agradan a Dios». No descuides compartir lo que has recibido en tu matrimonio, incluso si es apenas el estímulo de ser un gran matrimonio que demuestra lo que es posible con Cristo. Recuerda, el verdadero sacrificio es dar algo que *tenemos* y *valoramos*, como inversión en algún otro. Este es el acto de amor más alto: Dios no quiere que seamos acaparadores; quiere que seamos dadores sacrificados, gente que invierte en los demás compartiendo los muchos regalos que han recibido.

¿Cómo usarás tu matrimonio para bendecir a otros?

Te alentamos a desarrollar una visión compartida de lo que los apasiona y que pueda ser de bendición para otros. Zacarías 8:13 dice: «Los rescataré y los haré símbolo y fuente de bendición». Dios los juntó en unión para que ambos experimenten una relación asombrosa y para hacer cosas sorprendentes por medio de ella. Aunque oremos por cosas grandes para ustedes, su matrimonio debería tener que ver con algo mayor que la gratificación personal, las discusiones superficiales, y la búsqueda de placer.

Los matrimonios que se enfocan solo hacia adentro no son profundamente satisfactorios. Son matrimonios tipo mar Muerto. Si solo ponemos el foco en nosotros mismos, no se satisface nuestra ansia puesta por Dios de que nuestra vida cuente, y de hacer una diferencia en el mundo. Francis Chan dijo: «Figúrense el matrimonio como un vehículo para una misión, una oportunidad para que los cristianos cumplamos nuestra misión de hacer discípulos en todas las naciones»[1].

Que los demás sean bendecidos por tu matrimonio, aunque sigan siendo personas imperfectas en un viaje imperfecto, tal como lo son. De hecho, los detalles de *lo que* procuran hacer juntos son menos importantes que hacerlo *juntos*. Estar unidos en la visión y procurar algo juntos (la verdadera unión) es lo que los empoderará y bendecirá poderosamente a otros. Les alentamos a dedicar algún tiempo a orar juntos y hacerse las siguientes preguntas:

- ¿Qué tipo de legado matrimonial queremos dejar?
- ¿De qué maneras puntuales estamos creando un matrimonio que valga la pena que nuestros hijos repitan?
- ¿Qué puede estar llamándonos Dios a hacer juntos para servirle y ser de bendición para otras parejas?

Pongan en oración todo lo que el Señor comience a revelarles. También nos gustaría invitarlos a unirse a nosotros y convertirse en defensores del matrimonio. Un «defensor del matrimonio» es una persona o una pareja casada que trabaja para mantener firme su propio matrimonio e invierte en otras personas o parejas casadas. La investigación sugiere que, si un número suficiente de nosotros aceptamos estas ideas, podemos crear un cambio cultural y restaurar el matrimonio a su verdadero lugar de honor[2]. ¿Se unirán a nosotros?

Una buena noticia extra es que invertir en otras parejas puede ser muy simple. A lo mejor pueden alentar a otras parejas casadas orando por ellas a menudo, celebrando bodas y aniversarios, organizando una salida en pareja junto con otra pareja, u ofreciendo cuidar a los niños de una pareja más joven. Todas estas acciones demuestran su convicción de que el matrimonio es importante y algo que debe honrarse.

A lo mejor están dispuestos a dar un paso más y encontrarse personalmente con un amigo o colega del mismo sexo que está con dificultades en su matrimonio. Pueden compartir su propio viaje matrimonial, leer un libro juntos, buscar respuestas juntos, y ayudar a esas personas a tener esperanzas durante este tiempo desafiante.

A veces un matrimonio puede sobrellevar su situación por algún tiempo ¡gracias a la esperanza de otro!

O a lo mejor pueden asistir a una capacitación formal para ser mentores de una pareja comprometida, dirigir un estudio bíblico para matrimonios o grupos reducidos, o trabajar con parejas en crisis. De cualquier forma en que Dios los esté llamando a invertir en otros matrimonios, Enfoque a la Familia los equiparía y apoyaría con mucho gusto. Visiten FocusOnTheFamily.com/marriage para mayor información.

Imaginen una iglesia llena de personas conectadas con el Señor, comprometidas con la salud y el bienestar personal, y con matrimonios que apoyaron esos viajes individuales mientras estaban juntos en la misión de ayudar a otras parejas a tener matrimonios fuertes. Ese en nuestro sueño.

Sabemos que este sueño es posible porque eso es lo que nosotros y muchos otros que conocemos estamos viviendo. Estamos involucrados a diario en hacer todo lo que podemos para ayudar a los demás a experimentar la plenitud de las bendiciones de Dios. Eso incluye desarrollar numerosos recursos y oportunidades que apoyan a los defensores del matrimonio, a medida que intentamos revertir la actitud de nuestra nación hacia el matrimonio a uno de honra y valor. Pero no podemos hacerlo solos. Para sacar adelante esta meta osada ¡te necesitamos!

Necesitamos una oleada de miles y miles de parejas defensoras del matrimonio haciendo lo mismo, conscientes y conectadas entre sí. Como cuerpo de creyentes que disfrutamos las bendiciones de la fe, *nos convertimos* en la Buena Noticia para un mundo desesperado que sufre. ¿Nos ayudarán a mostrar al mundo lo que es posible en un matrimonio centrado en Cristo? ¿Unirán filas con nosotros en nuestro esfuerzo para cambiar el curso de nuestra cultura y ayudar a extender el Reino de Dios?

Que Dios los bendiga al construir un matrimonio con el que se sientan encantados, y que Dios los bendiga mientras invierten en otras parejas. Esperamos tener noticias suyas. Juntos, con la dirección y la ayuda de Dios, podemos volver a ver una nación llena de matrimonios, familias saludables y florecientes.

ACERCA DE LOS AUTORES

El Dr. Greg Smalley sirve como vicepresidente de matrimonios en Enfoque a la Familia y tiene un doctorado en Psicología. Antes de unirse a Enfoque, Smalley trabajó para el Center for Relationship Enrichment (Centro para el enriquecimiento de las relaciones) en la John Brown University y como presidente de la National Institute of Marriage (Instituto Nacional del Matrimonio). Es autor o coautor de veinte libros, entre ellos, *Reconectados: Vayan de ser compañeros de cuarto a ser almas gemelas en su matrimonio*, *Una pequeña locura llamada matrimonio* y *Fight Your Way to a Better Marriage* (Luchen por un mejor matrimonio) y es coautor de *The DNA of Relationships for Couples* (El ADN de las relaciones para parejas). Él y su esposa Erin están casados desde hace más de veintiocho años.

El Dr. Robert S. Paul, consejero profesional autorizado, es vicepresidente del Instituto Matrimonial Enfoque a la Familia. Es director y creador del Programa Intensivo de Matrimonios de *Hope Restored* (Esperanza restaurada), de Enfoque a la Familia. Robert obtuvo su licenciatura de la Evangel University, su maestría de la Georgia State University, y un diploma en consejería cristiana y doctorado honoris causa del Psychological Studies Institute (Instituto de Estudios Psicológicos). Ha aparecido en numerosos programas de radio y televisión y es coautor de tres libros: *El ADN de las relaciones*, con los doctores Gary y Greg Smalley; *The DNA of Relationships for Couples*, con el doctor Greg Smalley; y *Finding Ever After* (Encontrarse para siempre). Fue profesor de la Evangel University donde enseñó en los departamentos de estudios bíblicos y psicología. Robert y su esposa, Jenni, están casados desde hace más de treinta y nueve años.

NOTAS

TERCERA MENTIRA: TODO LO QUE NECESITAS ES AMOR

1. Gary Smalley y John Trent, *Love Is a Decision: Proven Techniques to Keep Your Marriage Alive and Lively* (Nashville: Thomas Nelson, 1989), 5. Publicado en español como *El amor es una decisión: Técnicas probadas para mantener el matrimonio vivo y vibrante*, 11.

2. Larry Norman, «Reader's Digest», lado 2, track 5 en *Only Visiting This Planet* [Solo de visita en este planeta], AIR Studios, 1972, https://genius .com/larry-norman-readers- digest-lyrics.

3. Erich Fromm, *The Art of Loving* (Nueva York: Perennial, 2006), 52. Publicado en español como *El arte de amar: Una investigación sobre la naturaleza del amor*.

4. Fromm, *The Art of Loving*, 99.

5. Smalley y Trent, *Love Is a Decision*, 5. Publicado en español como *El amor es una decisión*, 11.

6. Grant Cardone, «Love Is a Decision» [El amor es una decisión], *The Blog*, *HuffPost Life*, actualizado el 17 de noviembre del 2011, https://www .huffpost.com/entry/love-is-a-decision_b_166177.

CUARTA MENTIRA: DEBO SACRIFICAR QUIEN SOY POR EL BIEN DE MI MATRIMONIO

1. Jim Gaffigan Show (@gaffiganshow), «Mi esposa siempre me pregunta por qué no tiendo la cama. Y yo respondo que por la misma razón por la que no ato los zapatos cuando me los quito», *Twitter*, 6 de agosto del 2016, 8:18 a. m., https://twitter.com/gaffiganshow/status/761944490567430145.

2. Kate Bratskeir, «Why You Should Never Make Your Bed» [Por qué nunca deberías tender tu cama], *Healthy Living, HuffPost Life*, 23 de septiembre del 2015, https://www.huffpost.com/entry/make-your-bed-dustmites_n _5601809ce4b08820d91a3e8f.

SEXTA MENTIRA: NUESTRAS DIFERENCIAS SON IRRECONCILIABLES

1. Gary Smalley, *Secrets to Lasting Love: Uncovering the Keys to Life-Long Intimacy* [Secretos para un amor duradero: Las claves de la intimidad para toda la vida] (Nueva York: Simon & Schuster, 2000), 94–95.
2. Max Lucado, *When God Whispers Your Name* (Nashville: Thomas Nelson, 1999), 44. Publicado en español como *Cuando Dios susurra tu nombre*.
3. Gary Oliver, «Conflict: Friend or Foe?» [Conflicto: ¿Amigos o enemigos?], *Growthtrac*, 27 de noviembre del 2003, https://www.growthtrac.com/conflict -friend-or-foe/.
4. Greg Smalley, *Fight Your Way to a Better Marriage: How Healthy Conflict Can Take You to Deeper Levels of Intimacy* [Luchen por un mejor matrimonio: Cómo el conflicto saludable puede llevarte a niveles más profundos de intimidad] (Nueva York: Howard Books, 2012), 9.

SÉPTIMA MENTIRA: HARÉ QUE ME AMES

1. The Jayhawks, «I'm Gonna Make You Love Me» [Haré que me ames], track 2, *Smile*, Columbia, 2000, https://genius.com/the-jayhawks-im -gonna-make-you-love-me-lyrics.

NOVENA MENTIRA: ALGO SE GANA Y ALGO SE PIERDE

1. Mary J. Blige, «Kiss and Make Up» [Besarse y hacer las paces], track 6, *Think Like a Man Too*, 2014, http://genius.com/mary-j-blige-kiss-and -make-up-lyrics.
2. Katy Perry, «Hot N Cold» [Caliente o frío], track 7, *One of the Boys*, 2008, http://genius.com/katy-perry-hot-n-cold-lyrics.
3. Olga Khazan, «Nearly Half of All Murdered Women Are Killed by Romantic Partners» [Casi la mitad de todas las mujeres asesinadas lo son a manos de sus parejas románticas], *The Atlantic*, 20 de julio del 2017, https://www.theatlantic.com/health/archive/2017/07/homicides-women /534306/.
4. Departamento de Justicia de los Estados Unidos de América, «Family Violence Statistics» [Estadísticas de violencia familiar], junio del 2005, https://www.bjs.gov/content/pub/pdf/fvs03.pdf.

CONCLUSIÓN: JUNTEMOS TODAS LAS PIEZAS

1. Francis y Lisa Chan, *You and Me Forever: Marriage in Light of Eternity* [Tú y yo por siempre: El matrimonio a la luz de la eternidad] (San Francisco: Claire Love Publishing, 2014).

2. Bill Moyer, «The Movement Action Plan: A Strategic Framework Describing the Eight Stages of Successful Social Movements» [El plan de acción del movimiento: Un marco estratégico que describe las ocho etapas de los movimientos sociales exitosos], History Is a Weapon [La historia es un arma], primavera de 1987, http://www.historyisaweapon.com/defcon1/moyermap.html; Kevin Zeese y Margaret Flowers, «History Teaches That We Have the Power to Transform the Nation, Here's How» [La historia enseña que tenemos el poder de trasformar la nación, aquí te mostramos cómo], 12 de junio del 2013, PopularResistance.org, https://popularresistance.org/history-teaches-that-we-have-the-power-to-transform-the-nation-heres-how/; Erica Chenoweth y Maria J. Stephan, *Why Civil Resistance Works: The Strategic Logic of Nonviolent Conflict* [Por qué funciona la resistencia civil: La lógica estratégica de los conflictos no violentos] (Nueva York: Columbia University Press, 2011).